◎教育部首批新文科研究与改革实践项目“新文科建设背景下社会学类人才本研贯通培养模式改革与实践研究”（2021020030）

◎教育部产学合作协同育人项目“新文科建设背景下社会学类‘三位一体’人才培养模式创新与实践研究”（220600843301442）

◎陕西本科和高等继续教育教学改革研究重点攻关项目“新文科建设背景下社会学类专业实践教学体系研究与实践”（21ZG005）

◎西北农林科技大学研究生教改项目“新文科建设背景下社科类研究生理论训练模式研究——以‘四为’读书会为例”（JXGG22216）

同学们相约图书馆共同读书的瞬间

正在进行中的读书汇报交流会

读书会成员开展经典书目阅读体会分享活动

中国式现代化与城乡融合发展学术会议合影留念

中非农业发展与减贫合作分论坛合影留念

郑杭生先生题字寄语关中农村研究学者

农村社会学研究团队获评 2022 年校级优秀导师团队

“四为”读书会研究生培养改革现场观摩会

武汉大学社会学院院长贺雪峰教授指导读书会建设

本科生“未名”读书会成立大会合影留念

赴扶眉战役纪念馆开展主题教育实地研学活动

读书会师生到黄陵县店头镇调研

读书会成员集体参观张载祠

读书会成员集体游学袁家村

河南大学三农发展研究会来校交流读书会建设

“四为”读书会毕业生座谈会暨经典训练收官会

赵晓峰教授代表全校教师寄语 2023 届毕业生

“四为”读书会送别 2023 届毕业生

书海有道

新文科建设与社科人才培养的西农叙事

赵晓峰◎主编

西北农林科技大学出版社
Northwest A&F University Press
·杨凌·

图书在版编目（CIP）数据

书海有道：新文科建设与社科人才培养的西农叙事 / 赵晓峰主编. -- 杨凌：西北农林科技大学出版社，2024.2

ISBN 978-7-5683-1387-2

Ⅰ.①书… Ⅱ.①赵… Ⅲ.①社会科学－研究生教育－培养模式－研究－中国 Ⅳ.①G643

中国国家版本馆CIP数据核字(2024)第028115号

书海有道：新文科建设与社科人才培养的西农叙事

赵晓峰　**主编**

出版发行	西北农林科技大学出版社		
地　　址	陕西杨凌杨武路3号	**邮　编**	712100
电　　话	总编室：029-87093195		发行部：029-87093302
电子邮箱	press0809@163.com		
印　　刷	西安浩轩印务有限公司		
版　　次	2024年2月第1版		
印　　次	2024年2月第1次印刷		
开　　本	787 mm × 1092 mm　1/16		
印　　张	23　　插页6		
字　　数	373千字		

ISBN 978-7-5683-1387-2

定价：108.00元

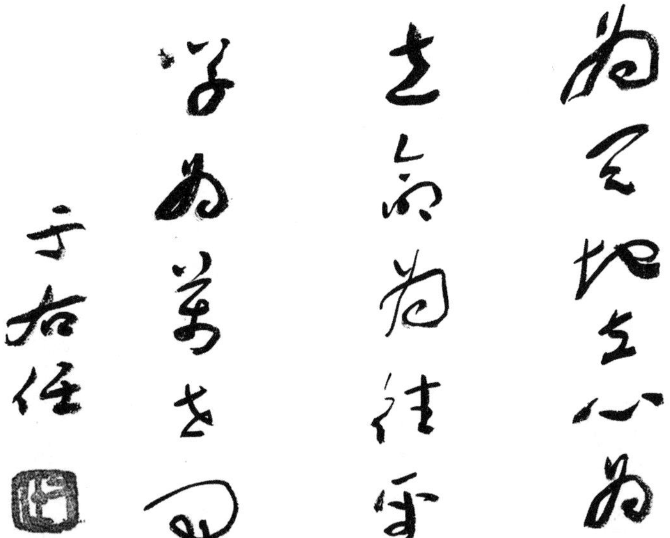

“四为”读书会为西北农林科技大学人文社会发展学院研究生读书会，名称取自宋儒张载的“横渠四句”，希望读书会同学们志存高远，修学储能，敢于担当。

序言 | PREFACE

一

近年来，我们积极探索和总结新文科建设背景下社科类人才的培养模式，取得了一定的成效。我们坚持“精英化培养，学术型导向，多元化成才”的培养理念，注重激发学生的创新意识，提升学生的学术创新能力，在满足不同就业取向学生多元化发展诉求的同时，致力于培养一批学术拔尖创新人才。当然，将拔尖创新人才作为社科类大学生的培养目标，并不意味着所有学生都会在毕业后选择继续深造攻读研究生。我们认为，创新能力是国家“一流大学”毕业生应该具备的基本素养和基础能力，决定着他们职业发展的高度。社科类人才培养的关键是通过系统的学习，让学生具备基本的理论抽象能力、经验感悟能力和学术创新能力，拥有围绕工作、生活中的重要问题独立开展调查研究，形成独立见解的素质和能力。

为此，结合西北农林科技大学的实际，我们提出了“两经一专”的本科人才培养模式，“两经一专”即“经典＋经验＋专题”，具体来讲，“经典”即通过经典著作的阅读训练促进学生理论知识储备的不断增长和理论建构能力的日渐提升；“经验”即通过系统的社会调研训练促进学生实践技能的日益丰富和透过现象看问题能力的逐步增长；“专题”即通过“以赛促学”和“科创引领”等方法激发学生的学术兴趣，使学生拥有一个从事专题研究的科研经历，初步提升学生的学术研究能力。

受益于此，学生培养质量得到提升。2017年以来，学生作品在“挑战杯”全国大学生系列科技学术竞赛上获得1项一等奖、2项三等奖，在“挑战杯”陕西省大学生系列科技学术竞赛上获得2项特等奖、5项一等奖和1项二等奖，取得了良好的参赛成绩，其中，国家级一等奖创造了学校参赛以来的最好成绩。社会学和社会工作本科生的继续深造率稳定在50%左右，

2018 级社会学 2 班的继续深造率超过 70%，一大批优秀学子保研或考到北京大学、中国人民大学、南京大学、复旦大学和武汉大学等高校攻读研究生，部分学生到爱丁堡大学、曼彻斯特大学、杜伦大学、纽约大学以及香港科技大学、香港理工大学等高校继续深造，还有一部分学生留在母校继续攻读研究生。

二

在社会学等学科的研究生培养上，我们探索并提出要构建“三个贯通”的人才培养模式。“三个贯通”强调社会科学领域本研贯通的人才培养模式，其创新的关键是要在分阶段培养的基础上实现理论贯通、经验贯通和表达贯通，逐步提升学生的学术创新能力。

我们认为，在理论阅读训练方面，社会科学领域的本科教育应按照“通识教育”的基本要求，注重“博”的知识和能力培养。在理论训练方面，本科生不能仅限于阅读本专业的理论著作，积累本专业的理论知识，而应该阅读多学科的理论著作，储备多学科的理论知识。理论贯通在硕士研究生培养阶段则体现为一个“专”字。“专”要求学生系统阅读本学科的经典著作，形成体系化的知识储备，养成良好的学科思维能力，初步洞悉理论再生产的原理。社会学学科的研究生，不仅要系统阅读马克思、韦伯、涂尔干等西方社会学家的经典著作，而且要阅读费孝通等中国社会学家的代表性著作。到了博士生培养阶段，关键则在一个“精”字。博士生已经开始进入专题化、专业化研究阶段，他们需要熟悉专题研究领域的前沿理论、关键议题、重要发现和研究前景。因此，他们可以按需出发，进一步精准阅读专业研究领域的本学科和交叉学科的经典著作。

经验贯通强调本科生经验训练的关键是“感”，通过走进田野，感受生活，感知理论与现实之间的关联，从而更好地理解理论。西北农林科技大学的本科生培养强调学生要走进乡村社区，接受农情教育，了解农事、农情和农史，进而达到学生毕业后即便“不事农”也会因爱农知农而不轻农的育人效果。在硕士生阶段，一般要求学生具有三个月以上的田野调研经历，培养学生“想”的能力。“想”即“想事”，“想事”就是要善于从民众的生活实践中提出新的理论命题，从多种不同的社会事实中发现事物之间的联系机制，从地方文化的角度赋予理论命题以研究者和研究对象均承认的解释逻辑。对于博士生而言，核心则在一个“悟”字，在田野调查中，需要保持开放的心态和好奇的心理，不要害怕 99% 的重复内容，要对 1% 的“经验的意外”保持高度的敏锐性，敢于、善于跟踪追击“意外的经验”，感悟其中所蕴藏的理论。

表达贯通指的是学生在本科、硕士和博士阶段的写作各有侧重的同时，要重视学术创新能力的持续提升，争取在博士生阶段实现学术研究的原创性或创新性突破。对于大多数学生来讲，本科生阶段会写规范的学术论文，硕士生阶段具备基本的学术思维，能够理论联系实际，撰写出质量过关的专题研究论文即可。到了博士生阶段，则贵在创新，学生可以沿着“经验—理论比较与重构—经验”或“经验—理论提炼与创新—经验”的循环研究进路，通过经验与理论的循环论证推进社会科学研究相关理论的创新。

最近几年，我校社会学硕士生中来自本校的学生比例不断提升，个别年份甚至可以达到 70% 以上，博士生中来自本校的学生比例也在 60% 左右，为本硕博贯通的人才培养模式创新提供了良好的基础条件。但人才培养的效果依然有待实践的检验。仅从读书会同学考取博士学位的情况来看，在硕士生阶段完成读书训练的学生，超过 80% 的同学实现了求学梦想，得以到中国人民大学、上海交通大学、南京大学、南开大学、吉林大学、中国农业大学等高校继续深造。没有选择继续读博的同学，基本也都找到了自己比较满意的工作。

三

不管是本科生，还是研究生，经典阅读训练都是学生成长成才的关键环节。如何在日益喧闹的校园，让学生能够心无旁骛静心读书是一件实现起来并不容易的事情。本书取名《书海有道》，不是要讲“书中自有千钟粟，书中自有黄金屋，书中自有颜如玉”的成功之道，而是要讲“书海无涯，阅读有道”，是讲在个体化进程不断加快的时代，如何才能让一个个体安心读书。身处一个知识爆炸的时代，无论是广义的知识，还是狭义的书，在人生有限的求学时间里都是读不完的。一个人可以走得很快，而只有一群人才能走得更远。作为经典阅读训练平台的读书会即是实现“走得更远”的一种捷径。因此，国内外很多知名高校都建有不同形式的读书会，帮助学生完成阅读训练。各个高校的类型和层次不同，学生来源和素质也有很大不同，实难有完全统一的模式。因此，既需要因地因校制宜，也需要“各美其美，美人之美”，以达到“美美与共”、共同发展、共育英才的培养目标。

2011 年，我入职西北农林科技大学。按照学校相关规定，我开始担任班主任，得以有机会组织本科生阅读经典著作。后来，很多老师都加入了指导本科生读书的队伍，一些师生还一起组建了“未鸣”读书会。2014 年，张世勇老师和我开始招收研究生，我们决定从自身的求学经历中汲取经验，组建非正式的研究生读书会。读书会面向愿意读书的学生，自愿加入和退出。经过多年的摸索，后正式成立“四为”读书会。“四为”取自关中大儒张载先生的“横渠四句”，即“为天地立心，为生民立命，为往圣继绝学，为万世开太平”，以此精神激励师生共同办好读书会。读书会的指导老师，先后由张世勇、陈辉和孙新华等担任。2022 年底，孙老师离开杨凌到安徽大学工作，“四为”读书会建设开始由几位热心的青年教师共同负责。

本书是已经完成硕士生阶段经典阅读训练的学生撰写的心得、感想和体会，以及部分师生撰写的人才培养的相关论文和读书会建设的经验总结。这些学生有的已经完成硕士和博士阶段的培养并正式入职高校或科研院所承担教学科研任务，有的即将或正在攻读博士学位，还有的已经进入社会工作多年。本书作为一种学生读书感悟的记录，难免有诸多的不足和缺陷，但对后来者也许有难得的参考价值。青年人，既需要心中有梦想，又需要眼中有方向，才能脚下有力量。本书的编辑出版，要感谢每一位撰稿的老师和同学，感谢出版社的杨艳老师，感谢王春凯、吴春来和崔盼盼等老师的辛苦付出。

赵晓峰

2023 年 8 月于杨凌

目 录
CONTENTS

理论篇

方法篇

体悟篇

媒体篇

理论篇

LI LUN PIAN

社会科学研究生培养应注重“三个贯通”

赵晓峰①

摘要： 探索构建本硕贯通的培养模式是新时期高校提升本科生和研究生教育教学质量、推进人才培养模式创新面对的新问题和新挑战。社会科学领域本研贯通人才培养模式创新的关键是要在分阶段培养的基础上实现理论贯通、经验贯通和表达贯通。“三个贯通”的人才培养模式，既以学术创新型拔尖人才的培养为目标，又能满足不同培养阶段不同职业发展规划的学生的多元发展诉求。同时，“三个贯通”有助于高校真正走出以教师为主体的认识误区、以专业为中心的知识传授误区以及理论和实践相割裂的人才培养误区。

关键词： 社会科学；研究生培养；三个贯通；本研贯通；新文科建设

人才培养是大学的基本功能，创新人才培养模式是保障和提升人才培养质量的首要问题。随着高等教育进入大众化发展时期，本科教育逐渐成为基础教育，研究生教育成为精英教育的核心构成部分，学生在本科毕业后继续攻读研究生成为普遍现象。相关研究显示，2017 年，全国 35 所“双一流”建设 A 类高校的本科生平均升学率达到 55.32%，其中国内升学率为 38.2%，而在国内升学的本科生中超过六成选择留本校读研[1]。最近三年，

① 赵晓峰，西北农林科技大学人文社会发展学院院长、教授、博士生导师，陕西省哲学社会科学研究重点基地“西北农林科技大学黄河流域乡村振兴研究与评估中心”首席专家。

全国研究生招生数量持续快速增加，本科生读研率不断提高。据笔者观察，本科生毕业后选择攻读本校研究生的数量也在持续上升，如西北农林科技大学在 2017 年有 552 名本科生留校攻读研究生，到 2020 年增加到 940 名。因此，如何统筹设计本科教育和研究生教育的教育教学模式，构建本科和硕士研究生甚至博士研究生阶段学习的有机衔接机制，成为高等院校提升本科和研究生教育教学质量、推进人才培养模式创新必须面对的新问题和新挑战。

当前，构建本研贯通人才培养模式还必须直面新文科建设的新要求。2017 年，美国希拉姆学院率先提出“新文科”的概念，旨在对传统文科进行学科重组和文理交叉，把新技术融入哲学等专业的课程中，为学生提供综合性的跨学科的学习机会。2019 年 4 月，教育部联合 14 部委和单位共同启动“六卓越一拔尖”计划 2.0，将该计划视为新时代全面振兴本科教育、打造高等教育“质量中国”的战略一招、关键一招、创新一招。笔者认为在新文科建设的时代背景下，社会科学领域研究生培养要构建本研贯通的人才培养模式，关键是要在分阶段培养的基础上实现“三个贯通”，即理论贯通、经验贯通和表达贯通。

一、理论贯通：博、专、精

本研贯通人才培养模式的思想渊源是坚守人本理念，体认并尊重人的主体性与差异性。构建本研贯通的人才培养模式，既要为有志于学术发展的学生提供一套科学合理的培养方案，又要为学生主体性的发挥提供良好的平台，使学生能够结合自身兴趣、爱好和个人禀赋选择不同的成长道路[2]。因此，本研贯通的人才培养模式必然要求在本科、硕士和博士阶段各有侧重，既要形成体系，为学术创新型拔尖人才的培养打通渠道，又要兼顾不同类型学生的需要，建立阶段化的分层分类培养机制。

本文讲的理论贯通指的是社会科学研究生要经由体系化、分阶段的理论阅读训练掌握知识生成机制，提升理论创新能力。达至理论贯通是对社会科学研究生尤其是博士研究生培养的基本要求，但是在构建本硕博贯通的人才培养模式时还必须兼顾不同层次学生的不同需求。高校的人才培养中，本硕博是三个纵向的阶段，其相互连贯却又有所不同。本科阶段注重激发学生的理论兴趣，拓展他们的理论视野，碰撞产生理论思路；硕士阶段注重培养学生寻找理论资源，发现理论问题，进行独立思考和开展理论论证的能力；博士阶段则强调抓住基础理论，稳定研究方向，创新理论思路，开展课题研究[3]。这一常规人文社科类人才培养模式注重学生的理论培养，但没有兼顾不同层次学生的不同需求。长期以来，人文社科类毕业生的专业对口率一直不高，这说明真正能够为学生成长成才提供帮助的不仅是专业知识和专业能力，而且包含有跨学科的知识和多学科知识的运用能力。随着以人工智能技术为标志的第四次科技革命的到来，人们的学习方式、工作方式、生活方式和思维方式都有深刻变化，文科教育需要补上科技素养不高的短板，探索人文社科交叉融合的培养模式。

因此，社会科学领域的本科教育应按照“通识教育”的基本要求，注重“博”的知识和能力培养。在理论训练方面，本科生不能仅限于阅读本专业的理论著作，积累本专业的理论知识，而应该阅读多学科的理论著作，储备多学科的理论知识。西北农林科技大学社会学专业的教师在指导学生读书时就要求跨学科阅读，既可以读社会学、政治学、经济学和管理学等社会科学领域的经典书籍，也可以阅读哲学、历史学等人文学科的优秀著作和农学等自然科学的基础知识。由此，学生在经过大学四年的学习后，不仅具备了所学专业的基本理论素养，而且还养成了基本的哲学素养、文化素养和科技素养，为后续发展规划打好基础，使他们既具备工作能力直接就业实现人生理想，又具有学术潜力从而继续深造。

理论贯通在硕士研究生培养阶段则体现为一个“专”字。“专”要求学生系统阅读本学科的经典著作，形成体系化的知识储备，养成良好的学科思维能力，初步洞悉理论再生产的原理。社会学学科的研究生，不仅要系统阅读马克思、韦伯、涂尔干、帕森斯、福柯、吉登斯等不同时期西方社会学家的经典著作，而且要阅读费孝通等中国社会学家的代表性著作。通过对本学科经典著作的系统阅读，可以达到三重目的：一是可以了解和掌握中西方社会学的发展历程、理论脉络，储备基本理论知识，形成基本的学科认识；二是可以在分析不同时期社会学家如何回应时代命题的基础上，了解中西方社会的发展变迁史及其中蕴藏着的丰富的理论内涵，形成对理论创新问题的正确认识；三是可以初步洞悉知识的再生产机制，从经典著作中总结归纳理论创新和发展的规律。

到博士生阶段，理论贯通的培养关键在“精”。博士生逐渐会形成自己的研究兴趣点，开始进入专题化研究阶段。他们要开展专题研究，既要以前期的理论训练为基础，又要熟悉专题研究领域的前沿问题和相关理论。因此，他们需要阅读专业研究领域的本学科和交叉学科知识，比如一个研究乡村治理的社会学学科博士生，需要阅读社会学、政治学、管理学和历史学等学科有关乡村治理研究的著作和论文，掌握该研究领域的既有知识，了解乡村治理研究的前沿问题。在时间有限的情况下，他们还需要进行精准阅读，将精力集中到乡村治理领域，掌握乡村治理的发展脉络、理论流派、核心议题和未来走向。

二、经验贯通：感、想、悟

“现代社会正在摆脱‘必然王国’的状态”[4]。社会日新月异、高速变动，社会科学研究不能闭门造车，需要与经验相结合，在回应人民对美好生活现实需要的基础上进行理论创新。社会科学研究生培养中的经验贯通指的是对学生进行体系化的经验训练，在本硕博三个学习阶段培养学生不同的经验提炼能力，使学生到博士阶段具备独立开展实证创新研究的素质和能力。

对本科生培养来讲，经验训练重在“感”字，通过走进人们的生活实践，感受现实的人民生活，感知理论与现实或紧密或相悖的关系，从而更好地理解和掌握理论知识。西北农林科技大学社会学学科的发展有着鲜明的涉农特征，在学生的经验训练中较为重视对农业、农村、农民问题的实践感知。每年暑期都会为学生安排专门的实践或实习活动，部分课程也会设置实践教学环节，要求学生走进田野。这些学生虽然将来大多不会从事涉农工作，但是接受过农情教育，就会对农事、农情和农史有基本了解，使本科教育达到学生毕业后即便“不事农”也会因知农而不轻农的育人效果。同时，通过实践教学环节的训练，还可以锻炼他们理论与实践相结合开展学术研究的能力，为确定自己的人生方向，选择是否继续攻读研究生从事科学研究创造条件。

社会科学研究生培养一般要求在硕士阶段具有三个月甚或六个月以上的田野调查经历，这使学生能够深入基层开展一段较长时间的调查研究。经验贯通在这个阶段重在“想”，培养学生“想事”的能力，主要体现在两个方面：一是在理论与经验之间“想事”的能力，将理论还原到经验，深化理解理论的内涵与外延，辨析理论的真伪，从而能够从经验出发，提出新的研究问题，并尝试运用理论进行科学阐释，给出一套逻辑自洽的解释，由此获取科研创新能力；二是在实践与经验之中“想事”的能力，具体到农村社会学研究中，就是要学会“村庄内部提问题，现象之间找关联”。社会学研究的阐释主义传统强调要用社会事实来解释社会事实，“想事”就是要善于从民众的生活实践中提出新的理论命题，从多种不同的社会事实中发现事物之间的联系机制，从地方文化的角度赋予理论命题以研究者和研究对象均承认的一条解释逻辑。这要求学生能够有充足的时间进行饱和经验的训练，即将自身置于访谈对象的生活实践中，全面了解其生产生活模式和地方上的政治、经济、社会以及文化等各方面的状况，掌握社会的全息特征，从中洞察不同社会事实之间的内在联结机制，从而获悉社会的运作规律，获得用社会事实解释社会事实的能力[5]。当学生具备在实践中“想事”的能力时，就具备了整体论思维，能够将单一现象纳入社会整体中获取一套逻辑自洽的经验解释，由此就会具备初步的以经验来对标、反思现有理论，进而形成推进理论创新的初步能力。

社会科学研究生培养的经验贯通在博士阶段主要体现在“悟”的方面。在硕士阶段，“想事”的训练培养学生的是一种从人们生活实践出发、基于经验发现的分析归纳能力和逻辑思维能力。学生一方面要掌握在理论与实践的穿梭中提出问题、基于不同社会事实分析问题、发现不同社会事实的关联解释问题、在全息社会中认识问题，从中归纳社会运行规律的初步能力；另一方面要掌握描述一个完整的故事，并配以一套逻辑自洽的且能被研究者与研究对象均认可的解释链条。如果学生做学术研究的基础较好，就可以从中锤炼出理论创新能力。但无论如何，到博士阶段，经验训练的关键就是培养学生“悟”的能力。在博士生培养阶段，笔者接受过的训练和当前指导学生开展的训练均是博士 1~3 年级，每年要有 3~5 个省，每省至少 1 个村，每个月不少于 15 天的驻村调研训练[6]。

这种饱和经验的训练，不是要进行个案村庄特定理论的研究，而是要让学生能够基于不同区域农村社会的观察，总结发现认识中国乡村社会的基本架构，从而实现透过个案看社会的目标。当学生通过不同区域农村的对比研究提炼出认识社会的基本架构，再接受新的个案时，就能从整体社会中快速找到个案的位置，从而实现从“个案中的社会”到“社会中的个案”的逻辑转换[7]。其中的关键，就是要训练学生“悟”的能力。笔者在多地调研中强调学生要保持开放的心态和好奇的心理，不要害怕 99% 的重复内容，要对 1% 的“经验的意外”保持高度的敏锐性，敢于、善于跟踪追击“意外的经验”，感悟其中所蕴藏的理论。因此，博士生培养阶段的经验训练重在培养学生的悟性和从经验中领悟新理论的能力。

三、表达贯通：规范、专业、创新

表达贯通指的是学生在本科、硕士和博士阶段的写作各有侧重的同时，要重视学术创新能力的持续提升，争取在博士生阶段实现学术研究的原创性或创新性突破。这里的表达指的是研究成果的呈现方式，本质上指的是研究水平。社会科学研究生培养从本研贯通的角度讲，需要从本科阶段即开始训练学生的写作能力。本文以毕业论文为例，探讨表达贯通的体现形式。本科生的毕业论文重在规范，让学生通过撰写不少于 1 万字的专题研究论文，学会如何独立地开展课题研究。其中的关键是，学生撰写的文章形式要实现从散文体、小说体、叙事体向论文体、社科体的转换。从小学三年级开始学写作文，到高中毕业，学生接受的写作训练多是散文体，到高考时体现为 800 字的作文。作文强调叙事、抒情，重视拟人句、排比句、明喻和暗喻等各种写作手法的应用，达到言之有物、言之有理、言之感人的写作效果。但是，社会科学领域的学生在经过大学四年的理论学习和实践感悟后，需要初步学会用专业理论解释现实社会现象的研究能力。由学生的爱好、兴趣和就业取向所决定，他们的毕业论文可以呈现为不同的论文形式，或注重社会现实问题的剖析，或关注经验背后的理论问题，或尝试用理论解释客观的社会事实等，但均需符合基本的学术规范，让学生具备基本的专业认知和规范认知，为其今后的人生发展奠定良好的写作基础。

到硕士生阶段，学生撰写毕业论文时需要进行专业化写作，写出符合学科基本规范要求的专业论文。社会科学在中国的发展只有 100 多年的历史，社会学、政治学、经济学和管理学等各学科的基本概念、既有理论甚至研究方法大多来自西方学术界，这使中国社会科学的发展缺乏必要的主体性和独立性。改革开放以来相当长的一段时间，学界都习惯于将西方理论作为分析基准、价值基准或预测基准来分析中国现象，定位中国经验研究的价值[8]。但是，西方理论本质上也是一种基于特定国情、社情和民情提炼出的“地方性知识”，并不一定具有“放之四海而皆准”的阐释能力。随着新文科建设的推进，讲好“中国故事”已经成为社会科学研究的重要任务。新时期研究生培养中的写作训练要求将理论与经验结合起来，立足中国实践，从经验出发，在证实与证伪既有理论的过程中，或实现理论的扩容，或创新性提出新的理论。在硕士生培养阶段，不能苛求学生一定要有理论的创新或突破，但要具备基本的学术化思维，要能够将理论和现实结合起来进行分析，撰写出质量过关的专题研究论文。

到博士生阶段，创新将成为学生培养的基本要求。综上所述，学术创新需要学生具备两种基础能力：一是经过体系化的阅读训练，使学生的分析归纳能力和逻辑思考能力得到有效训练，能够从经典著作中洞悉知识生成逻辑，并通过对专题研究领域经典、热点和前沿文献的系统阅读，掌握相关研究的发展动态，发掘进一步推进研究的着力点；二是经过系统的经验训练，使学生能够熟悉社会的基本架构，具备在实践中通过调研发现“经验的意外”以及通过“想事”来解释意外经验的能力。同时，学生经过本硕期间的连续培养，已经具备较强的学术敏锐性，能够从理论或经验中发掘新问题。从而，通过以下两种路径的循环研究在博士论文的撰写与表达中推进学术创新：一是沿着“经验—理论比较与重构—经验”的循环研究进路，从经验证据出发，将现有理论当作问题，以经验为依据对不同流派的理论进行对比分析和改造推进，获取累进性知识，建立更符合经验实际的新理论，再返回到实践经验中去检验[9]；二是沿着“经验—理论提炼与创新—经验”的循环研究进路，从经验出发，进行理论的概括与提炼，获取突发性知识，提出新理论，再回到经验中去检验[8]。由此，学生就可以通过经验与理论的循环论证推进社会科学研究相关理论的创新。

四、以“三个贯通”走出人才培养的三大误区

社会科学研究生培养中的“三个贯通”将本科、硕士和博士三个阶段的培养视为一个整体，虽然最终以培养拔尖创新型学术人才为目标，但由于“三个贯通”注重学生综合能力和素质的培养，因而能够满足学生中途选择就业的发展诉求，为其今后进入社会从事各类工作提供良好的理论基础、实践技能和写作能力。这种本研贯通的人才培养模式，有助于走出高校人才培养的三大误区：

一是真正走出以教师为主体的人才培养误区。走出这一误区包括两个方面的内容：以学生为主体的人才培养模式和以教师为主导的人才培养模式。20 世纪 80 年代，美国学者就明确指出教育应以学生为主体而非以教师为主体，学生应思考知识而非记忆知识[10]。国内学者也指出应以“人”的教育去落实主体性教育[11]。由此可见，学界早已认识到教育过程中应以学生为主体而非以教师为主体，但在高等教育中，真正以学生为主体如何落实尚待讨论。近年来，高校纷纷加强对教师的管理，不仅在研究生培养中实行导师负责制，将导师明确为研究生培养的第一责任人，旨在赋予导师在招收和管理研究生方面的必要自主权，而且部分高校在本科生中也在探索实施导师负责制，将教师确立为本科人才培养的主体。“师者，传道授业解惑也”，导师在学生培养中占据着重要位置，导师的人格特征、育人理念、科研水平等均会对学生产生重要影响。但是，人才培养的关键是要激活学生学习的主体性。学生是学习的主体，而不应被简单视为学习

的客体。学生被动学习的负面效果，在高校已经充分暴露，课堂上的低头族、“手机控”，课下的“一根网线解决所有问题”的生活方式，校园中有心理障碍的学生比例持续上升等现象日益普遍。然而，理想的教育理念是因材施教，根据学生的个性特征和资源禀赋让学生通过充分发挥主体性获得自己想要的教育，并从中汲取知识、提升能力。社会科学研究生培养中的“三个贯通”真正将学生确立为人才培养的基本主体，注重激发学生的内生学习动力，强调在不同阶段培养学生不同但连贯的理论、实践和表达能力，使学生能够在毕业后满足不同类型就业岗位的需求。当然，在学生培养过程中，不仅要发挥学生的主体性作用，还需要导师对其加以指导。“三个贯通”在最大化发挥学生主体作用的同时，注重发挥导师的主导作用，促进学生的成长和学生培养质量的提高。在理论贯通阶段，学生通过对理论的自主学习和发掘及与其他学生的沟通交流产生思维、方向和方法等方面的困惑，而导师则通过定期指导给出建议，保证学生主体方向的正确。在经验贯通阶段，当天调研内容结束后，导师会与各年级学生共同交流讨论，指导学生对田野经验进行思考，激发学生的理论发现能力。在表达贯通阶段，学生的写作、学术的创新源于学生体系化阅读训练和经验训练的完成程度。等学生完成两大训练后，需自主学习并完善自身表达方式，这一过程中，导师对于学生的指导也不可或缺。

二是以专业为中心的知识传授误区。近年来，高等学校纷纷加强人才培养体制机制改革，开展本研贯通教育教学模式创新，但主要是围绕学科专业、培养方案、本研一体化课程开发、师资整合及管理、教学运行、学生管理等方面展开探索，将重心放在知识的传授方面，而在客观上忽视了对学生能力的培养。布鲁姆在1956年指出教育存在六个层级的目标，其中，知识和领会属于较低层次的教育目标，而教育较高层次的目标在于创造思维的培育和创造力的激发[12]。知识固然重要，但是在知识爆炸的现代社会，全面提升学生的多样化能力才是关键。“三个贯通”模式在学生培养过程中注重学生多学科知识的掌握和自身能力、素质的自主提升，而非老师单一知识的传授。在理论贯通中，学生被鼓励进行多学科知识的学习和贯通，探索多学科知识的储备和结合，从而逐步了解理论的再生产机制，实现理论创新。学生将多学科的理论知识用于经验贯通之中，能够具备发现各类经验、提炼解释逻辑的能力。表达贯通的培养，更能让人文社科类学生发挥所长，灵活适应学术创作和各类工作。“三个贯通”的培养模式将能力和素质的培养放在远比知识更重要的位置，甚至将习得知识看作是人才成长过程中获取的副产品，以此适应社会科学的本科生和硕士生在毕业后从事与专业或学科完全对口工作的概率相对较低的现实情况，素质和能力对他们将来的职业发展来讲更加重要。当学生学习的主体性被激发，能够在学习生涯的不同阶段获取理论、经验和表达相统一的素质和能力，他们就能适应未来不同的就业岗位。

三是理论和实践相割裂的人才培养误区。长期以来，大学被视作是象牙塔，大学生被认为是只会空谈理论而不食人间烟火、不接地气的“赵括式人才”。因此，近年来，高校非常重视对学生实践能力的培养，纷纷加大实践环节的学分，开展创新创业教育。而过分考虑社会各类职业需要，将学生培养目标定位于流水线产品的生产，就会导致大学生具有过多的工具理性，成为精致的利己主义者，从而降低高校人才的培养质量[13]。物极必反，社会科学研究生又被贴上理论基础不扎实、研究生培养质量大幅缩水等新标签。实践证明，理论和实践相割裂的人才培养方式不符合社会科学领域人才的成长规律。“三个贯通”的人才培养，将理论、实践和表达结合起来，树立的是创新导向的人才培养目标，虽然在本科、硕士和博士阶段培养出的能力有差异，但是均强调理论、实践和表达的统一。当前中国社会科学的发展，急需培养一批理论功底扎实、熟知中国经验、表达能力突出，能够讲好“中国故事”的高层次、高素质专业人才，而社会科学研究生培养的“三个贯通”纵向联系、横向衔接，将创新能力的培养放在首位，为新时代新文科建设提供可供选择的人才培养模式。

参考文献

[1] 史静寰，陈乐 . 构建“本研一体”“双一流”高校人才培养模式 [J]. 中国高等教育，2019（1）.

[2] 闫广芬，尚宇菲 . 本研贯通人才培养模式的核心要义及发展路向 [J]. 研究生教育研究，2020（2）.
[3] 孙正聿 . 孙正聿演讲录 [M]. 长春：长春出版社，2011.
[4] 费孝通 . 社会学系的培养目标问题 [J]. 社会，1981（1）.
[5] 贺雪峰 . 社会科学研究生培养中的两个不等式 [J]. 学位与研究生教育，2021（1）.
[6] 贺雪峰 . 饱和经验法——华中乡土派对经验研究方法的认识 [J]. 社会学评论，2014（1）.
[7] 赵晓峰 . 认识乡村中国：百年来农村社会学调查研究的理想与现实 [J]. 中国农村观察，2021（2）.
[8] 周黎安 . 如何认识中国？——对话黄宗智先生 [J]. 开放时代，2019（3）.
[9] 黄宗智 . 建立前瞻性的实践社会科学研究：从实质主义理论的一个重要缺点谈起 [J]. 开放时代，2020（1）.
[10] 欧内斯特・博耶 . 美国大学教育——现状・经验・问题与对策 [M]. 复旦大学高等教育研究所，译 . 上海：复旦大学出版社，1988.
[11] 王啸 . 试论主体性教育的人学基础 [J]. 教育理论与实践，1999（8）.
[12] 周光礼，黄容霞 . 教学改革如何制度化——“以学生为中心”的教育改革与创新人才培养特区在中国的兴起 [J]. 高等工程教育研究，2013（5）.
[13] 袁兴国 . 结构与功能的矛盾：我国高等教育人才培养研究的社会学视角 [J]. 中国高教研究，2008（10）.

社会学人才培养的“两经一专”模式研究①

赵晓峰　邢成举②

摘要：新文科建设对社会学专业人才培养提出了新的挑战，其要求人才具备跨学科与学科交叉融合的知识视野、良好的实践能力和经验感悟能力、洞悉新技术革命社会变革意涵的敏锐思考力和浓厚的学术志趣等。这顺应了新时期建设“中国特色社会学”的学科发展要求。西北农林科技大学在“精英化培养，学术型导向，多元化成才”的培养理念指导下，探索构建的“两经一专”人才培养模式，强调以经典阅读训练培养拔尖创新人才的理论建构能力、以经验实践训练培养学生的田野感悟能力、以专题化项目研究训练培养学生的学术志趣。经过近十年的实践，该模式既能满足培养社会学拔尖创新人才的需要，为建设中国特色社会学提供高质量的后备人才储备，又能满足不同发展诉求下学生的多元化成才需要，是实现人才培养、专业建设与学科发展统筹推进的重要举措。

关键词：新文科；社会学；拔尖创新人才；两经一专；人才培养

① 基金项目：教育部首批新文科研究与改革实践项目“新文科建设背景下社会学类人才本研贯通培养模式改革与实践研究”（2021020030）、陕西本科和高等继续教育教学改革研究重点攻关项目“新文科建设背景下社会学类专业实践教学体系研究与实践”（21ZG005）。本文在框架构思和修改完善的过程中还得到陈辉、孙新华、赵祥云、高子畅和匿名审稿专家的帮助，特此致谢。

② 邢成举，西北农林科技大学人文社会发展学院副院长、副教授、博士生导师。

一、新文科建设对社科类拔尖创新人才培养提出新挑战

2018年，教育部高教司在“四新”建设中明确要发展“新文科”，拉开了新时代高校文科创新发展的序幕。按照研究对象和任务，文科可以简单划分为人文科学和社会科学，其中，文史哲等人文科学学科主要研究人的精神世界及其沉淀下来的精神文化；经济学、社会学等社会科学学科重点研究各种人类社会现象及其发展规律[1]。当前，发展新文科是为了满足“新时代哲学社会科学发展的新要求”，培养“新时代社会科学家”，形成“哲学社会科学的‘中国学派’”，发展“光耀时代、光耀世界的中国文化”[2]。这意味着新文科建设需要致力于培养一批拔尖创新人才，使他们能够承担起时代赋予的历史使命，在中华民族崛起的过程中，为构建中国特色、中国风格、中国气派的学科体系、学术体系和话语体系贡献智慧和力量。社会学作为哲学社会科学领域中的“显学”，在中国已有百余年历史。自1979年社会学学科恢复重建以来，学界接续20世纪二三十年代以费孝通先生为代表的老一辈中国社会学家所开创的事业，继续推进社会学的中国化。在经历了最初二十年的补课速成时代、第二个二十年左右的反思自觉时代后，社会学即将进入一个实践提升并真正在中国“落地生根”的新时代。经过一段时期的发展，将实现从“来自中国的社会学（Sociology from China）”到“中国特色社会学”的转换[3]。建设新时代中国特色社会学要求学界对既有的理论脉络、学科发展历程、人才培养模式甚至社会学学科设置等方面进行反思，以使这一时期的社会学能够真正有助于全面、深刻地认识中国，并在全球拥有稳健的话语权。中国综合国力的不断提升以及在民族复兴关键节点所产生的伟大实践和社会变革、社会学在中国百年发展历程中经验的积累等因素表明：新时代中国将有可能出现若干具有影响力的社会学大师。要实现这一愿景，必须从社会学拔尖创新人才的培养方面入手，新文科建设为社会科学类专业人才培养带来了新的机遇与挑战。

第一，新文科要求社会学人才具备跨学科与学科交叉融合的知识视野。回顾学科发展史，社会学从诞生伊始，便具有“总体科学”的特征[4]。这种“总

体性”不仅体现在古典社会学家通过自然科学，尤其是生物学得到的启示来建构“社会进化论”等经典社会学理论，而且体现在社会学伴随“现代性危机”而产生，以“问题”为导向，它有机综合了古典经济学、古希腊哲学等学术思潮，并逐渐形成自身的学科理论脉络。从这个意义上，社会学本身就蕴含了学科交叉的属性。21 世纪以来，中国大学开始倡导入校时实施大类招生、低年级进行大类培养、中高年级推进专业教育的人才培养模式，希望学生具备宽口径、厚基础的知识储备。大类招生使人才培养初步走出专业招生、专业培养带来的专业区隔并破解学生知识面过于狭窄的问题，但是仍然不能满足新时代社会对人才素质和能力的迫切需要。在人才培养方面，一些社会科学学科离“宽口径、厚基础”的培养目标还有差距，如存在片面强调培养应用能力而忽视理论思维能力的训练、方法过度量化、崇尚技术至上而忽视思想等问题[1]，人为地将知识碎片化，这不利于塑造具备跨学科视野和深厚理论功底的人才；在学科设置方面，传统文科的划分越分越细，学科之间的隔阂越来越深。人文社会科学研究的是人与人之间的关系，强调以人为本，学科设置上的“山头主义”倾向会消解人文主义关怀，从而背离人才培养的初衷[5]。新文科建设期望进一步打破专业区隔和学科间的藩篱，推进跨学科的知识传递和多学科交叉融合的基础知识教育。时代的发展蕴含了将人文社会科学与自然科学融合发展的必然要求。一方面，人文社会科学赋予自然科学价值向度和人文关怀，以避免后者异化为现代社会中一匹“脱缰的野马”；另一方面，自然科学技术的迅猛发展也为人文社会科学发展提供了新的研究对象、研究议题、研究方法[6]。对于社科类人才来讲，新文科建设既强调社科类专业内部不同专业和学科知识的交叉融合，也强调社会科学与人文科学知识的交叉融合，还要重视与自然科学有关学科知识的交叉融合，使学生在专业能力提升的同时具备良好的综合知识素养。

第二，新文科要求社会学人才具备良好的实践能力和经验感悟能力。一方面，社会学是一门“实践之学”，深入描绘中国转型期社会各方面的变化，直面中国的发展实践并探寻其中的规律，是新时代建设中国特色社会学的必然要求。中国现代化发展历程具有自身鲜明的特色，若干社会转型过程中出现的现象往往无法为已有的社会学理论所充分解释，因此，新时代社会学要深入实践，关注中国社会转型期的新现象，自觉地“从实求知”[7]。另一方面，格尔茨认为，一切知识均是“地方性知识”。改革开放以来，中国大学各专业和学科开始恢复重建，但对于社会科学来讲，绝大多数理论知识均来自西方，近代以来的社会科学知识多是西方社会科学家基于文艺复兴和工业革命对西方经济社会变迁产生的重要影响的学理性分析提炼出来的，其本质上也是一种“地方性知识”。实践证明，无论是将西方理论作为分析基准、预测基准还是价值基准来认识中国经验，均存在不合时宜的地方[8]。既然理论来自实践，新文科要求在人才培养中学生能够走进“田野”，深入人民的生活世界，掌握和了解经济社会发展的基本规律，从而锻炼学生的实践能力，逐渐提升他们对经验的感悟能力，提炼和形成符合中国实际的社会科学理论。对于社会学，与实践能力相伴的是经验感悟能力，若在实践中主体没有“感”与“悟”，那么实践便是空洞的。例如，费孝通先生晚年经历了从实践向理论、从西方现代向中国传统的转变。这是因为费先生经过大量实地调查，发现调查地点人与人之间存在“只能意会、不能言传”的心态和文化，这些“心态”与“文化”往往不能被“结构—功能”这一社会学传统视角所认知。因此，研究者若缺乏经验感悟能力，不能与研究对象“心心相通”，不重视对人“心”和“心态”的感悟，便不能体会到研究对象的“言外之意”，研究成效就会大打折扣[9]。

第三，新文科要求社会学人才具备洞察新技术革命的社会变革意涵的敏锐思考力。新文科是后工业时代基于知识高度综合化、信息化、数字化的一种文科知识生产与再生产的新形态，是文科知识规训的新模式、新手段[10]。新文科和新工科、新医科和新农科并称“四新”。“四新”建设被认为是高校的一场“质量革命”。新文科强调与新工科、新医科和新农科的交叉融合，要求学生具备一定的理工科知识，实现社会科学和自然科学的协同发展。当今世界正在经历第四轮科技革命，人工智能、云计算、大数据、区块链、数字技术等快速发展，必将深刻地改变人们的经济、社会和文化生活，这也使中国面临空前的时代机遇，是中国实现“弯道超车”

的最好机会。社会连接的多样、生产组织方式的重组和生活方式的重塑等是数字时代所带来的社会层面的变化，社会学应当对这些新现象抱有充分的理论敏感性，自觉记录数字时代社会变迁过程，使社会学具备把握时代变迁的生命力，进而推动社会学学科的发展[11]。此外，科技革命以及学科交叉融合的大趋势呼唤“超学科”视野。赵奎英认为，“超学科”意味着一种面向生活世界解决复杂问题的新型研究与教育，它反对将科学与社会、知识与实践分裂，反对专业化、学科化导致的知识碎片化。“超学科”视野不仅是一种新型教育理念，而且是时代背景下拔尖创新人才应该具备的一种素养[12]。因此，新文科建设要求培养出来的社会科学拔尖创新人才应具备多学科的基础知识，同时也应善于观察新技术革命带来的社会变革意涵，深刻地理解技术与经济、技术与社会、技术与文化的关系，具备思考世界走向和人类未来的意识与能力。

第四，新文科要求在社会学拔尖创新人才培养过程中平衡好培育学生学术志趣与鼓励学生多元化成长成才目标之间的关系。渠敬东指出，真正的学者，从来都应以自知和自省为先，任何学术问题的发现，都首先在于发现我们自身存在的问题[13]。在社会科学领域，“发问”才是一门学科真正的品格和精髓，在研究中若没有“发问”，学问便会“术化”[14]。“发问”的前提是学者要拥有浓厚的学术志趣，社会学作为一门与“现代性问题”相伴而生的学科，更要求学者具备“发问”的志趣和功底。新文科对社科类人才培养提出了诸多新要求，但是从学生的职业规划和就业走向来讲，并不能将培养学术拔尖创新人才作为唯一目标。新文科建设背景下的社科类人才培养依然需要兼顾学生差异化的职业发展诉求，满足学生个性化、多元化成长成才的需要。因此，将拔尖创新人才作为社科类大学生的培养目标，并不意味着所有学生都会在本科毕业后选择继续深造攻读研究生，但创新能力是国家“双一流”高校毕业生应该具备的基本素养和基础能力，这决定着他们未来职业发展的高度。然而，新文科建设要为中国发展培养一批“新时代社会科学家”，客观需要从本科教育开始，培养学生的学术兴趣，激发学生的学术潜力，使培养出的拔尖创新人才具有“以学术为志业”的人生追求。唯此，他们才能坚定学术理想，不会过度地被世俗生活和名利所累，在后续的研究生生活和未来的职业生涯中痴心于学术研究，醉心于学术创新，热心于学术报国。

第五，新文科要求社会学拔尖创新人才具备国际视野。“新文科”的提出具有深刻的时代背景。随着经济的全球化，世界各国在经济、社会、文化等方面的交流日益加深，联系越来越密切。与此同时，世界各国也面临着一些共同的问题与挑战，如环境恶化、恐怖主义泛滥、减贫与发展形势严峻等。随着综合国力的发展，中国日益走向国际舞台的中央，并积极参与全球治理。大国崛起不仅需要“文化自信”，还需要向世界贡献“中国方案”[15]。新文科建设也是对上述全球性问题的回应，它源自解决人类社会和世界发展共同问题的现实需求，尽管新文科建设不可能直接解决当今世界遇到的问题，但其倡导的融合中外智慧、融合学科内外的理念有利于“正向”价值观的引导和品格塑造，无疑对解决人类社会存在的共同问题有着重要的现实意义[16]。因此，拔尖创新人才要具备广阔的国际视野和立足全球的问题意识，打开眼界，为将来提出更多高质量“中国方案”出谋划策，贡献智慧。对于社会学，则要求学者不仅具备洞悉全球性问题的广度，而且需要具备对国际尤其是西方社会学理论发展脉络进行把握的深度。这是因为建设中国特色社会学不是闭门造车，拒斥一切西方理论和学术对话，而是要在世界社会学的发展脉络中和对全球性问题的研究中，形成中国视角、中国声音和中国立场[3]，并产生出一批具有全球影响力的中国社会学家。因此，中国社会学者需要具备国际视野，并注重养成知识社会学的素质和视角，对西方社会学理论、概念与方法进行学习借鉴，同时予以必要的批判和重构[7]。

第六，新文科要求社会学拔尖创新人才具备文化自觉和理论自信的意识。新文科之“新”，并非另起炉灶，与中国历史上的文科教育传统和方式完全割裂，而是要充分汲取传统文化中的积极因素，推陈出新。有学者指出，新文科与传统文科发展脉络之间有深刻联系[10]，其主要特征就在于执着坚守和传承中华优秀传统文化。从这一意义上说，我国“新文科”之新，恰恰不在其“新”，而在其“旧”，即对优秀传统的执着坚守[15]。

这是因为：一方面，从我国文科教育发展轨迹来看，我们曾先后经历了移植欧美经验、效法苏联模式、与西方主流接轨等过程，导致我国人文社会科学在学科体系、学术体系和话语体系等层面偏向“西化”，而缺乏对于自身传统文化和现实经验的准确理解，从而不能准确地引领社会实践[17]，在社会学中国化的过程中，也受到了西方社会学、主要是美国社会学的影响；另一方面，在历史长河中，中国基本形成了人文社会科学知识生产的一般规律或本土逻辑[18]。因此，建设中国特色社会学，要求学者们通过对中国悠久的历史以及当下活生生的社会转型的研究，赋予社会学以鲜明的中国基因，然后才能有“底气”参与全球社会学的话语分享，最终建立一种多语境的“全球社会学”[19]。现实中，本土文科治学传统未得到充分重视。新文科建设的制高点是人文灵魂的回植与升华，而其直接着力点则是复兴中国文化，利用中国文化的挖掘、升级与迭代来带动中国精神内核的再构、重构与创构[20]。这要求新文科拔尖创新人才要具备深厚的文化修养，善于从优秀传统文化中汲取资源，同时，坚持文化自觉和理论自信，在扎根本土经验的基础上讲好中国故事。

第七，新文科要求拔尖创新人才具有良好的人文素养。文科教育是提升人才文化素养、科技素养和哲学素养的主要途径，人文学科所关注的人文精神是以人性的自觉与实践为核心贯穿在人生与社会的各个层面，是对人的尊严、价值、命运的维护、追求和关切[16]。人文素养及其所蕴含的价值取向是当今拔尖创新人才所必需的，这是因为：一方面，人文社会科学以人与人之间的关系、人与自身的关系为研究对象，研究者本身就处于“关系”之中，而理科、工科、农科等自然科学能将研究客体“对象化”，进行相对客观的研究。二者之间的不同要求新文科拔尖创新人才不仅要具备深厚的理论基础以洞察经验世界，追求“真”，而且要自觉“修身”，提升人文素养以理解和感悟经验世界，达到“善”，最终形成对经验世界全面深刻的理解。另一方面，在社会学对中国社会层层推进的研究过程中，触及了以“伦理”为典型代表的中国社会深层结构，要理解这种“伦理”，即社会运行中“不言而喻”的部分，研究者需要具备“将心比心”的心态[21]。“将心比心”的前提是研究者具备深厚的人文素养，深谙人际互动背后的文化土壤。例如，在传统中国乡村，每个人并不是纯粹个体意义上的人，而是与祖先、神明甚至呵护他并为他所敬畏的上天融合在一起，只有基于对传统文化的深刻把握，才能真正理解发生于中国乡村的经验现象，即使当下中国社会快速转型，“现代化”或“发展”的话语十分强势，传统文化的“基因”也并不会完全消失，它还会在潜移默化中影响中国人的行为。而目前社会学中国化进程大多贯彻的是一种“生产性的逻辑”，引进大量中层理论，它们无法根植于中国的文明传统[22]，造成没有人文素养的社会学。新文科建设为弥补这一缺陷提供了契机。

西北农林科技大学积极回应国家对社会科学领域高层次人才的差异需求，结合新文科建设提出的时代诉求，提出了“精英化培养，学术型导向，多元化成才”的培养理念，一方面从国家对行业特色高校高质量发展的要求出发，强调在学生培养中坚持“知农爱农，服务‘三农’，精英担当”的价值引领，通过多种方式使农情教育能够入眼入耳、入脑入心，为行业发展培养一批精英人才；另一方面以“学术型导向”全面培养学生的创新能力，使学生具备独立开展专题研究的科研能力，既能满足为农业农村社会发展培养拔尖创新人才的需要，又能满足有着不同职业发展规划诉求学生的多元化成才需要，让学科在聚力学术型人才培养的同时，也能在多元化培养导向中焕发创新活力，实现人才价值。为此，我们提出了“两经一专”的拔尖创新人才培养模式。

二、以经典阅读训练培养拔尖创新人才的理论建构能力

拔尖创新人才需要具备扎实的理论基础，这需要学生能够坚持进行多学科的经典著作阅读训练。鉴于本科生的就业去向相对研究生更加多元，以及社科类毕业生的专业对口率相对偏低等客观现实，“双一流”高校的社科类人才培养也需要兼顾不同诉求学生的多元需求，既要重视专业知识的教学和专业能力的培养，又要注重培养学生跨学科知识和多学科知识相融合的运用能力。因此，社会科学领域的本科教育在理论方面要注重一个“博”字，重视学生“博”的知识和能力培养[23]。西北农林科技大学在

社会学类专业学生培养中，强调学生不仅要重视学习不同历史时期、不同理论流派的社会学理论，而且要重视阅读哲学、历史学、经济学、政治学、法学、人类学等多学科经典理论著作。此外，学校在课程设置上还安排有农学等课程，使学生熟悉农科基本知识，这有助于拓展学生广博的知识视野。

拔尖创新人才的培养要求在阅读训练中从经典读起，可以让学生感悟经典之美。社会科学各学科经过岁月沉淀下来的经典著作，蕴藏着社会科学家的时代之思，是他们对一个时代经济社会变迁的精彩诠释，往往也是他们思考和研究当时当地社会突出矛盾和问题的结果。阅读经典对于人才培养具有多方面的重要功效：一是可以增长知识，扩增理论储备，使学生通过阅读理解不同时代社会科学家的理论关注点，了解不同时代社会的主要特征和变迁规律。二是跨学科的经典阅读，可以从不同的学科视角实现知识的相互启迪，尤其是对同一时代同一领域现象的多学科解读，可以让学生领悟理论建构的魅力，在知识的海洋中得到经典的滋养。同时，跨学科的经典阅读也最大程度地尊重了每位学生的学术偏好，使得学生能够在广泛涉猎经典的基础上，有充足的兴趣和时间来深入阅读自身感兴趣的人文社科领域相关经典著作，提升理论思维能力，甚至在社科领域达到“触类旁通”的效果。尽管始于兴趣，但随着阅读的深入，学生在思维层面必然会出现困境。而在外部力量引导下，学生会逐渐适应阅读中的“思维困境”并最终克服困境。他们经过这一过程的历练，最初在某一知识领域的素朴“兴趣”才有可能转化为以自身为主体的“学术志业”实践。三是可以让学生从经典著作中领悟知识的生产机制，掌握理论建构的一般规律，初步形成理论建构的自觉意识和基本能力，既消除了学生对社会科学和社会科学理论的距离感和神秘感，又使学生充分体会到社会科学理论建构的严谨性与实践性，从而进一步激发学生探索的兴趣。四是可以培养学生迎难而上的科研精神，让学生从看不懂经典著作起步，经过持续的积累和长期的坚持，到看得懂、悟得通经典著作，是对他们意志和能力的重要考验。经过持之以恒的系统阅读训练，学生从最初的读不懂、不愿读到愿意积极思考、心中常有疑问，从而激发他们进一步阅读的动力，最终形成自身阅读经典的节奏和思维习惯。这一过程是学生思维层面的“蜕变”和“新生”。只有经历了这一过程，学生才能真正完成从“中学生”到“大学生”的角色转变。五是有助于营造良好的学风，为社会科学研究创造有利的外部环境。学生阅读经典时需要心平气和，思维层面则需要不断进行自我追问，若每位学生都朝向这个状态发展，校园将会形成一种不骄不躁、痴于探索的氛围。经过经典阅读训练留下来的拔尖创新人才，才有可能具有浓厚的学术志趣。

西北农林科技大学在社会学类专业学生的培养中，为保障学生经典阅读训练切实有效，采取了以下几种措施：其一，指导学生建立读书会。我们倡导“社科生要进图书馆”，积极创造有利条件，为学生营造良好的经典阅读训练氛围；遴选青年教师指导学生的读书会，定期开展读书汇报、检查和交流活动。让学生共同读书，一起交流心得体会，可以实现学生理论知识训练的组织化与集体化，提升训练效果。其二，将经典阅读训练与课堂教学相结合，以“课程 + 文献”的方式为学生提供分支领域的经典阅读书单，指导学生进行系统化阅读。这既可以提升课堂教学质量，又能够增强经典阅读效果。其三，将本科生读书会与研究生读书会进行联动建设，在本研互动中实现良好读书氛围的营造，并通过与研究生的互动，增强本科生持续阅读经典著作的信心和兴趣。其四，邀请国内外知名学者举办“农村社会发展”高端论坛和各种学术会议，使学生通过聆听学术名家的学术报告，了解学科前沿和科研热点，把握理论创新的时代脉搏，拓展学生的国际视野，提高学生立足中国、面向全球的社会科学问题意识。其五，邀请在学术界崭露头角的青年社会科学工作者到学校，与学生交流科研经历、学术收获和田野体会等，使学生能够洞悉学术创新的奥秘，找准未来的研究方向。其六，由学生自主邀请校内教师举办人文讲坛和学术报告会，就近挖掘资源以加强理论创新指导，培养学生敏锐的学术思维。其七，本科阶段开设文化社会学、性别社会学等全英文课程。一方面，提高学生的英文学术理解能力、表达能力和文献阅读能力；另一方面，使学生有机会了解国际前沿研究，激发他们不断探索的学术志趣。其八，发挥学科长处，定期举办与传统文化尤其是农业历史有关的讲座或论坛，提升学生对中国传统文化的认同感，这不仅有利于他们在日后的研究中提升文化自觉和文化自信，而且有利于提高其纵向的历史思维能力，拓展思维深度。

三、以经验实践训练培养学生的田野感悟能力

当代中国正在进行一场伟大的社会变革，迫切需要加强理论创新。习近平总书记在 2016 年 5 月 17 日召开的哲学社会科学工作座谈会上的讲话指出，构建中国特色哲学社会科学的着力点和着重点是“以我们正在做的事情为中心，从我国改革发展的实践中挖掘新材料、发现新问题、提出新观点、构建新理论”，通过“三个加强”，“提炼出有学理性的新理论，概括出有规律性的新实践”。实践是理论创新的源泉。黄宗智认为中国共产党在历史发展中形成了一套独特的认识方法，即从实践认识出发，进而提高到理论概念，再回到实践中去检验[24]。这种认识论传统为中国社会科学发展指明了一个方向，就是要遵循从实践出发的社会科学理论创新道路。因此，社会科学领域学术拔尖创新人才的培养离不开经验实践训练，需要提升其田野感悟能力。

经验训练与经典训练相辅相成，是“两经”训练过程中不可分割的基础环节。一方面，通过经典训练，学生得以真正积累社会学理论、研究方法和学科发展史等方面的基础知识，尤其是锻炼学生的思维能力，使之具备初步的问题意识，从而使学生萌发“奔向田野”的内在魄力，并具备田野感悟能力；另一方面，通过经验训练，使学生在实践中理解、体悟理论知识储备，为“一专”训练即高质量学术成果的产出积聚“势能”。若缺乏扎实的经典训练，学生在实地调查中便很容易迷失在经验世界的“汪洋大海”之中，被经验现象“牵着鼻子走”；若缺乏必要的经验训练，理论就容易脱离活生生的现实。加强经验实践训练，至少可以发挥四个方面的效果：一是培养学生的国情意识、人文情怀和底层关怀。“双一流”高校的社科生是社会的精英，承担着时代赋予的历史使命，需要加强经验实践的训练。本科生的经验实践训练重在一个“感”字[23]，通过让学生深入

人民的生活世界，了解人民生活的基本状况，感知人民的喜乐哀愁，熟悉人民对美好生活的期待，从而培养学生的国情意识和人文情怀。并且，学生通过了解基层民众的生活疾苦，倾听不同社会群体尤其是弱势群体的声音，可以培养自身的底层关怀意识。由此，不管将来这些学生走向何种工作岗位，都会胸怀人民，不忘底层民众的心声，自觉将人民立场贯彻始终。二是提升学生从实践中进行归纳总结的能力。教育的本质单从知识传授的角度讲，用一个形象的说法是“用昨天的知识，教育当下的学生，让其面对明天的世界”，这就从根本上注定知识滞后于时代发展。只有人民的生活和生动的实践，才是社会科学理论创新知识的来源。因此，经典阅读不仅要让学生掌握知识，而且更重要的是让学生掌握知识的生成方法和形成逻辑。对于学生来讲，不管未来的职业如何，只要掌握从经验实践中、从工作生活中进行归纳总结的能力，就会在未来的生活中脱颖而出。所以，经验实践训练对于本科生素质和能力的培养至关重要。学生通过走进“田野”，将所学理论、方法运用到实践中，形成从生活实践中进行归纳总结一般规律的自觉意识，真正掌握知识的生成逻辑，为未来发展打下坚实基础。三是培养拔尖创新人才的经验感悟和理论创新能力。经验实践训练对于社会科学领域拔尖创新人才的培养更加重要。拔尖创新人才不能局限于已有理论，也不能只会夸夸其谈，陷入本本主义和教条主义的误区。他们可以通过经验实践训练，一方面培养自己从现实生活世界发现真问题，提出新问题的能力，另一方面将理论与实践进行比照，从实践出发对现有理论进行反思，寻找理论与现实的悖论，提出更好的新问题。进而，学生就可以运用掌握的理论和方法，去尝试解释新问题，提出新概念和新观点，建构新理论，走向从实践出发的社会科学理论创新道路。四是塑造学生，尤其是低年级本科生对“田野”的亲近感，为部分学术拔尖人才能够“重返田野”奠定基础。一般来说，第一段田野调查经历对于学生的成长至关重要。试想，他们能够与同伴一起，居住在一个相对陌生的社区，怀着好奇心与当地居民沟通交流，并亲身感受当地的风土人情与经济社会发展，这本身就是难得的成长经历。因此，对于低年级本科生，经验实践训练一方面意味着一段真实、自然且饱满的田野经历，另一方面也是一次弥足珍贵的田野作业启蒙。所以，让学生浸润于经验世界，经受经验实践的训练，是拔尖创新人才培养的关键举措。

为使经验实践训练落到实处，一要修订培养方案，增设实践类课程，加大实践培养环节的学分比例，让学生有完整的经验实践锻炼经历。目前，西北农林科技大学社会学专业学生实践教学环节学分占总学分的比例达到28.90%，开设有乡村发展、贫困治理、城乡社会治理、社区管理等实践课程，每年的寒暑假都会组织学生走进“田野”。二要建立经验实践训练平台，为学生提供实习基地。西北农林科技大学新农村发展研究院在全国建立有27个试验示范站和46个示范基地，人文社会发展学院在西北五省建立有30多个农村社会固定观测点，社会学与社会工作系建有27个实践教学基地，为学生深入基层社区开展田野调查、企业锻炼和基地实践提供了良好的平台。三要创新实践教学形式，培养学生的经验感悟能力。一方面邀请北京大学、南京大学、南开大学、武汉大学、华中科技大学等高校的硕士生和博士生与本校学生进行交流，另一方面组织本校的博士生和硕士生，与本科生一起到农村社会固定观测点与实践教学基地开展田野调查活动。这些调研活动以白天集体调查、晚上集体讨论等形式展开，实施教师指导博士、博士带硕士、硕士带本科的贯通培养，使学生从不同个体的激扬文字中领悟学术创新的逻辑，在观点的激烈碰撞中感受学术争鸣的魅力，在智慧的交锋中感知学术交流的乐趣，激发其以学术为志业的信心。四要通过创新形式，积极推动实践教学与人文素养教育相结合。例如，西北农林科技大学人文社会发展学院每年都会承办“秦岭生态文明教育”实践课程，这门课程旨在让学生们了解秦岭的地质地貌、植物的多样性、生态系统和人文历史等知识，能够结合实际，学会运用所学知识认识并解决生态环境的有关问题，有效提升对自然与生态环境的认知，提升自觉践行生态文明的意识，同时切身感受祖国大美山河，增强家国情怀。学生在实践过程中不仅得到了跨学科知识的滋养，而且切实提升了自身的科学素养和人文素养，这有利于他们成长为知识渊博、视野开阔、富有情怀的拔尖创新人才。五要为师生参与实践教学提供制度保障，切实提升经验实践训练的质量。一方面，制订《西北农林科技大学中青年教师实践能力培养办法》，要求中青年教师必须有6个月到1年的实践锻炼，并将教师指导学生创新成果纳入职称评审、岗位聘任、业绩津贴分配等依据条件，激发教师的积极性。另一方面，鼓励学生参加实践教学，对表现突出的学生在综合测评和奖学金评定等环节予以加分，激发学生的主动性。六要积极为学生参与对外学术交流和访学活动创造条件。一方面，学院遴选符合相关条件的研究生参加国际交流，以参加国际会议或赴国外高校、科研院所开展合作研究为主，或参加海外暑期学校、赴国外短期访学。另一方面，学院与国外知名高校签署本科生联合培养协议，为学生成长创造多元化平台。

四、以专题项目研究训练培养学生的学术志趣

在回应时代命题中开展专题研究是社会科学家的历史使命。费孝通在新世纪伊始提出，社会学学科“要真正成熟起来，关键还在于赶上时代的步伐，深入社会实际，加强研究”。他认为他的一生经历了三个时代：乡土时代、工业化时代和信息时代。他研究过乡土时代，也关注过工业化阶段的小城镇和中等城市以及区域发展问题，但信息时代的社会问题研究要靠下一代学者[25]。社会学家要紧跟时代的步伐，适应和解释人类社会的巨大变化，否则就会被淘汰。当前，第四轮科技革命正在快速发展，技术的更新换代和新技术的出现频率都在加快，科技对人类世界和人民生活的影响无处不在。要想理解这种变化并有效应对这些变化，赶上技术发展提出的新要求，就必须培养一批具有跨学科和交叉学科知识结构的拔尖创新人才。在学生培养中，通过设置智慧治理、数字社会、数字乡村建设等专题研究项目，使学生在回应时代命题中找到学术研究的价值，锻炼其理论提炼能力，对于激发学生的学术热情和科研兴趣具有重要的现实价值。

在“两经一专”培养模式下，经典训练和经验训练均属于“打基础”的阶段，该阶段对学生的培养具有“厚基础，宽口径”的特点。专题训练意在引导学生实现从“社会学学习者”向“社会学研究者”的角色转换，通过有针对性的专题训练，使学生能够聚焦于特定的领域，找准研究方向，“打一口深井”，从而能够在将来产出高质量的学术成果。需要指出，“两

经”训练和“专题”训练并非完全是时间上的先后关系，例如，对于低年级本科生，在以经典阅读为主的同时，也可以积极参与相关专题研究、深入田野，从而使他们熟悉田野作业的基本流程等。为鼓励学生开展专题研究，西北农林科技大学探索实施“科创引领”模式，建立起“国、省、校、院”四层次学科竞赛体系，切实满足了学生从事专题化研究项目的需求。从 2017 年到 2021 年，人文社会发展学院学生主持国家级科创项目 20 项，科创项目申请率平均每年增长 15%，参加科创竞赛活动的人数逐年攀升，占学生总人数的比例超过 80%。近年来，为提升学生选题质量，人文社会发展学院每年都要面向全体教师征集课题指南，鼓励教师招募学生组建科创团队，将师生的科研活动有机融合，既方便教师发挥学术专长，提升项目指导的效果，又有助于学生基于学术研究兴趣组建跨学科研究团队，提升研究的实际水平。在教师指导下，学生完成题目选择，项目论证，申请答辩与立项，理论框架设计或提出研究假设，制订访谈提纲或调查问卷，抽样方法的选择，调查数据处理或典型案例分析，研究、发现的梳理与论证，调查报告撰写等系列环节，通过全过程参与熟悉科研的流程，可以将所学知识与生活实践相结合，增强学生独立开展科学研究的能力，提升专题化研究的水平。

同时，西北农林科技大学人文社会发展学院采取多样化的措施为学生开展专题化研究项目提供帮助。一是选优配强指导教师，请“农村社会发展”和“乡村振兴战略与乡村治理现代化”两个省级教学团队的优秀教师将农业农村发展前沿知识讲授给学生，从全院科研实力突出的教师中遴选项目指导教师，实行本科生导师制，加强导师组建设，对学生进行全方位、全过程指导，调动学生的创新意识，激发学生开展创新研究的积极性。二是推进“以赛促教”模式，鼓励学生参加全国和陕西省的“挑战杯”课外学术科技作品大赛、全国性的“互联网 +”大赛、“费孝通田野调查奖”征文活动、“河仁杯”全国大学生社会调查技能大赛，以及学校举办的“大学生城乡社会调查技能竞赛”等活动，以项目竞赛引领专题研究的方式激发学生的主动性。三是坚持校内外、专兼职相结合，建立理论、方法与实践三类师资队伍，对学生的专题化研究进行精准指导，其中，校内师资作为指导教师或导师主要负责理论指导和方法指导，校外导师负责实践指导。四是建立激励制度，在本科推免生选拔中将科研创新潜质占比提高到 50%，为拔尖创新人才的选拔提供制度保障。

五、结论与进一步的讨论

本文通过对以“经典 + 经验 + 专题”为核心内容的“两经一专”社会学人才培养模式的系统论述，分析认为这种培养模式既可以满足有着不同职业发展规划的学生的多元化需求，又能够满足新文科建设背景下培养社会科学领域拔尖创新人才的需要，尤其是为新时代建设中国特色社会学提供高质量的人才储备，具有重要的实践价值。“两经一专”的人才培养模式，坚持整合校内外资源的发展思路，瞄准拔尖创新人才培养的关键环节和薄弱环节进行精准发展，实现了人才成长的“三轮驱动”：强化经典阅读训练，以理论能力提升实现人才内动力激发的一次驱动；强化经验实践训练，以实践技能提升实现人才内动力激发的二次驱动；强化专题化项目训练，以科研潜质挖掘实现人才内动力激发的三次驱动。

总体来看，“两经一专”模式的探索确立，为提升人才培养质量提供了良好的保障。西北农林科技大学人文社会发展学院的毕业生就业率长期保持在 95% 以上，就业质量良好，学生遍布政府、企业、社会组织和高等院校等单位，受到用人单位的信任和好评。近三年，毕业生选择国家基层项目人数位居全校第一。根据《西北农林科技大学 2020 届毕业生社会需求与人才培养质量报告》显示，在受访高等院校 / 科研院所对本校毕业生学习态度和科研能力评价中，人文社会发展学院均居前三；企事业单位对毕业生工作表现总体满意度评价居全校第六。近五年，学生在“挑战杯”大学生系列科技学术竞赛中获得国家级一等奖 1 项、二等奖 2 项，省级特等奖 2 项、一等奖 2 项、二等奖 1 项。近十年来，社会学和社会工作专业毕业生继续攻读研究生的比例长期保持在 40% 以上，其中，95% 以上的学生考取的是“双一流”建设高校或国外高水平大学。一些毕业生在完成硕士学位的深造后，继续攻读博士学位，并在工作后取得了优异的科研业绩。

参考文献

[1] 樊丽明．“新文科”：时代需求与建设重点 [J]. 中国大学教育，2020（5）.

[2] 石云里．“第三种文化”视野中的新文科 [J]. 探索与争鸣，2020（1）.

[3] 洪大用．超越西方化与本土化——新时代中国社会学话语体系建设的实质与方向 [J]. 社会学研究，2018（1）.

[4] 渠敬东．返回历史视野，重塑社会学的想象力——中国近世变迁及经史研究的新传统 [J]. 社会，2015（1）.

[5] 樊丽明，杨灿明，马骁，等．新文科建设的内涵与发展路径 [J]. 中国高教研究，2019（10）.

[6] 郁建兴．新文科建设的场域与路径 [J]. 新文科教育研究，2021（1）.

[7] 洪大用．实践自觉与中国式现代化的社会学研究 [J]. 中国社会科学，2021（12）.

[8] 周黎安．如何认识中国？ [J]. 开放时代，2019（3）.

[9] 周飞舟．从“志在富民”到“文化自觉”：费孝通先生晚年的思想转向 [J]. 社会，2017（4）.

[10] 权培培，段禹，崔延强．文科之“新”与文科之“道”——关于新文科建设的思考 [J]. 重庆大学学报（社会科学版），2021（1）.

[11] 王天夫．数字时代的社会变迁与社会研究 [J]. 中国社会科学，2021（12）.

[12] 赵奎英．“新文科”“超学科”与“共同体”——面向解决生活世界复杂问题的研究与教育 [J]. 南京社会科学，2020（7）.

[13] 渠敬东．学科之术与问题之学 [J]. 开放时代，2022（1）.

[14] 渠敬东．中国社会科学的人文性 [J]. 开放时代，2021（1）.

[15] 田晓明，黄启兵．论我国“新文科”建设之中国特色 [J]. 苏州大学学报（教育科学版），2021（3）.

[16] 宁琦．社会需求与新文科建设的核心任务 [J]. 上海交通大学学报（哲学社会科学版），2020（2）.

[17] 马骁，李雪，孙晓东．新文科建设：瓶颈问题与破解之策 [J]. 中国大学教学，

2021（Z1）.
[18] 刘振天 . 文科知识生产的本土逻辑及高校新文科建设的路径 [J]. 中国高教研究，2021（11）.
[19] 周晓虹 . 社会学的中国化：发轫、延续与重启 [J]. 江苏社会科学，2019（6）.
[20] 龙宝新 . 中国新文科的时代内涵与建设路向 [J]. 南京社会科学，2021（1）.
[21] 周飞舟 . 将心比心：论中国社会学的田野调查 [J]. 中国社会科学，2021（12）.
[22] 渠敬东 . 作为文明研究的社会学 [J]. 中国社会科学，2021（12）.
[23] 赵晓峰 . 新形势下社会科学研究生培养应注重“三个贯通”[J]. 研究生教育，2021（12）.
[24] 黄宗智 . 认识中国——走向从实践出发的社会科学 [J]. 中国社会科学，2005（1）.
[25] 费孝通 . 关于社会学的学科、教材建设问题 [J]. 西北民族研究，2001（2）.

“四为”读书会的做法与效果

孙新华[①]

一、“四为”读书会的基本情况

“四为”读书会是西北农林科技大学人文社会发展学院研究生读书会，成立于2014年，当时由赵晓峰、张世勇、陈辉三位老师发起，主要由学院的少数学生参加。2018年，读书会开始正规化建设，正式起名为“四为”读书会，与此同时相关培养框架、规章制度开始成形并逐步完善。

“四为”取自宋代理学大师张载的“横渠四句”——“为天地立心，为生民立命，为往圣继绝学，为万世开太平”。“四为”精神曾是历代知识分子的人生理想。我们也希望读书会的学生一方面根据自己的特点多元化成才，另一方面要有担当、有能力、有关怀，而不是精致的利己主义者。因此，“四为”读书会的培养目标有三个：精英化培养、学术化导向、多元化成才。

“四为”读书会主要由导师组负责管理，导师组由赵晓峰教授牵头，读书会的指导老师先后由张世勇老师、陈辉老师和孙新华老师担任。目前，导师组共有导师11人，其中教授2人，副教授7人，讲师2人。读书会导师组实行统分结合、双层管理。具体而言，“统”的方面体现在两点：一是读书会大的原则、方针、规则，导师组通过民主集中制讨论决定，由孙新华老师负责执行；二是读书会的学生按照读书会的规则统一培养。“分”

① 孙新华，安徽砀山人，社会学博士，副教授，硕士生导师，曾任西北农林科技大学人文社会发展学院副教授，陕西省社会科学重点研究基地“陕西省乡村治理与社会建设协同创新研究中心”副主任，现为安徽大学社会与政治学院副教授，硕士生导师 。

的方面也体现在两点：一是读书会学生的体制化培养环节主要由导师负责；二是读书会的运转经费由导师组导师分头集资。

“四为”读书会面向学院所有研究生，但是实际上主要以导师组导师指导的研究生为主。这主要是因为导师组的导师都要求自己指导的研究生通过经典阅读提升学术素养，而其他导师都有自己的培养方式，所以，每届只有少数其他导师指导的研究生参加读书会。近几年，“四为”读书会的学生规模在不断扩大，由 2017 级的 17 人增加到 2021 级的 39 人。由于各种原因，每一年级都会有部分学生中途退出，特别是在读书一年之后，其主要原因在于部分专业的实习需要。但是坚持读书的学生数量仍在不断增加，读完一年的学生由 2017 年的 4 人增加到 2020 年的 32 人，读完两年的学生由 2017 年的 4 人增加到 2020 年的 27 人。具体数据如图 1 所示。

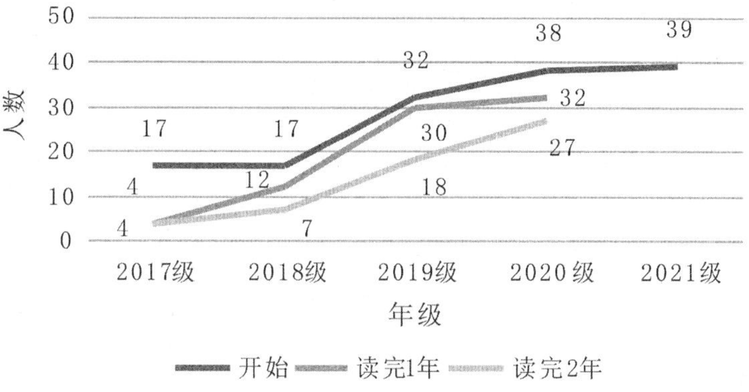

图 1 “四为”读书会 2017—2021 级学生规模

表 1 “四为”读书会 2019—2022 级学生专业来源

专业来源 / 年级	社会学	社会工作	农村发展	总计
2019 级	10 人	13 人	9 人	32 人
2020 级	19 人	12 人	7 人	38 人
2021 级	17 人	11 人	11 人	39 人
2022 级	10 人	12 人	4 人	26 人

另外，从专业上来看，“四为”读书会的学生主要来自社会学专业、社会工作专业和农村发展专业，其中以社会学专业的研究生为主，占比超

过40%，具体如表1所示。从表中可以看出，2019级三个专业人数相差不大，2020级和2021级这两级社会学专业人数基本接近总人数的一半。

由于这几年每一级读书会的人数都比较多，为了方便读书会内部的组织协调，我们将每个年级都大体分为四个读书小组，平时以小组为单位进行读书和集体建设，每个小组各有两个小组长，一男一女、不分正副；每个年级从小组长中选出一位年级负责人，协调各组关系和负责年级公共事务；各年级之间整体是比学赶帮超的关系，特别是高年级对低年级起到的传帮带作用。综上，读书会的组织架构可以概括为图2。需要说明的是各层之间并非严格意义上的科层关系，各层级的负责人主要是做好协调和服务工作，而不是管理工作，相互之间有着密切的联系，比如指导老师和每位学生都有直接和较为密切的联系，而非通过层层的科层才能联系。

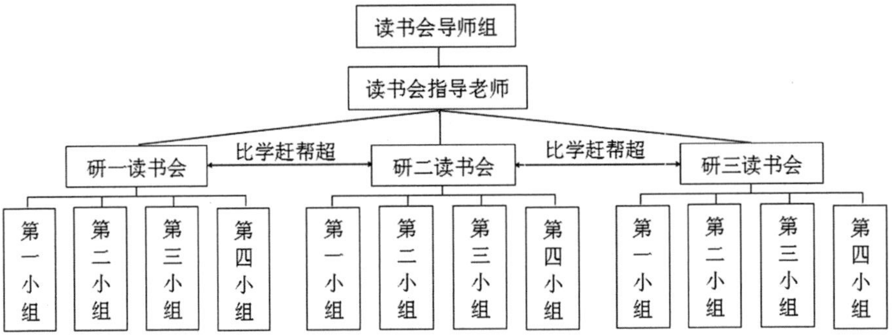

图2 “四为”读书会的组织架构

此外，为了缓解图书紧缺问题，“四为”读书会还根据学生需要采购了社会学、经济学、哲学、政治学等相关书籍近1000册，集中存放于学院2106会议室，供全院学生借阅。图书采购经费主要来自两方面：一是陕西省乡村治理与社会建设协同创新研究中心的运作经费支持；二是导师组自筹经费。

二、“四为”读书会的主要做法

读书的重要性毋庸置疑，特别是对于文科的研究生来说。但是，现实的情况是很少有人去阅读书籍，更少有人去阅读专业的经典著作。大部分学生对于专业的理解主要来自教材，一些学生即使读书也主要是阅读小说等课外书籍。而且，现在的阅读氛围越来越浮躁，快餐化、功利化、碎片化的阅读倾向明显。所以，不少人感慨“偌大的校园容不下一张安静的书桌！”这对于研究生的培养非常不利。

从现在很多学校的研究生培养来看，主要通过两种方式进行培养：一种是借助于课堂教学实现对知识的积累，采取的主要方式也是“填鸭式”的被动教学，在很大程度上和本科教学没有本质的区别，导致研究生变成了继续上大五、大六、大七的局面。另一种方式是进入导师的课题组做课题、写论文，这种方式可以让学生在调研、写作方面有一定的积累，但是忽视了对其专业基础能力的培养，结果往往是学生基础不牢，缺乏后劲。

基于此，“四为”读书会强调研究生要进行体系化的经典阅读。通过经典阅读，一方面完善学生的知识体系，另一方面提高学生的思维能力。相较于在课堂上被动接受知识，学生在读书会主动地、探索式地阅读经典著作，能够对知识有更加深入和全面的理解。因为要去读懂和读通这些经典著作，学生就要去主动思考和琢磨。同时，这个过程也在无形之中锻炼了学生的思维能力。为了学生可以更好地投入阅读，“四为”读书会主要从以下五个方面进行了探索，具体如下。

（一）体系阅读

读书会对研究生的要求是在研究生学习阶段的前两年系统化地阅读某一学科或若干学科的经典著作，具体来讲，读书会的阅读具有以下四个特点。

1. 经典性

即选择某一学科最经典、最基础以及具有转折性和前沿性的著作进行阅读。之所以选择一个学科最经典的著作进行阅读，是因为这些著作是这个学科发展过程中最重要的著作。一方面，这些著作在学科发展历史上具有关键性的作用，通过阅读，可以系统地学习和理解学科的知识；另一方面，这些著作体系非常庞大，论证非常具有逻辑性，通过阅读可以更好地训练学生的思维能力。如果把思维训练比作磨刀的话，只有选择比较好的磨刀石，才能更好地磨刀，这些经典著作就是好的磨刀石。当然，由于同学们所在的专业不同、兴趣不同，可以根据自己的兴趣选择不同学科来进行阅读。具体而言，可以选择社会学、经济学、政治学、人类学、哲学、法学等学科的经典著作。从近几年的实际情况来看，我们的学生主要以阅读社会学的经典著作为主，少部分学生选择阅读经济学、政治学、人类学、哲学等学科著作。为了方便大家阅读，读书会导师组和部分高年级学生系统筛选了以上学科的经典著作，形成阅读书单以供学生参考。比如社会学学科我们就筛选了 154 部著作，包括社会学八大家（马克思、韦伯、涂尔干、齐美尔、布迪厄、哈贝马斯、福柯、吉登斯）的著作以及其他关键和重要的社会学大师的代表性著作，学生们可以根据自己的阅读兴趣从中选择和指定自己的阅读书目。

2. 体系化

即阅读的经典著作内部是成体系的。体系化阅读体现在两个方面：从大的方面来说，一个较长的时期选择一个学科进行阅读，将这个学科主要的著作阅读完以后再换其他学科；具体到一个学科内部，也应该按照学科发展脉络、人物、学派、主题等方式进行系统化阅读。比如，读书会的大部分学生都在前一年半阅读社会学经典，后半年选择其他学科经典，在阅读社会学的时候也基本是一个月或两个月专门阅读一个人物的著作。系统化阅读相对于跳跃式阅读的好处有两方面：一是可以更好地理解和消化某一学科的知识。因为每个学科、每个学派都有各自的体系，都是在前人的基础上不断推进的，所以系统化阅读就可以在知识上不断积累，比如在读马克思的著作时有很多地方没读懂，当读到吉登斯作品的时候就会对马克思的著作有更深的理解。而跳跃式阅读则很难形成积累，反而会徒增很多阅读的困难，因为各学科之间都有一定的门槛。二是体系化阅读有利于思维训练，因为思维训练不仅需要读懂文本，而且需要在文本之间找到关联，并进一步形成自己的理解和认识，显然体系化阅读更容易帮助我们实现。

3. 饱和性

即进行大量阅读，从而使自己的阅读达到饱和、析出的效果。首先从阅读的时间来讲，读书会阅读时间是两年，一般是从考研录取开始阅读，一直到研二结束。其次从阅读数量来讲，读书会要求每位学生每个月至少要阅读 5 本经典著作。需要说明的是，这里的本数是相对于一般厚度的著作而言，如果是大部头著作如《资本论》，其实一个月读完三卷就已经相当厉害了。从实际情况来看，大部分学生的阅读量都在 5~10 本。那么，两年时间每位学生就可以阅读 100~200 本经典著作。这里需要说明的是，我们没有像其他地方要求学生按照导师的研究方向进行精读，而是选择经典著作进行快读和大量阅读。这一方面是与“四为”读书会的定位有关系，我们认为经典阅读最关键的是思维训练，其次才是知识积累。精读固然更有利于知识的吸收，但是也会将阅读范围限于少量著作。而快读和大量阅读不仅可以帮助理解和吸收关键知识，而且可以更好地训练思维，因为这样需要阅读更多的著作。另一方面也与“四为”读书会的培养目标有关系。正如前面所说，我们的目标是多元化成长，很多学生对导师的研究领域不一定感兴趣，也不确定未来会不会读博。通过系统阅读经典著作而不是某个具体领域的著作，能够宽口径、厚基础地锻炼学生的基础能力，而不是过早地进入某一个研究领域进行锻炼。这可以让那些还不确定自己未来发展方向和明确不准备读博的学生有更多的选择，他们可以在自己的发展方向和读书会的基本要求之间找到结合空间。换言之，“四为”读书会帮助大家锻炼基础的能力，未来同学们有了自己的发展方向都可以加以运用，届时再结合自己的发展方向锻炼具体能力也为时不晚。

4. 主体性

即在经典阅读中要始终保持自己的主体性。正如前面所说，读书会有很多规定和要求，包括经典书目、阅读时间、阅读数量等。但是，毕竟阅读是学生个人的事情，那么如何调动自己内在的积极性、主动性去阅读和克服阅读中的各种困难是非常关键的。所以，这个时候就需要将个人的特殊性与读书会要求的一般性相结合，只要在大的原则和框架下，每个人都可以根据自己的特点来进行灵活的调整和规划。比如读书的书目可以根据自己的兴趣在几个学科之间选择；在阅读过程中如何进行思考，如何进行写作，如何进行交流，这些都需要自己根据自身情况灵活应对。所以阅读过程中需要充分调动个人的主体性。在刚开始阅读时，学生还没有足够的经验，可以先跟着走，但是阅读一段时间后，肯定要自己走，要找到适合自己的阅读书目、阅读方式、思考方式、写作方式等。在很大程度上，阅读和练武是一样的，无招胜有招。

（二）系统写作

在阅读过程中，写作是非常重要的。不管是知识的积累还是思维的训练，都需要对文本有深入的理解和思考，这种理解和思考除了借助于阅读，也借助于写作。这是因为在阅读过程中会形成自己的很多想法。阅读中的想法如果不及时写下来，很快就会被淡化和遗忘。如果及时把点滴想法写下来，灵光一现的想法就会得到沉淀和深化，同时，写作本身就是再思考的过程，所以阅读过程中有想法就要及时记录下来。为了训练大家的写作能力，“四为”读书会布置的常规写作有以下六类。

1. 读书札记

我们在阅读过程中都会带一个笔记本，将自己阅读中的一些想法和思考及时地记录下来。当然，很多学生一开始主要是摘抄一些经典的字句或段落，当读得多了就会有自己的想法，就需要抓住这些想法把它们记录下来。久而久之，我们的思考就可以实现积小成大、积少成多。这个时候，我们主要不是摘抄，而是记录我们的思考。

2. 读书报告

当我们的思考积累到一定程度，就可以形成一篇完整的读书报告。为了帮助大家形成良好的写作习惯，读书会要求每位学生一个月至少要写一篇完整的读书报告。开完读书检查汇报会后的一个星期之内，每个学生要将自己这个月的读书报告上传到读书论坛，并按小组进行检查。检查主要是为了让大家形成写作的习惯。在阅读之初，学生们写作读书报告一般只能对一本书进行一些总结，慢慢地就可以对一个人物的思想、对一个学派的脉络、对一个主题进行较为系统的总结和思考，甚至在这个基础上很多学生还可以形成对一个学科的系统性理解。这样，每位学生每个月写一篇读书报告，那么，两年时间就可以写 20 篇左右的读书报告。每篇

2000~5000 字的话，两年就可达到 4 万 ~10 万字。这对同学们来说是一笔很大的财富。

3. 论坛纪要

每个小组每个月要召开一次“四为”论坛，论坛纪要就是把整个论坛的基本情况和讨论的过程进行系统的介绍。论坛纪要每次由一个人专门负责记录和写作，并轮流承担，这在很大程度上也可以锻炼写作人的写作能力。

4. 读书感想

“四为”读书会有个惯例，就是每位学生按年度对自己的读书情况进行总结，名曰读书感想。每个人把自己一年来的阅读书目、心路历程、思考、心得、困惑、经验等进行全方位的总结，并对未来进行一定的规划。通过写作读书感想，同学们既可以很好地梳理自己的读书经历，又可以更好地面向未来。这样，每位学生两年可以写作两篇读书感想，读书会把这些读书感想汇编在一起，转发给读书会的所有师生。每个人都是一个能量场，大家从读书感想中可以学习很多经验、避免很多教训、吸取很多能量。

5. 回乡记

“四为”读书会在每年寒假都会要求学生返乡期间对家乡进行细致观察并撰写回乡记。学生平时都是在学校阅读经典著作和上课，很少接触现实社会，放假回到家里，不管家是在农村还是在城市，都会在走亲访友、平时的观察和交往中接触到现实社会。这是零距离接触和观察现代社会的一个重要窗口。在接触过程中每个人都会有所感触，特别是已经阅读了很多分析现代社会的知识、方法和理论，能否利用这些所学的知识、理论以及思维能力分析社会中的一些现象和问题，都可以通过撰写回乡记得到一定程度的考察和锻炼。从这几年的实践来看，不是每位学生一开始都能写好回乡记，因为对现实的理解也需要一个过程。但是，普遍规律是年级越高、写的次数越多写得越好，这里说的写得好主要体现在对现象的把握、对问题的分析和提炼等方面。换句话说，读书在一定程度上增强了学生对现实的理解。总之，我们希望同学们通过回乡记的撰写，增强大家在阅读之外对现实世界的感知和理解。

6. 学术论文

如果说前面几项的写作主要是围绕经典的阅读和少量的现实观察，那么，学术论文写作则是对研究生期间积累的综合考察。一方面，研究生毕业要求写一篇规范的学术论文；另一方面，现在很多学校对于继续深造的研究生都有学术论文的要求，不管是发表或未发表。完成一篇优秀的毕业论文，既要对专题文献进行较好的阅读和梳理，也要对现实问题进行深入的调查与分析。读书会的学生通过两年扎实的经典阅读和持续的对家乡的观察和思考，已经具备了较强的基础能力。只需要投入足够的时间和精力去选题、阅读文献、调研、讨论和写作，就可以完成一篇优秀的毕业论文。

（三）广泛交流

阅读经典著作也需要同学之间进行广泛深入的交流，通过交流可以相互激发、相互促进，从而深化对具体知识的理解，也可以使自己的视野更加广阔。为了帮助大家进行交流，“四为”读书会制度化地设置了一些环节，为学生提供了一些平台，具体包括线上读书论坛、线下的“四为”论坛和对外的公众号三种类型。

1. 线上论坛

线上论坛是和前面的读书报告相结合的，“四为”读书会要求每位学生每个月要撰写一篇专题读书报告并上传到线上论坛。2018 年底，“四为”读书会在中国“三农”网的读书论坛开设了一个论坛专区。读书会的每位学生可以实名注册一个账号，以方便在上面更新读书报告和在评论区评论。每位学生开设一个帖子更新自己的读书报告，现有 242 个帖子，每个帖子下面都有评论区，大家相互之间可以进行评论和讨论。大家的讨论内容有相互鼓励打气，也有对读书报告具体内容的讨论。因此，线上论坛不仅让大家受到鼓舞，而且也激发大家的思考。

2. “四为”论坛

线下的“四为”读书论坛大概从 2020 年开始起步，最早是由 2019 级研究生探索，并逐渐制度化，现在已经在进行经典阅读的 2020 级和 2021 级两个年级中普遍推广开来。基本的模式是，以小组为单位每月召开一次“四为”论坛，小组的所有成员都要参与，一般每次 1 位主持人，1 位主讲人。主持人主持整个会议，主讲人围绕论坛主题汇报半个小时左右，评议人针对主讲人的发言进行评议，小组其他成员在讨论环节自由发言。当然，也有跨小组举办论坛的，比如 2020 级的第 3 组和第 4 组就经常在一起组织“四为”论坛，所以他们给两个组起了一个新的名称叫第 7 组。另外，为了带动低年级，2020 级也有小组和 2021 级一起举办论坛。“四为”论坛已经在三个年级实践了两年，之所以能够坚持下来，除了导师组的推动，更关键的是同学们的认可。因为同学们在读书过程中有很多思考和疑惑，自然也会有交流的欲望，“四为”论坛正好可以满足他们这一愿望，促进同学们的成长。具体来讲，主讲人要当着小组所有人的面讲半小时，因此他就要在平时的读书报告基础上做进一步思考，以给同学留下更好的印象；同样的道理，评议人和其他发言人也会反复思索，大胆发言。而且因为大家同年级同小组，地位平等，知识储备和思维能力又大体相当，相互之间就可以充分地讨论甚至争论。只不过主讲人给大家提供了一个讨论的主题和内容，其他同学多多少少阅读过相关的内容，就可以进行一定程度的讨论。通过这一过程，激发思考，打破定势，从而促进每位学生的成长。进一步而言，讨论在很大程度上也会促使大家在平时阅读中思考更加深入、更加全面。

3.“四为”读书会公众号

2021 年 3 月，“四为”读书会开始运营自己的公众号，主要推送读书会研究生的作品，包括读书报告、读书感想、论坛纪要、回乡记等，基本上每天推送一篇，至今已经推送 260 篇，总用户数 1700 多人，平均每天阅读次数 500 次，最高阅读次数高达 1000 多次。公众号推送的内容其实就是前面同学们系统写作的内容。其中，读书感想和论坛纪要每篇都会推送，回乡记则是从中选择比较适合公众阅读的进行推送。读书报告则是按照年级和小组依次推送，由于读书会的学生较多，一般一个学期每位学生只能推送一次，每次推送可以选择自己满意的 1~3 篇读书报告。通过在公众号上推送读书报告，在很大程度上推动了大家写作读书报告的热情，毕竟每次都有几百人次的阅读量。相对于线下和线上的读书论坛，公众号主要起到对外宣传的作用。每次推送后，读书会的很多师生都会在朋友圈转发，因此，除了公众号的用户，朋友圈的很多人也会阅读推文，这些人包括本校的很多老师、研究生和本科生，校外的师生、朋友和学界同仁等。所以，在一定程度上，公众号一方面在校内营造了良好的读书氛围，另一方面也在校外对学校和专业进行了很好的宣传。

（四）集体建设

读书本质上是一个人的事情，需要一个人聚精会神地读、绞尽脑汁地想、天马行空地写。但是，一个人又是很难读好书的，因为读书过程中会碰到各种困难，读书状态也会有所波动，如果不能很好很快地解决，读书的持续性就很难保证。我们经常说的一句话，“一个人走得更快，一群人走得更远”。就是说，只有通过集体建设，大家共同努力才能更好地克服读书过程中的各种困难，从而为个人持续的阅读提供保证。“四为”读书会的做法是以读书会为单位，通过统一规则和协同建设实践“四个集体”：集体读书、集体运动、集体团建 、集体联动，以打造学习共同体、生活共同体和情感共同体，让同学们在共同体中全方位成长。

1. 集体读书

“四为”读书会这几年一直强调和实践“8107”模式，即早八晚十每周七天泡在图书馆。“8107”比很多企业的工作时间还要长，但不同的是公司的“996”存在剥削关系，而我们的“8107”其目的是督促同学们更好地利用时间实现自己的成长。“8107”一个人是很难做到的，所以我们主要从两个方面进行落实。第一，集中居住。为了帮助大家形成早睡早起的作息习惯和良好的读书氛围，读书会在辅导员的帮助下，会在新生入学的时候统一为读书会的学生分配宿舍，尽量保证一个宿舍的 3~4 位同学都是读书会的学生。这样大家就很容易以寝室为单位保证规律的生活作息并形成比较好的读书氛围。同时，一个寝室的同学尽量分到一个读书小组，因此每个小组的成员来自 2~3 个寝室。集中居住为集体读书提供了良好的基础。第二，集中阅读。读书会的学生比较多，所有人一起读书难以实现，所以我们分小组来进行集中阅读。具体来说，一个小组的所有同学都集中在图书馆的一个阅览室进行阅读，当然大家不一定集中在一张书桌上，只要在同一阅览室就可以。

集中阅读至少有几个好处：一是有利于避免个别学生偷懒、磨洋工甚至欺骗。因为很多学生并没有想到读研后还要系统地阅读经典著作，一定程度上是在导师和导师组的压力之下开始经典阅读的，缺乏内在动力，很容易出现“给导师读书”的情况，个别学生为了完成读书会的任务，甚至可能出现欺骗行为。集中阅读使大家集中于一个大的公共空间，每个人读没读书、读书状态好不好，相互之间都非常了解，欺骗行为就很难出现。二是有利于形成“比学赶帮超”的读书氛围。因为一个小组每位学生的读书状态不尽一致，相互之间就可以更好地“比学赶帮超”。“比较”“学习”“追赶”“超越”都是一个人追求进步的本能使然，但是“帮助”则需要建立在大家是“自己人”的认同基础上。三是有利于克服个人阅读中的各种障碍。正如前面所说，每个人的阅读都可能出现波动，会碰到困难，集中阅读可以保证大家更好地交流。在集中阅读中间休息的时候和集中阅读完吃饭的时候，大家都可以围绕这些问题和困难展开讨论，从而将问题和困难在第一时间解决。

2. 集体运动

毛主席在早年的《论体育之精神》一文中便提出“文明其精神，野蛮其体魄”，意思是精神追求本来就与身体锻炼有着密切关系。身体锻炼可能和读书一样，大家都知道它很好，但是却很少有人去实践和长期坚持。怎么锻炼身体？可能有很多方式。“四为”读书会鼓励两种方式，一种是个人运动，一种是集体运动。每个人都有自己的运动方式，比如篮球、足球、骑行、瑜伽、跳绳等。不过，在个人运动之外，每个小组都要有集体运动的方式，是所有小组成员都要参与的，且每周要进行 2 次左右。目前，大家选择比较多的是羽毛球，羽毛球大家都可以打，单打、双打皆可。除了羽毛球，还有的组探索了乒乓球、暴走等方式，都是非常不错的。集体运动除了以小组为单位，还有以寝室为单位或以专业为单位组织的。

从这几年的实践来看，集体运动至少有以下三点好处：一是集体运动拉近了小组成员之间的距离，增进了大家的感情。二是集体运动带动了个人运动。很多学生之前不喜欢运动，但是通过集体运动体会到了运动的好处和乐趣，也开始积极进行个人运动。三是集体运动提高了同学们的身体素质和学习效率。运动可能会耽误半小时或一小时的读书时间，但是它通过提高效率带来的学习效果远远大于平时阅读2~3个小时的效果。所以在读书会也有一个说法，每天计算读书时间的时候，运动时间也可以计算进去。

3. 集体团建

正如前面所说，大家相互之间的帮助需要建立在“自己人”的认同基础上，而自己人的建构一方面需要大家在一起共同阅读、交流和运动，另一方面也需要一定的团建手段来实现。为了增进大家的感情和认同，读书会的同学们也自发地探索了各种形式，比较常见的有春游、秋游、聚餐、暴走、玩狼人杀等方式。团建的单位一般以小组为主，单独举办或小组联合，此外也可以以年级为单位进行组织。团建经费主要来自导师组提供的活动经费，有的时候也需要同学们自掏腰包。

4. 集体联动

前面的集体读书、集体运动和集体团建基本都是以小组为单位来开展的，那么在小组之间和年级之间怎么形成互动也非常重要。首先在小组之间有一些联动的机制。因为都是一个年级，小组之间如果差异过大也会产生各种不平衡，所以小组之间一般要进行一些协商和讨论以达成基本的规则和共识。这主要是由年级负责人定期或不定期地组织各小组组长来共同讨论一些公共事务和规则。此外，一些重要的活动也是在年级层面来开展的，比如春游、秋游等大型的活动。其次在年级间也有一定的联动机制。这主要体现在高年级对低年级的“传帮带”。在研一新生刚刚入学的时候，读书会就形成了高年级小组对低年级小组的帮扶机制，比如2020级的一组就直接对接帮扶2021级的一组，特别是新生在读书过程中遇到的各种问题可以及时地在师兄师姐的帮助下得到解决。

（五）检查动员

读书会的建设既离不开同学们的努力，也离不开导师组的努力。为了调动同学们的阅读积极性，导师组和指导老师要为同学们解决方向问题、方法问题和动力问题。为此，我们采取了定期检查、个人谈话、会议动员三种方式，其中定期检查既是检查又是动员，个人谈话主要是因人而异地动员，会议动员是整体动员。整体来讲，检查和动员都很重要，检查与动员要结合，其中关键是动员。

1. 定期检查

导师组和学生之间最常规的互动就是每月一次的读书检查汇报会。顾名思义就是由学生来汇报自己的读书情况，老师来检查。一般按照年级进行召开，由读书会的指导老师主持，有时间的导师前来参加。因为读书会的基本规则都已经明确，平时不过是同学们按照读书会的规则去落实。一月一次的读书检查汇报会既是检查又是动员，一方面检查同学们的完成情况和存在的问题，另一方面给同学们解决问题、鼓足干劲。

读书检查汇报的流程如下：首先由指导老师把近期读书会的基本情况做一个简单介绍，并结合这些情况鼓励大家积极投入到读书和集体建设中去。其次以小组为单位每个人汇报自己的情况。汇报的内容主要包括阅读书目、作息情况、锻炼情况、集体活动参与情况、读书过程中的困惑和问题等。小组负责人除了汇报个人的情况之外，还要简单汇报小组的组织和建设情况。同学们的发言内容基本上囊括了前面所说的体系阅读、系统写作、广泛交流和集体建设。一般每位同学发言后，指导老师要逐个点评。点评以鼓励为主，对发言同学的亮点和进步要给予正面评价，发现问题特别是普遍性的问题要及时指出来。其他参与的老师也要针对同学们的发言进行鼓励和答疑解惑。因为人数比较多，所以开会时间短则三四个小时，长则五六个小时。

通过个人发言和点评，既检查了个人的学习情况，又解决了共性问题，起到了检查与动员、解惑与加油的双重作用。成功的读书检查汇报会需要老师和每位学生一同建构一个能量场，大家在一个公共空间通过发言形成认识和感情上的共振，从而进一步达成共识、明确方向、鼓足干劲。一次读书检查汇报会，就是一个播种机和加油站。学生普遍反馈的情况也是每次开完读书检查汇报会后大家都会干劲十足，过了十几天，状态有所下降，一临近读书检查汇报会，又不得不开始加油努力。

2. 个人谈话

个人谈话在做工作中也非常重要。因为每个人都有其特殊性，所以如何因材施教，将个人的特殊性与读书会的一般性结合起来是个人谈话要解决的关键问题。一般而言，研一刚开学的时候是谈话的关键时机，谈话最好是指导老师与学生单独面对面谈话，时间大概在半个小时到一个小时之间。谈话一般是从拉家常开始，以增进相互了解。然后重点了解学生个人的定位和未来的规划、读书过程中的一些问题和困惑等。针对学生个人的定位和规划，建议学生将自己的定位、规划和兴趣与读书会的规则和要求结合起来，从而激发自己的内在动力。比如，很多学生刚一入学时没有读博的意向，这个时候就要和他讨论读书的重要性，读经典著作的重要性，思维训练和能力提升的重要性，因为不管未来从事任何工作都需要一些基础的能力。同时，针对学生在读书过程中面临的各种问题，指导老师都要一一给予回答，特别是结合身边师兄师姐的案例现身说法，既答疑解惑又鼓足干劲。

个人谈话除了在开学初的一对一的谈话，还有学生在碰到问题的时候来找老师的谈话和老师找关键学生的谈话。一般通过个人谈话和读书检查汇报会就可以解决很多问题，但是仍有少数学生会在读书学习过程中碰到问题，这时需要及时给予解决，直接找指导老师是比较高效的办法。此外，在读书会建设过程中，读书会指导老师也需要经常找年级负责人、小组长、小组内的积极分子和落后分子来进行谈话。谈话的目的，一方面及时全面地了解读书小组的运行情况，另一方面为了更好地在小组内形成积极向上的读书氛围，就需要积极分子更多、更积极，落后分子更少且保持底线。

3. 会议动员

除了以上两种方式之外，在关键的节点召开整体的读书动员会也是非常关键的。这些关键的节点包括：每个年级读书会组建的时候、每个学期开学的时候、学期结束的时候、经典阅读收官的时候和毕业的时候。这种动员会一般是读书会的所有学生以及导师组的所有导师都要参加，在动员会上有重点发言，所有参与人员也都要发言。

首先是年级读书会组建时的动员。这一般是研一学生刚被录取时，他们还都在本科校园，处于毕业季，这段时间很多同学就虚度过去了。动员会要解决的问题是，怎么让学生认识到经典阅读的重要性，怎么让学生在浮躁的毕业季静下心来读书。导师们要介绍读书会的培养方式、基本规则等，鼓励大家树立远大的目标，鼓励大家通过组织起来的方式来应对阅读中的各种问题。同时，邀请高年级代表分享自己在读书会的学习心得，然后再由每位新生发言表达决心和规划。

其次是学期开学时的动员。这个时候大家刚刚从家里返回学校，经历了在家散漫的生活状态，回到学校亟待转入常规的集体读书状态，因此需要收心。这样的动员会一般是处于经典阅读阶段的两个年级都参加，因为他们面临的问题是一样的。为了帮助大家收心，既要讲经典阅读的重要性，又要讲使命感和紧迫感。不仅老师讲，每位学生也都要讲，讲自己过去的进步和未来的规划等。当然，很多都是平时讲过的，但是重复就是力量。

再次是学期结束时的动员。经历了一学期的集体阅读，每位学生都有了很大的进步，这个时候结合常规的检查汇报会，对过去一学期进行总结，通过总结让每位学生看到自己的进步和成长。特别是经过一年的阅读，我们要系统地总结一年的历程和进步。同时，学期结束后，大家回到自己的家乡，为了帮助大家更好地利用假期时间，“四为”读书会的学生约定只放半个月左右的假，其他时间则安排读书，并以小组为单位进行线上打卡。此外，这个时候也建议大家在回到家乡以后积极地观察和撰写回乡记。

最后是经典阅读收官会暨毕业典礼。正如前面所说，读书会的经典阅读时间为两年。一般在研二下学期的 6 月就结束经典阅读，转入经验训练。这个时候也是上一级师兄师姐毕业的时候。“四为”读书会一般会召开一个“毕业生座谈会暨经典阅读收官会”。当然，主角就是即将毕业和结束经典阅读的同学们，观众就是导师和读书会的学生。在这样一个关键的节点，当然需要一些仪式感，读书会会为他们准备一些小礼物。他们也借此机会来系统总结三年或两年的读书会生活。这不仅对于他们自己具有重要的意义，而且对于师弟师妹也具有重要的教育和启示意义。

此外，有一些校外的老师特别是知名的专家来学校交流时，我们也会邀请他们来与读书会的学生进行进一步交流，特别是分享读书的心得和经验。比如2020年11月长江学者、武汉大学社会学院的院长贺雪峰教授来学校开会时，我们就专门邀请他过来与读书会的学生进行了长达三个多小时的交流。

（六）小结

以上从五个方面介绍了“四为”读书会的主要做法，对于这五部分之间的关系,可以这样理解:这五种做法都是服务于读书会的培养目标,即“精英化培养、学术化导向、多元化成才”。前三种做法是手段，后两种做法是保障。为了实现读书会的培养目标，我们选择让学生体系化阅读经典著作，阅读经典著作的同时也需要系统写作和广泛交流。这三方面是培养学生综合素质的关键。但是要真正做到这三点，除了学生个人的努力也需要外部保障。其中集体建设就是通过同学们的共同努力建设自己的学习、生活和情感三位一体的共同体，而检查动员则是导师组对同学们进行鼓励、动员、加油和答疑解惑的方式。总之，只有从以上五个方面共同努力，才能更好地实现“四为”读书会的目标。

三、“四为”读书会的建设效果

（一）研究生培养质量大幅提升

“四为”读书会的以上做法有利于研究生从各个方面锻炼自己的能力、提升自己的综合素质，进而保证和提高研究生的培养质量。通过在读书会的两年经典阅读，至少可以提升以下能力或素养。

1. 磨炼思维能力

这也是我们最为看重的一种能力。读书会学生阅读的经典著作都是各个学科经过一两百年甚至更长时间积累下来为学界所公认的经典作品，这些作品讲述的知识不仅在学科上具有重要意义，而且整个论证过程非常具有逻辑性。系统地阅读这些经典著作首先需要“读进去”，即理解和读懂经典所讲的内容，这本身就需要绞尽脑汁地想，无形之中就会训练学生的逻辑思维能力。同时，还要“读出来”，即将各家之言融会贯通，形成自己的认识，这个过程更是对思维的极大挑战。所以经过两年的经典阅读，同学们看问题更加深刻，分析问题更具有逻辑性和层次感，甚至还有很多自己独到的观点，这本身就是思维能力提升的一个重要体现。

2. 完善知识体系

经典阅读更加有利于完善学生的知识体系。课堂学习是学生学习专业知识非常重要的途径，但是，课堂教学仍然是以老师讲授为主，学生往往只能被动接受，而且课堂讲授的知识往往是教材编者和授课老师自己归纳和总结的体系化的知识。因此，通过课堂学习获取的知识只知其然而不知其所以然，理解自然比较肤浅。而通过系统的经典阅读来学习知识，不仅知其然更知其所以然，包括具体知识的背景、提出过程、推演逻辑和论证过程，甚至整个学科的发展脉络。因此，通过经典阅读会对获得的知识有更加深入和系统的理解，更重要的是通过自主探索获取知识的过程会使学生与经典文本进行思想碰撞进而形成自己的认知体系。这些都是课堂教学无法完成的。这也是为什么贺雪峰教授在《在野之学》中提出一个不等式，即一天的经典阅读比一周的课堂学习收获还要大。这应该是每个经历过经典阅读的人所公认的。

3. 提高写作能力

“四为”读书会对研究生的写作能力也非常重视。正如前文所说，学生每个月都要完成 1 篇 2000~5000 字的读书报告，两年就是 20 篇，4 万~10 万字。这对研究生而言是一个非常大的挑战和训练。除此之外，他们至少还要撰写 2 篇读书感想、2 篇回乡记、1 篇论坛纪要和 1 篇学术论文。因为写作内容比较多元，牵涉到读书内容、读书心得、交流内容、现实观察以及学术论文，每一项都对写作能力提出了不同方面的要求，这有利于训练学生多元的写作能力。

4. 提升表达能力

在“四为”读书会，同学们的表达能力也会得到非常大的提升。因为读书会内部有很多交流机会，除了日常生活中同学们之间私下的交流之外，他们还需要在每月一次的读书检查汇报会上，面对老师和同年级的同学汇报自己的读书情况；在“四为”论坛上，每位同学都有主讲、评议和讨论的机会，特别是主讲的时候要面对小组的同学来展开一次专题演讲。除此之外，读书会的各种会议也都给所有学生提供了发言机会。这些活动对于学生的表达能力都是非常好的锻炼。

5. 锤炼坚强毅力

俗话说，“板凳要坐十年冷”。但是，当前能坐冷板凳的人是越来越少了，能够坐下来专心致志做一件事情反而成为稀缺的能力。“四为”读书会的学生要用两年时间按照“8107”的模式阅读经典著作。实际上，这种生活是比较枯燥的，但是只要能够坚持下来，就会经历蜕变，大家的毅力和定力都能得到很好的锤炼。经过这种锤炼，同学们在未来的任何工作中面对各种困难，都能够持之以恒、坚持不懈。

6. 增强协作能力

正如前文所说，读书会的阅读生活不是个人的单打独斗，而是要在集体生活中来实现成长，不仅要与寝室室友保持生活上的一致和关系上的融洽，积极参与到读书小组的各种集体建设中，还要参与到年级甚至整个读书会的各种活动中。这个过程无形之中增强了同学们的团队协作能力，因为这些活动都需要大家齐心协力、相互配合甚至一定的妥协让步。具备了这种团队协作能力，大家不管以后做任何事情，都可以更好地与团队成员合作共事。

7. 锻炼强健体魄

读书会除了强调经典阅读，还尤为重视身体锻炼，特别是通过加强集体运动带动个人运动，使二者齐头并进，让每位学生都有一个强健的体魄。这不仅有利于他们当前更高效、更健康地读书学习，而且也为今后更好、更持久地工作提供了雄厚的“本钱”，正所谓“身体乃革命的本钱”。更关键的是，通过两年的身体锻炼，让他们形成了锻炼身体的好习惯，终身受用。

8. 涵养社会关怀

“四为”读书会不管是从“会名”上还是在平时实践中都特别强调“四

为”精神，即“为天地立心、为生民立命、为往圣继绝学、为万世开太平”的志向和理想。同学们通过经典阅读提升各种能力和素养，不仅仅是为了提升自己的生活品质，更重要的是在做好本职工作的同时有更强的能力去贡献社会、服务国家。

总之，经过“四为”读书会两年的培养，读书会学生以上八方面的能力和素养将得到大幅提升，大家不仅具备远大理想，而且也有实现理想的能力支撑。这就是“四为”读书会培养目标里所说的“精英化培养”。

（二）研究生高水平升学与就业

“四为”读书会的培养目标是，“精英化培养、学术化导向、多元化成才”。上一部分从 8 个方面阐释了精英化培养，那么，这些研究生的出路如何？从近几年的情况来看，基本体现了“学术化导向和多元化成才”，具体如表 2 所示。

表 2　“四为”读书会 2014—2020 级研究生升学与就业情况

年级 \ 升学就业情况	读完两年人数	本校读博	外校读博	公务员或选调生	企业就业	就业率
2014—2016 级	未知	1 人	4 人（南京大学、南开大学、中国农业大学、华中师范大学）	未知	未知	未知
2017 级	4 人	1 人	2 人（南开大学，东南大学）	1 人	—	100%
2018 级	7 人	3 人	1 人（中国农业科学院）	2 人	1 人	100%
2019 级	18 人	6 人	5 人（上海交通大学、中国政法大学、天津大学、南京农业大学、吉林大学）	3 人	4 人	100%
2020 级	27 人	2 人	9 人（中国人民大学、同济大学、中国农业大学、华东理工大学 2 人、华中师范大学 2 人、北京师范大学、西南大学）+1（待定）	7 人	3 人	81.5%

注：统计时间为 2023 年 7 月 1 日，2021 级还未毕业。

1. 学术化导向

这可以通过读书会学生的升学情况加以证明。从表 2 可以看出，2014—2016 级一共只有 5 位学生读博。2017 级有 4 位学生完成了两年经典阅读，最终有 3 位学生顺利读博，其中 1 人就读于本校社会学专业，1 人就读于南开大学社会学专业，1 人就读于东南大学马克思主义理论专业；2018 级有 7 位学生完成了两年经典阅读，最终有 4 位学生顺利读博，其中 3 人就读于本校社会学专业，1 位农村发展专业的研究生就读于中国农业科学院农林经济管理专业，导师为农业农村部原部长韩长赋；2019 级共 18 人完成经典训练，11 人读博（本校 6 人、上海交通大学 1 人、吉林大学 1 人、天津大学 1 人、中国政法大学 1 人、南京农业大学 1 人）；7 人就业（包括高校教师、高校辅导员、党校教师、社会工作者、其他企业单位等）。2020 级有 27 位学生完成了两年的经典阅读，其中有 2 位学生选择直博本校的社会学专业，截止到 2023 年 7 月已有 9 位学生被外校录取，还有 1 名学生仍在备考中。2021 级 13 位学生完成两年经典阅读，其中 1 名学生选择直博本校社会学专业。目前读书会走出的博士赵祥云、黄盼、许珍珍三人已分别从南京大学、华中师范大学、中国农业大学毕业，进入工作岗位。

从表 2 中可以看出两大趋势：第一，学术化导向日益明显。从 2017 级到 2019 级，每一级选择读博的学生都占到阅读时长超两年学生人数的一半以上，甚至高达 80%，远远高于同级研究生的升学率。这些选择读博的学生中绝大部分在刚开始读研和加入读书会的时候没有继续深造的想法。他们之所以最终选择读博，主要是因为两年的经典阅读使得其能力得到突飞猛进的提升。第二，选择在本校读博的学生不断增多。选择本校读博的学生由 2017 级的 1 人增加到 2018 级的 3 人，到 2019 级的 6 人，目前仍有学生选择本校的申请考核，还未出结果。相信 2020 级选择本校读博的人数会更多。从这两年的情况来看，读书会的学生被本校录取的博士生占到了总数的 1/3 左右。这对于提升本校社会学博士点的生源质量、加强硕博贯通培养以及提高社会学博士点的培养质量具有重大意义。

2. 多元化成才

除了读博的学生，每一级都有少部分学生选择就业，主要有两个方向：一是公务员或者选调生，二是选择企业就业。2017 级只有 1 位学生选择就业，最终考取了西安市高新区的公务员，目前在街道办工作；2018 级有 3 位学生选择就业，其中 1 人考取了咸阳市秦都区的选调生，1 人考取了河北省廊坊市公务员，1 人在银行就业；2019 级目前有 2 位学生选择就业，1 人已经被西安市的一家大型国有企业录用，1 人正在备考公务员。整体来看，2017 级和 2018 级两级的就业率都达到了 100%，大家的就业情况都非常不错，发展前景非常好，充分体现了多元化成才的理念。相信他们基于两年的经典阅读训练，在未来的岗位上都可以做出非凡的成绩，一方面做好自己的本职工作，另一方面更好地践行“四为”精神。

（三）学术氛围的营造与带动

如果说前两点主要是针对读书会学生来讲的，那么，对于外部来讲，读书会的实践无形之中也营造了良好的读书和学术氛围，带动并影响了周围的学生。读书会并非独立存在，读书会的学生与本专业、同一级、同学院，甚至外校的学生都有一定接触，读书会的学生正在身体力行对外部环境进行正向带动。

比如读书会的不少学生反映，他们周边的学生包括本专业的同学或室友，也在自己的影响下开始阅读经典著作，尽管自己的导师没有要求。甚至和读书会学生一起居住的非读书会的同学，也在读书会学生的带动下早睡早起，坚持锻炼，在完成导师任务的同时阅读一些经典著作。

读书会的几十人长年累月地坚持在图书馆阅读经典著作，无形之中就会在图书馆营造出一种阅读氛围，进而带动和感染周围同学。有不少本科生反映，我们图书馆的阅读氛围很好，到图书馆学习的学生除了考研的同学，还有很多阅读经典著作的学生，使他们受到很大的感染。

同时，读书会的公众号不断推送同学们的各种作品，不仅带动了本校的阅读和学习氛围，也在很大程度上扩大了西农社会学的影响力，为学校树立了良好的形象。近两年，不少调剂到西农的学生是冲着“四为”读书会这一培养模式慕名而来的。比如2021级有一名学生，本科就读于南开大学社会学专业，他之所以调剂到西农社会学专业，就是因为了解到西农社会学专业的读书和学术氛围比较好。

四、研究生培养的若干思考

近几年“四为”读书会的实践，也让我们对研究生的培养有了一些思考，下面结合“四为”读书会的实践，主要从三个方面来谈一些认识：第一是做研究与打基础的关系；第二是被动学习与主动学习的关系；第三是个人发展与集体归属的关系。

（一）做研究与打基础

很多人包括很多研究生指导老师都认为，硕士研究生主要的任务应该是做研究，毕竟这一阶段已经成为一名“研究生”，但是忘记了研究生也是学生，还需要打基础。我们发现很多人文社科的导师都在模仿理工科的培养模式，即以导师为首带领自己的学生组建一支研究团队，导师负责获取资源，凝练方向，学生负责具体工作的落实，比如课题申请书的撰写、资料的收集、文献的阅读、论文的撰写等。当然，往往导师是要署名第一作者的，即使具体的工作内容和文章撰写是由学生完成。这里其实牵扯到两个问题：一是人文社会科学的培养模式是否可以复制和照搬理工科的模式；二是做研究与打基础的关系问题。

对于第一个问题，这里不展开论述，个人的观点是，理工科的分工合作模式不适合人文社会科学特别是质性研究。因为理工科的很多研究是可以拆解的，但是对于质性研究来说研究的全过程都需要研究者亲身参与，包括问题的提出、资料的收集，论文的撰写等。

这里重点谈下第二个问题。以上模式也可以培养学生的研究能力，特别是进入到某一个领域展开具体研究的能力，包括文献梳理、资料收集和论文撰写都是学术研究必不可少的环节。但问题是，硕士研究生经过本科学习和研究生的课程学习，是否真的为做研究打下了很好的基础。这往往是大家悬置的问题，无论是研究生还是导师都天然地认为学生进入研究生阶段就应该做研究。绝大部分学生对自己研究生阶段学习生活的规划与想象就是如此：加入导师的课题组，帮助导师做课题、写论文等。理想的状况是研究生在读研之前就应该打好研究基础，包括完整扎实的知识体系和严谨的思维能力，但是实际上大部分学生在本科阶段主要是被动地上课，基本没有接受过系统的经典训练，无论是知识积累还是思维训练都远远不够。正是因为本科阶段没有打好基础，就需要在研究生阶段将打好坚实的学术基础作为第一要务。

做研究犹如建造高楼，没有夯实的地基，是很难建造高楼大厦的。正所谓“基础不牢，地动山摇”。如果没有厚重的研究基础，过早地进行专业化、技术化的学术训练，往往事倍功半，实际上学生掌握的主要是一些技术和皮毛，而不具备独立开展原创性研究的能力，肯定无法做出好研究。所以，在一定时期应该有所取舍，当研究生还不具备扎实的研究基础时，导师应该把精力用在为学生打基础上，而不是做研究上，这才是正常的培养逻辑。而现在很多人明明知道学生不具备研究基础，而过早地“赶鸭子上架”，这实际上不是在培养，而是在利用。当然，对于那些已经具备了扎实研究基础的研究生，也应该让他们及时进入研究领域开展研究，这需要对学生进行甄别并因材施教。

（二）被动学习与自主学习

理想的教育特别是研究生教育，应该给学生足够的空间和时间，让他们去自主地学习与探索。但是当给学生足够的时间和空间后，学生会不会“躺平”或者无所事事，这也是一个问题。所以，真正的自主学习并不是没有外在力量的参与，因为大部分学生都缺乏正确方向的指引以及达到目标的合适方法和足够动力，这就需要外部提供方向、方法和动力，并将其内在化。因此，在研究生培养中需要在外在约束和内在激发上找到一个平衡。这种内外平衡主要涉及两对关系，即课程与读书的关系、老师与学生的关系。因为在研究生培养中课程和导师都是外在约束的主要来源。

首先来看课程与读书的关系。每一个专业设计的培养方案基本都是学生修够一定的学分方能毕业，而课程构成了学分的大头。但是，绝大部分研究生课程和本科生课程没有本质的区别，无论是教学内容还是教学方式都没有本质改变。教学方式仍然是以任课教师的灌输为主，即使有翻转课堂，也都是非常生硬的，很难激发学生的学习兴趣。与此同时，很多专业的课程也被安排得满满当当，极度挤占了学生自主学习的时间。当然，教学管理和设计者可能担心的是如果没有大量课程而给学生足够的时间，学生干什么？所以，正如前面所说，自主学习也需要给学生指明方向、提供方法、鼓足干劲。“四为”读书会实际上就是在做这种事情，其方向是让大家通过经典阅读训练来培养自己的思维能力并完善知识体系；具体的方式正是第二部分讲的三种手段（体系阅读、系统写作和广泛交流）；通过集体建设和检查动员为同学们鼓足干劲儿、提供保障。学生有了方向，有了方法，有了动力，在自主地与经典著作的碰撞和探索中实现了快速成长。在这个过程中，学生既具有学习的主体性，又具有成长的获得感，这就是自主学习的一个典型。当然，绝大部分学生在自主学习过程中面临的最大障碍就是，本专业的课程太多，没有足够的时间去自主学习，畅快阅读，而不得不去被动地应付各种不感兴趣的课程。

其次来看老师与学生的关系。在师生关系中当以老师为中心时，学生的学习和研究自然是被动的，而非自主的。前面所说的课题组模式就是以老师为中心的典型。学生加入导师的课题组，按照导师的研究方向进行研究，研究的问题并不一定是学生感兴趣的，研究的思路也并不一定是学生的思路，学生在研究的过程中就变成了导师的工具，自然缺乏学习和研究的主体性。真正的自主学习应该是以学生为中心，老师只是促进学生自主学习的外在保证。正所谓“师者，传道授业解惑也”。“四为”读书会的培养模式就是以学生为中心进行自主学习的典型。在“四为”读书会，老师只是提供了大的方向、方法和动力，每位学生都可以根据自身的特殊性找到结合点，具体来讲，在大的框架下，学生具体读什么书，怎么读，怎么思考，怎么写作，都完全由学生自己做主，老师在这个过程中进行答疑解惑、排忧解难和提供保障。

贺雪峰教授曾经在《在野之学》中有一个对比束缚型教育与激发型教育的表格，总结甚是到位，摘抄如下。

表3　束缚型教育与激发型教育的比较

对比内容	束缚型	激发型
关于课程	强调课程	强调自学
课堂纪律	严格	灵活
学习重点	知识	能力
考核方式	烦琐	简单
时间管理	制度分割时间	自主掌握时间
学习导向	课程	兴趣
教师作用	传授知识	答疑解惑
学习地点	教室	图书馆
教学活动	教材	经典原著
时间安排	时间被严重分割	有连续整块时间
约束方式	外在纪律约束	内在动力约束
教育理念	相信老师	相信学生
制度特征	强调正式制度	注重非正式制度
教学主体	教师	学生
管理理念	将师生当作管束对象	将师生当作朋友
活动考勤	严格	宽松
教书育人	重教书	重育人
教育思想	传授知识	启发思维

贺雪峰教授在《在野之学》中所讲的束缚型教育从学习角度来讲正是这里讲的被动学习，激发型教育正是自主学习。简单来讲，对于人文社科的研究生来讲，被动学习就是以课程教学为抓手、以老师为中心，强调外部管理；自主学习就是以经典阅读为抓手，以学生为中心，强调内在激发。

（三）个人发展与集体归属

个人与集体的关系也是研究生培养中一个非常重要的问题。个人的成长与发展应该是研究生培养的最终目标，但是个人的全面发展也离不开同辈群体的支持。“四为”读书会在建设中一直强调的一个观点是，我们所坚持的是“集体读书”，集体和读书都很重要，缺一不可。两者的关系中，集体既是服务读书的手段，又是目的。

首先来看作为手段的集体。正如前文所说，经典的阅读、思考、写作其实主要都是个人独自完成的，但是个人在经典阅读过程中又会时不时碰到各种问题，当各种问题无法解决，长此以往，阅读经典著作就很难坚持下来。这个时候如果有一群志同道合的同辈群体共同阅读经典著作，那么当其中一个人碰到问题的时候，其他人就可以帮助他解决这些问题。因此，个人的问题就会在集体中很快得以解决，从而使自己走出困境。与此同时，集体在一定程度上也提供了良好的外在氛围，我们所说的“比学赶帮超”就是一个激励自己不断成长的良好环境。在这种环境下，每个人可以最大化地把自己的潜力激发并利用起来，投入经典阅读之中，从而获得快速成长。很少有人能够独自完成经典阅读训练，即使有，这样的人也绝非常人，一定具备明确的目标和强大的毅力。而读书会的学生借助于集体建设，绝大部分都能够扎实地完成两年的经典阅读。当然，集体建设也需要每个人为集体做出一些付出和妥协，所以有些时候可能会影响个人的阅读速度，但是从长期来看，集体无疑可以保证其实现更好更快地成长。所以读书会有一句话叫作，“一个人走得更快，一群人走得更远”。“四为”读书会在2018—2019年刚刚正规化建设的时候，没有重视集体建设，所以出现了一些问题。当时大家都是个体化阅读，相互之间并不了解，更谈不上感情了。读书会同学之间关于对方有没有读书、读了什么书、读了几本书都不了解，所以，一部分同学就出现了弄虚作假、虚报瞒报等问题，而且有蔓延之势。导师组发现以后及时作出纠正和调整，通过集体建设很快克服了这些问题，而且使大家的读书劲头势如破竹。正是经历了惨痛的教训，我们才认识到集体建设的重要性。

其次来看作为目的的集体。集体实际上不仅是服务于我们个人成长的手段，在很大程度上也是个人成长的目的。整体来看，现在社会日趋个体化，每个人有了更大的自主性和自由度，但是人与人之间的关系日益疏远，共同体烟消云散。个人通过个体化的方式获得相应益处的同时也感受到不少问题，个人的孤独感日益增强，找不到可以归属和信赖的共同体，“躺平”、无意义感、心理问题等日益在年轻人中泛滥。如果在学生时代就有一帮志同道合的朋友一起去挑战、去突破、去分享、去交流，大家没有利益之争，而是相互扶持、相互成就、共同成长。在此过程中形成的感情一定是真挚的，形成的关系一定是纯粹的，久而久之就可以形成集体或共同体。“四为”读书会的年级分会或读书小组就是这样一个集体，既是学习共同体，又是生活共同体，更是情感共同体。我们的经验是，在学生时代形成的共同体不仅在研究生阶段构成个体的归宿，而且在日后漫长的工作阶段也将持续成为我们可以信赖的港湾。在当今个体化时代，个体能够找到一个可以信赖和归属的共同体是非常幸福的事情。

我心目中的西农社科人才培养模式

汪子策[①]

摘要：如何培养研究生的自主发展能力日益成为研究生培养中的重要议题。笔者认为，要培养研究生的自主发展能力，需要在培养过程中满足凝聚目标、手段获取和自身实践这三个条件。本文基于典型案例，分析西北农林科技大学人文社会发展学院“四为”读书会是如何通过“两经”训练帮助研究生认清自己、制定目标，通过组织建设帮助研究生掌握知识和手段，通过共同体营造帮助研究生坚持实践，克服困难，从而展现其体系化、规模化培养研究生自主发展能力的实践路径。

关键词：研究生培养；自主发展能力；“两经”训练；集体建设；共同体营造

一、问题的提出

习近平总书记曾指出，研究生教育在培养创新人才、提高创新能力、服务经济社会发展、推进国家治理体系和治理能力现代化方面具有重要作用。伴随着我国研究生培养规模的日益扩大，如何培养出高水平、高素质的研究生人才已经逐渐受到了社会各界广泛的关注。然而，当前的研究生培养却出现了一些问题：一些研究生难以应对日益紧张的学术生活，在面

① 汪子策，2020 级社会学专业硕士研究生，现为同济大学 2023 级政治学博士研究生。

对学习压力时自我效能感低下[1]；一些研究生严重依赖导师，一旦无法与导师建立良性沟通，就容易引起焦虑、排斥的情绪[2]；一些研究生的自我认识和自我管理能力较弱，缺乏对自己的约束，导致学业拖延、虚耗光阴[3]；一些研究生考研动机不纯粹，过于功利，缺乏研究的热情与创新精神[4]；等等。这些现象背后反映出一些研究生自主发展能力较弱的问题，在遇到学习生活中的困难和挫折时，不仅无法以积极的态度采取有效的手段予以克服，反而会被动地陷入负面情绪之中，引起心理危机[5]，创新能力也自然难以提升。

因此，如何培养研究生的自主发展能力，使其拥有健康向上、积极进取的人生态度，能够自主克服生活学习中的困难和压力，不断自我成长，最终找到自己的发展方向，是研究生培养教育中一个十分重要的议题。

二、概念界定与框架构建

自主发展能力，从表面来看是一个人“主动地寻求发展”。陈丹则对这一概念有了更为清晰的界定，认为研究生的自主发展能力可以概括为：在培养单位及导师的引导下，研究生具有较强的自主发展意识，积极主动地学习研究、发展技能、提高素质并取得一定绩效的能力[6]。从这个概念里不难看出“自主发展能力”包含了两个过程：一是个体需要激发自主性，二是个体需要在自主的基础上获得发展。而这两者中，个体自主是发展的前提和基础，而发展是自主的目标和结果。一个人只有拥有了自主意识和自主性，愿意为了某一个目标不断努力、奋斗，他才有自我发展、自我成长的动力和可能；而如果一个人空有自主性，却迟迟无法实现自我发展目标，那么也会由于缺乏效能感导致自主性被不断磨灭。尤其是对于研究生群体而言，一方面他们缺少清晰的自我认知和明确的目标，导致自主性不足；另一方面，他们缺乏社会经验，即使拥有发展目标，在面对困境时也容易陷入负面情绪的泥沼，迟迟无法实现目标，导致自主性的磨灭。因此，“自主发展能力”看似简单，实则是对自主能力和发展能力的双重要求，需要分开讨论。

首先来看自主能力。自主能力也可以被理解为“自主性”，意指“能够积极、主动地行动”。不同学者对此有不同的表述。例如吉登斯（1984）认为“自主性”是“个体在结构性资源和限制下能动地做出自主选择”，布迪厄认为（1993）“惯习并不是个体自由意志下自发形成的，而是源自个体在不同社会场域内的持续互动”。但是无论哪种观点，从社会学的角度来看，“自主性”或“自主能力”，都意味着人不是被动地顺从外部社会环境的安排，而是能够根据自己的意愿主动地去理解自身和环境，并自主确定目标，通过积极的行动追求目标、改变环境。正如同马克思所说：“哲学家们只是用不同的方式解释世界，问题在于改变世界。”从这个角度来说，“自主”的核心在于“积极地通过实践实现目标”，而非被动地“适应”，更不是“只说不做”“有心无力”。

其次，再来看什么是个人的“发展”。阎孟伟认为，发展虽然包含由低级向高级、从简单到复杂“进化”的含义，但是其关键在于“发展”是人有意识的行动[7]，人们会以自身的利益、感受为尺度采取行动。而从社会和个人的发展来看，发展应当是以人为尺度，而非以物为尺度。在马克思看来，人只有自由支配自身，可以根据每个人各自的兴趣、爱好、特长，充分发展自身的知识、道德、审美能力和体魄，充分施展自己创造性的才能，才是真正的发展[8]。一旦“发展”不再以人为导向，而是以物为导向，那么人就成为资本的附庸，不再能感受到作为人自身的意义和价值，就失去了独立性和个性[9]。因此，从这个角度来看，本文中研究生的“发展”绝非研究生某项具体能力（如科研能力、工作能力、表达能力等）的提升，而是指研究生能够在教育阶段，通过引导和自主实践，逐渐实现自己的志向、喜好、目标，从而不断成长的过程。

通过以上阐述不难看出，“自主”和“发展”本身就是一个完整的整体。在研究生教育中，学生只有根据自身的志向和兴趣形成目标，并不断通过实践克服困难、实现目标时，学生才能感受到自我效能，才能不断积极进取，实现自身的发展；如果学生个性和志向得不到伸张，找不到符合自身实际情况的发展目标，反而不断被功利化、物质化的目标所困扰，自然无法感受到自我成长的效能，在面对问题时也缺乏克服的动力，不愿进行实践，自然也谈不上“自主”。因此，本文在前人的基础上，对研究生的“自主发展能力”重新定义，即研究生在导师和培养单位的引导、培育下，不断培养自身的志向和兴趣，并以此制定目标、采取积极的行动，不断克服困难、积极实践，最终实现目标，产生效能的能力。

何冬玲曾指出，掌握一种能力离不开三个方面的前提：一是从经验和感知中识别这一能力。二是拥有实现这一能力的手段或知识。三是对能力的成功实践[10]。这一阐述结合前文对“自主能力”概念的界定，笔者认为，要想让研究生在教育中获得自主发展能力，就必须具备以下三个条件：

1. 研究生需要形成自己的个性和志趣，并以此构建符合自身利益诉求的明确的发展目标或方向。

2. 研究生需要经受专门的培养，拥有实现自身发展目标的手段或知识。

3. 研究生需要有充足的实践，能够积极应对实现目标过程中的种种挑战，克服困难，而不是半途而废。

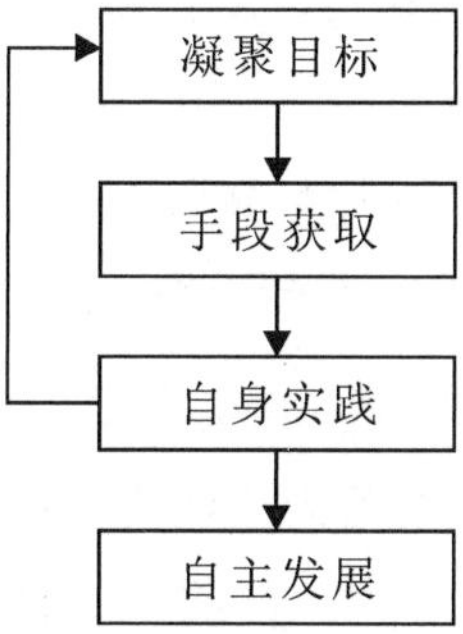

图 1　研究生自主发展能力培养路径图

如图 1 所示，要想培养研究生的自主发展能力，就需要经历凝聚目标、手段获取和自身实践这三个阶段。首先，研究生需要根据自己的实践经验，形成对自我和社会的清晰认知，培养自己的志趣和志向，并逐渐清晰自己的发展方向和发展目标。其次，研究生在实现目标的实践中会有各种各样的困惑和困难，这就需要导师和培养单位针对研究生的个性特点，因材施教来帮助学生掌握实现自身目标的各类知识和技能。最后，“路漫漫其修远兮”，研究生在追逐理想的过程中必然会遇到各种艰难险阻，容易灰心丧气。这个时候需要存在一种机制，帮助学生消除畏难情绪，并以积极的心态继续实践。只有在这样循环反复的过程中，学生才能不断克服困难、实现目标、提升信心，最终无论是个人的自主性还是能力都能得到极大的提高，个人的全面发展也得以实现。

这一过程看似简单，但是在研究生培养中却面临重重困难。首先，研究生培养日益功利化，如何保证个体能够自主选择目标和道路，而不被物化和异化？其次，研究生规模日益庞大，如何才能因材施教，让每个个体真正学到自己想学的知识和内容？最后，研究生心理日益个体化，如何才能对其进行约束，从而保障个体持之以恒地努力实践？这些现实困境都导致了大规模、体系化培养研究生自主发展能力的重重困难。然而“四为”读书会通过各种办法，在短短几年内培养出来一批有着高度自主性的研究生。接下来，本文拟以“四为”读书会为例，详细阐述其体系化培养研究生自主发展能力的实践路径。

三、“四为”读书会培养学生自主发展能力的实践探索

“四为”读书会是西北农林科技大学人文社会发展学院研究生读书会，由赵晓峰、张世勇、陈辉三位老师2014年发起成立。2018年，读书会开始正规化建设，取张载“为天地立心，为生民立命，为往事继绝学，为万世开太平”的意涵正式起名为“四为”读书会，同时相关培养框架、规章制度开始成形并逐步完善。目前，“四为”读书会导师组共有导师11人，其中教授2人，副教授7人，讲师2人，读书会的基本原则、方针、制度都由导师组通过民主集中制讨论决定。“四为”读书会面向学院所有研究生，实际上主要以导师组导师指导的研究生为主。

2020年，笔者考入西北农林科技大学，加入了“四为”读书会。在对本校和外校的研究生进行对比时，笔者发现，在“四为”读书会中接受培养的研究生，无论是在学习的主动性、克服问题的能动性、情绪的稳定性还是未来发展的明确性上，都要明显优于没有接受类似培养的学生。而读书会近年来的培养成果也不断印证了笔者的这一判断。“四为”读书会的培养目标是，“精英化培养、学术化导向、多元化成才”。接受了读书

会培养模式的研究生也大多拥有更好的出路和志向抱负。从近几年的情况来看，接受过“四为”读书会训练的研究生质量和数量总体呈不断上升的态势。

具体而言，“四为”读书会的发展呈现两个特征：一是规模增大的同时，培养质量也在不断提高。二是以学术为主要导向的同时，多元化培养人才。经过读书会培养后的学生，一半以上的成员选择深造，不少进入了国内知名高校。没有选择深造的，也较为顺利地考上公务员、选调生，多数学生都有着明确的发展目标和方向。无论从哪个角度而言，“四为”读书会在体系化、规模化培养有自主发展能力的研究生方面有着独到的经验和做法。而这一现象引发了笔者强烈的兴趣和思考。根据整理，笔者概括了“四为”读书会的几个主要做法。

（一）读书会的培养内容：“两经”训练

“两经”训练分别指经典阅读和经验训练，是“四为”读书会中培养学生的主要内容。

1. 体系化的经典阅读

所谓经典，是指那些具有重要影响、经久不衰的著作，其内容或被大众普遍接受，或在某专业领域具有典范性与权威性的著作[11]。所谓体系化，包含两个方面：一是一个学科内部，按照学科发展脉络、人物、学派、主题等方式进行系统化阅读；二是在较长的时期选择一个学科进行阅读，只有将这个学科主要的著作阅读完以后再换其他学科。体系化阅读经典的目标要求学生除了对一个学科的发展脉络、基本知识有成熟的掌握以外，最重要的是要激发学生的逻辑思维能力和自主探索能力。所谓逻辑思维能力，就是指学生在阅读时，不拘泥于具体的知识，而是要全身心地投入书本之中，在理解书本的基础上，学习经典中大家的问题意识、论证逻辑、研究方法，把阅读经典作为磨炼自己逻辑思维能力的“磨刀石”。所谓自主探索能力，是指阅读并不设限，在体系阅读的原则之下，个人可以根据自己的经验、兴趣和爱好，自由选择阅读的学科和主题，自主探索，而不会被导师的研究方向所桎梏。

2. 多形式的经验训练

所谓经验训练，即指“四为”读书会的成员在结束经典阅读后，需要进入基层开展调研或实践，从而对基层现实有基本的了解，能够对具体问题进行总结、归纳和演绎。读书会的经验训练包含了多种形式，这里列举三种主要的形式：一是由导师、学院组织的调研。这类调研由专门的老师带领，调研主体和地点也往往固定，多集中在导师自身的研究领域。二是围绕自己的研究领域展开自主调研。这种调研多是读书会成员自主组织，依据自己的兴趣和研究领域，结伴或单独进行调研。由于每个人的研究兴趣不同，调研地点和主题也多种多样，导师不过多干涉，只是提供后勤、协调、指导等帮助。三是依据自身未来发展方向进行实践。一些无志于学术的成员，在经过老师同意后，会根据自己的发展方向参与校内外的各种实践活动。这三种形式的实践各有特点和优劣，但是在读书会中都同等重要。相较于第一种有组织、有指导、有时间限制的训练，读书会的导师更鼓励学生积极发挥自主性，主动尝试自主调研和自主实践，并为他们提供力所能及的指导和帮助。无论是哪种训练模式，直面社会，在调研中与各种各样的人和事打交道，知晓真实的社会，都是经验训练的宗旨和目标。

（二）读书会的运作方式：组织建设

“四为”读书会的“两经”训练并不是个体性的，而是组织性的。无论是读书还是调研，都是依托于组织开展的。以 2020 级读书会的经典阅读为例，2020 级读书会由于人数较多，总共分为四个组，每个组设两个组长。组长除了组织读书，还要组织小组运动和娱乐，并且定时向读书会老师汇报小组建设成果和成员思想动态。除了小组建设，组织会也有统一的组织制度，如：每个月读书会都要开展读书检查汇报会用于检查、督促学生的读书状态；每月开展读书讨论会，以组为单位就某个主题开展学术讨论；每月读书总结，每个人都要撰写至少一篇的读书总结，并上传到网上，供成员相互交流。以上这些活动都有专门的老师负责，形成了“老师督促、组长组织、成员参与”的格局。

这些组织活动看似繁杂，但是并不意味着就此压抑了每个成员的性格。

“四为”读书会的组织建设并非“为组织而组织”，而是以组织的方式来有效解决学生的问题。例如每个月的读书检查汇报会，指导老师除了督促、检查每个人的读书状态，更重要的是在与同学生的交流中，能够发现、感知到共性的问题，并及时提出来，以便于高效解决问题。而在面对个人问题时，这些组织制度则富有弹性和灵活性，在保证组织制度原则的基础上，可以根据每个组的实际情况进行灵活调整，并非一味地用制度去压制个体合理的诉求。例如，有些学生由于某些原因无法跟随团队一起读书，如果原因合理，讲清原因，自行读书也是可以的。再比如，每月的小组活动都是在小组内部充分讨论后民主决定的，等等。这些做法都让“四为”读书会在“两经”训练中，既能够通过组织建设高效地解决共性问题，又能够通过组织弹性尊重每个人的诉求和意愿，给予了每个人个性发挥的空间，达到扬长避短的效果。

（三）读书会的培养过程：共同体营造

滕尼斯认为，“共同体”是与社会相对的概念，共同体是以血缘、地缘和友谊为纽带，成员之间休戚与共、同甘共苦，彼此形成紧密的联系[12]。而马克思则更进一步，指出只有每个人都能自由全面地发展，才能实现“真正的共同体”[13]。“四为”读书会在培养过程中十分注重成员之间的关系营造，希望各个成员相互帮助、相互成长，形成紧密的共同体。具体来说，“四为”读书会通过两种方式开展共同体营造。

1. 集体交流

无论是经典阅读、经验训练，还是寻找工作、人生选择，在遇到问题时读书会都十分注重成员之间的集体交流。这种交流既有在老师的引导下制度性的交流，如定期组织读书总结会、写作交流会、调研研讨会、申博和工作信息分享会等，也有在老师的鼓励下个体性的活动，如成员之间的兴趣交流、学术交流、调研交流。在这种引导下，读书会的成员养成了良好的交流习惯：一方面，无论是学生还是老师，都满怀赤诚，彼此交流，畅通无阻地讨论，分享自己的所思所想所学，对彼此毫无顾忌、嫉妒、怀疑的心理；另一方面，他们养成了时刻交流的习惯，无论是吃饭、走路还是运动，只要有人发出了交流邀请，都可以成为成员之间相互讨论问题、分享经验的场所和契机。

2. 集体生活

除了集体交流，读书会的成员还被要求集体生活。这种集体生活并非指所有的成员无时无刻要聚在一起，而是指每个人都要积极参与组织的活动，在活动的基础上，根据自己的兴趣爱好，同组织成员广泛、深入地交往。读书会的小组每个星期都要举办各种娱乐和体育锻炼活动，如看电影、打桌游、打羽毛球等，每个月还会举办一次大型的团建活动，例如踏青、爬山等。在长期的交往中，读书会成员彼此之间愈发熟悉，读书会内部也形成了数个小团体：有的结成了学术讨论小团体，就某个感兴趣的问题进行讨论；有的结成了锻炼小团体，每天组团健身、跑步；有的结成了干饭小团体，乐于一起吃饭，等等。

在集体交流和集体生活中，“四为”读书会成员之间不再是松散的、个体的“聚合”，而是彼此之间相互了解、相互信任的“凝聚”，并在这种凝聚中相互帮助，相互支撑，共同成长，有福同享，有难同当，真正形成了一个成员们都能自由全面发展的“共同体”。

四、“四为”读书会培养研究生自主发展能力的体系化路径

经过系统化的培养，“四为”读书会基本实现了“学术化导向、多元化成才”的培养目标，培养的研究生普遍充满自信、积极向上、待人友善、富有能力。“四为”读书会能够达到这样的效果，总的来说，就是其种种举措符合了目标凝聚—手段选取—积极实践的培养路径，下面具体加以阐述。

（一）在“两经”训练中明确自身目标

1. 以“成长”替代“功利”

许多学者都关注到了当前我国研究生教育中的功利思想。例如王燕华就指出，一些研究生就读目的不纯，带有太多外在功利化目的，为文凭而

读[14]。鲁洁也指出，我国德育在过去很长一段时间深受"驯服工具论"的影响，德育教育异化为"功利之教"[15]。在这种功利思想下，许多研究生将"发展"简单地等同于"技能"，盲目地追求外在符号和技能获取，不愿意沉下心来，反思自己的内心，往往导致学生看似生活充实，实则毫无头绪，内心空虚，缺乏明确的发展方向。而"四为"读书会从一开始就排斥"功利"，不断强调个人的"成长"。在"四为"读书会中，无论是读书还是调研，其根本目的不是为了获取知识和学会技能，而是在读书和实践中不断思考、总结所思所想，从而建立对自己和社会客观的认知，最终明确自己的发展方向。"四为"读书会强调"成长"、排斥"功利"心态的态度主要体现在两个典型的事件上：在经典阅读中，尽管规定了每个月最低的阅读数量，但是评价一个人读书好坏并不是依据他读了多少书，而是看他的"状态"，是不是真正沉下心去阅读、思考、总结。如果"在状态"，即使阅读少也会被表扬；如果"不在状态"，即使阅读再多也会被批评。在经验训练里，"四为"读书会强调不要过早地写论文、求发表，而是要积累扎实的经验基础和学术能力，对事实有基本的认知。在这种氛围下，"四为"读书会的学生才能逐渐摆脱功利心态，戒骄戒躁，从而有了静心思考的基础。

2. 以"逻辑"替代"情绪"

心理健康问题是当代研究生教育中一个重要的问题。研究生缺乏对负面情绪有效的应对和处理是造成这一问题的重要原因所在[16], [17]。笔者在调研中也发现，一些研究生在面对生活学习中的困境时难以排解负面情绪，很容易陷入"歇斯底里"的状态，这不仅无助于问题的解决，反而陷入情绪的自我内耗中难以自拔。而"四为"读书会的成员则往往不会这样。这并非由于其成员没有问题或没有负面情绪，而是其成员在经过"两经"训练以后，普遍具备严谨、客观的人生态度和较强的逻辑思维能力。在遇到问题时，不会盲目地陷入负面情绪之中，而是能够客观地认识自我、剖析自我，有逻辑地意识到自我的不足和问题产生的原因。一旦意识到负面情绪无益于问题的解决，"四为"读书会的成员就会迅速调整心态，以积极的心态投身于问题的解决之中，反而能够获得意想不到的收获。以申博为例，面对申博中的不确定性和竞争的压力，读书会的成员并没有因为这种不确定而盲目焦虑，相反普遍都表示“焦虑也没用，要做的事有很多，做好自己的事”“焦虑就去写研究计划、去看书、去搜集信息，在这个过程中感受到成长就不焦虑了”等。读书会成员这种“逻辑”替代“情绪”的思维，保障了他们在遇到问题时不是陷入情绪的内耗，而是专注于问题的解决，反而能心想事成，获得更大的成长。

3. 以“实践”替代“空谈”

用“逻辑”替代负面情绪，并不意味着“四为”读书会否认人自然的感受和情感。恰恰相反，“四为”读书会希望自己的学生在克服负面情绪影响的同时，要保留对社会的关注、正面情绪的激励和自我情感的表达。读书会鼓励学生在经历了经典训练后积极实践，在基层实践中感受到人世间的酸甜苦辣，体会真实的柴米油盐，了解社会中每个人的不易，并真正将“四为”作为内心行动的标准。不断实践的好处就是，经过读书会培养的成员绝不是只会空谈的“书呆子”，更不会冷若冰霜、不问世事，而是始终将经典理论和经验实践相结合，真正地去认识社会、理解社会。一位读书会成员在与笔者交流中就表示：“在经典阅读时，总感觉自己阅读了很多知识，很了不起，总喜欢用这些理论去解释现实。但是调研过后，就发现根本不是那回事,一味陷入知识只会是空想,无助于现实问题的解决。”在经验训练中，如何运用从经典训练中培养的逻辑能力，去实事求是、感同身受地分析客观事实，始终是学生需要思考的课题。

“成长”替代“功利”让学生能够静下心来思考，“逻辑”替代“情绪”让学生能够用逻辑思考问题，“实践”替代“空谈”让学生能够基于现实去思考问题。在不断思考、实践、总结、再思考的循环中，学生逐渐对自己是怎样的人、身处怎样的社会、想成为怎样的人有了一定的认识，不再被外界轻易地影响，人生目标和方向也逐渐明确。

（二）在组织中获取帮助

研究生阶段，重要的不再仅仅是学习知识，而是要学会创造知识[18]。每个学生的个性、经历、知识、思想的不同，必然导致每个学生面临的问题存在差异，研究生的自主发展情况也因人而异。然而，随着研究生招生规模的扩大，导师对每个学生进行专门一对一长时间教导已然不太可能，许多导师在学生众多的情况下，追求“高效培养”，以下命令、布置任务的方式培养学生，忽视了学生的个体性差异，容易导致学生缺乏同导师沟通的意愿和自主性。因此，“因材施教”的理想和“高效培养”的现实诉求成为了研究生培养中的一对矛盾。而“四为”读书会有弹性的“自组织”为解决这一矛盾提供了有效的方案，即对组织内部的诉求进行认识与划分。

读书会的人数众多，每个人都有自己的问题和诉求需要得到导师的指导和解决。但是总的来说，这些困惑和问题可以分为三大类：一是在集体学术、集体生活中遇到的共同性问题。在“四为”读书会中，这些问题最突出的表现是“如何阅读经典”“如何进行调研”“如何有效地思考”“如何建设集体”等。二是群体性问题。例如在小组内部、寝室内部、成员之间遇到的人际纠纷，个人诉求同读书会组织目标出现冲突等。三是个体性问题，例如个体的情感受挫、未来发展的困扰、某个学术问题无法解决、某个就业信息无法掌握等。对待这三类问题，读书会有不同的应对方式。

对待第一类问题采取“高效原则”，即由老师统一回答。每个月的读书检查汇报会、调研时的集体讨论等，都是践行这一原则的体现。在高效原则之下，老师只需要定期将学生集中起来，通过“圆桌会议”、面对面交流等组织形式，发掘成员统一的共性问题并予以回答，往往能起到事半功倍的效果。

对待第二类问题采取“灵活性原则”。具体来说，就是在组织原则基础上，借助灵活的组织制度，发挥组织效能，对这些问题予以解决。每个小组在成立之初，都会在内部存在或多或少的纠纷、矛盾，这个时候大家在小组的组织框架下，合理地讨论、商量，而不是任由问题发酵，往往这些问题很快就能够得到解决，无需老师的介入。当矛盾过大、小组内部无法解决，问题转变为共同性问题时，则由老师出面解决。

对待第三类问题采取“人脉原则”。“四为”读书会已有数年历史，成员数量众多，无论是新成员还是旧成员，都对读书会有着深厚的感情，彼此之间相互信赖、互帮互助。个人遇到的任何问题，只要接受过“四为”读书会的培养，不论彼此是否认识，都可以没有丝毫顾忌地去联系团队内部有经验的个体，寻求经验帮助。适当时候，老师在了解了学生的困惑后，还会帮忙牵线，介绍有相关经验的师兄师姐。例如，有的学生缺乏某个领域的研究经验，老师会帮忙介绍有相关研究经验的师兄师姐；有的学生缺少申博、工作的信息，老师也会专门帮助协调，方便沟通交流。

通过对不同诉求的区分，指导组的老师就做到了：解决公共问题、协调群体问题、牵线个人问题，而无需对每个学生进行无微不至的了解照顾；而学生的各种问题也能在组织中得到解决，进一步增进了学生对组织的认同感和参与感，组织凝聚力不断增强。

（三）在集体中坚持实践

即使个体有了明确的认识和目标、有了实现问题的手段和知识，但是往往难以坚持。“坚持实践”看似简单，其实难上加难。人总有惰性、会畏难、想“躺平”、走捷径，一旦这些人性的弱点萌生，哪怕外界有再多的助力，“克服困难”“自主发展”就是一句空话。“四为”读书会的集体建设为解决这一问题提供了思路。在读书会中，集体建设同“两经”训练、组织训练处于同样重要的地位，关键在于集体发挥了以下两种作用，保证了其成员能够坚持自身发展的目标实践。

1. 监督作用

在“四为”读书会，成员们经过了长期的共同相处和生活，读书会内部已经成为彼此相互熟悉、相互熟知的“熟人社会”，每个人都认同读书会的培养模式和组织目标，并以“自主成长”作为自己的个人目标。在这样的氛围下，即使个别个体一时懒散，想“躺平”，很快就会有人发现，并对他进行批评、督促，要求他振作起来，使其不好意思继续“躺平”。为了防止相互之间的包庇和共谋，读书会还会组织公共性的批评与自我批评会议，所有成员聚在一起，以真诚的态度指出他人的问题，反思自己的问题。这种“红红脸、出出汗”的会议虽然一开始会造成成员之间的紧张氛围，甚至产生了许多矛盾，但是在冷静思考过后，加深了彼此间的了解，帮助成员除掉了身上的陋习，最后反而起到了加深情感、认同组织、提升自己的作用。

2. 激励作用

“人生不如意十之八九”，在自主发展的道路上，挫折和困难不可避免。要解决这些问题，除了有解决的手段外，更重要的是个体要能够时刻保持信心，拥有积极的情绪。这个时候，集体的激励作用就体现出来了。作为一个共同体，其成因无论是老师还是学生，都有责任和义务去关心、关注成员的精神和心理状态，并为状态不好的成员提供力所能及的关怀和帮助。这种关怀和帮助可以是言语上的支持和鼓励，可以是一起聚餐吃饭，可以是一起跑步、锻炼。总之，读书会的成员并不是自私、冷血，只考虑自己的，而是时刻关心、关注他人的，愿意分担别人的痛苦，积极帮助其振作起来，解决问题，从而达到激励彼此的作用。

五、总结与讨论

本文主要探讨如何体系化培养研究生的自主发展能力。笔者认为，研究生要想获得自主发展能力，就需要在导师和培养单位的教育引导下，实现凝聚目标、获取手段、坚持实践这三个条件。本文以“四为”读书会为例，展现了“四为”读书会的“两经”训练、组织建设和共同体营造三类主要做法，进而分析“四为”读书会是如何通过“两经”训练帮助学生认识自我、凝聚目标，通过组织建设帮助学生获得帮助、解决问题，通过共同体营造帮助学生摆脱惰性、坚持实践，最终达成体系化培养研究生自主发展能力的培养目标。

尽管“四为”读书会通过以上路径成功地实现了研究生自主发展能力的培养，但是仍有一些问题需要探讨。“四为”读书会的建设并非一帆风顺，而是经历了许多坎坷和矛盾，一些问题至今没有完全解决。从总的来看，“四为”读书会始终面临两大矛盾：一是如何协调、解决组织同个体之间的矛盾。二是如何合理分配时间，兼顾“高效培养”和“因材施教”

的矛盾。从前者来看，由于当代青年深受个人主义、功利主义思想的影响，许多研究生崇尚我行我素，盲目追求外在符号，难以理解“自我成长”的意涵，不仅排斥“两经”训练，更排斥组织和集体生活。这既需要指导老师采取强制手段，要求学生服从组织安排，又不能过于粗暴，要尊重个体的差异和诉求。如何把握个体与集体的平衡和边界，是每个成员都需要思考的问题。从后者来看，尽管“四为”读书会实现了体系化、规模化培养学生的目标，但是要将众多不同导师、不同专业、不同诉求的学生统一组织起来，前期依然需要有大量时间、精力上的投入，要占用指导老师的个人时间。这同样需要指导老师合理进行时间分配，实现“高效培养”和“因材施教”的兼容。

参考文献

[1] 刘成科，孔燕．博士生科研自我效能感的现状调查及提升策略 [J]. 研究生教育研究，2017（06）.

[2] 谢莉，金辉，王志英，等．导师排斥感知对研究生科研创造力的影响：科研自我效能感和科研焦虑的双向链式中介作用 [J]. 心理发展与教育，2023（06）.

[3] 李颖，陈薪旭．高校研究生社会情感能力的缺失表征与习得路径 [J]. 学校党建与思想教育，2022（18）.

[4] 李德进．浅谈学分制背景下研究生自主学习能力培养 [J]. 当代教育科学，2014（01）.

[5] 康琪琪，刘裕，余秀兰．研究生心理危机从产生到化解的历程研究——基于有真实经历研究生的访谈 [J]. 研究生教育研究，2022（01）.

[6] 陈丹．关于研究生自主发展能力的思考 [J]. 中国高教研究，2006（08）.

[7] 阎孟伟．对“发展”概念的科学理解和理论辨析 [J]. 南开学报（哲学社会科学版），2007（06）.

[8] 史晓燕．简析马克思主义“人的全面发展”概念之内涵 [J]. 河北大学学报（哲学社会科学版），2000（01）.

[9] 董键铭．从人的全面发展看社会主义对资本主义的超越 [J]. 哲学研究，2023（02）.

[10] 何冬玲 . 论能力假说——从“能力”的定义出发 [J]. 科学技术哲学研究，2016，33（02）.
[11] 王余光 . 阅读与经典同行 [M]. 深圳：海天出版社，2013.
[12] 滕尼斯 . 共同体与社会 [M]. 北京：商务印书馆，1999.
[13] 陈艳，张劲松 . 西方共同体理论的传统与现代流变——兼论中华民族共同体建设 [J]. 中学政治教学参考，2023（12）.
[14] 王燕华 . 从工具理性走向交往理性——研究生“导学关系”探析 [J]. 研究生教育研究，2018（01）.
[15] 鲁洁，等 . 鲁洁德育论著精要 [M]. 福州：福建教育出版社，2016.
[16] 熊婕，范翠英，牛更枫，等 . 导师辱虐型指导与研究生抑郁情绪：自我损耗的中介作用和正念的调节作用 [J]. 中国临床心理学杂志，2023，31（02）.
[17] 李颖，陈薪旭 . 高校研究生社会情感能力的缺失表征与习得路径 [J]. 学校党建与思想教育，2022（18）.
[18] 张希 . 关于研究生因材施教的一点体会 [J]. 学位与研究生教育，2017（02）.

书海有道

新文科建设与社科人才培养的西农叙事

方法篇

FANGAN PIAN

芥子须弥，群学祛魅

范凯文[①]

佛家有言："须弥藏芥子，芥子纳须弥。"芥为蔬菜，子如粟粒，佛家以"芥子"比喻极为微小。须弥山原为印度神话中的山名，后为佛教所用，以"须弥山"比喻极为巨大。顾名思义，微小的芥子可以容纳巨大的须弥，延伸过来意指巨细存乎一心。巨细存乎一心，如同"读书破万卷"。"万卷书"自然不可能放进小脑袋，但其中的真意却"润物细无声"般入脑入心。回想起来，这两年多的经典阅读正是如此。

一

2015年年初考研之后，我意外进入西农，师从赵晓峰老师。复试结束之际，赵老师让我回去后多读书，还提议我暑假参加读书会。我想着一起读书也好，便欣然同意。现在看来，当时的我并没想到这将成为我人生的一个巨大转折点，也没想到这是我成长迅猛的几年。然而，这一切直到7月初才开始。在4月结束考研后的那几个月，我忙着写毕业论文、拍摄毕业合影、参加毕业酒会……时间太匆匆，精神也懈怠。但在喝酒、游玩与告别同学之际，我隐约觉察到，或许自己已经走上了一条和大多数同学不同的道路。这条路是什么？现在明白那就是"经典阅读＋经验调研＋专业化"的道路。

但是，2015年那个时候的我并不知道这些，只是按照自己浅薄的理解，

① 范凯文，2014级社会学专业硕士研究生，现为我校2022级博士研究生。

开始了一个人的图书馆之旅。起初的一个星期，我劲头十足，逐渐就“再而衰，三而竭”了。一个人读书，颇有些“三天打鱼两天晒网”的态势，心里自责不已，却很难改变。一方面，自己读书没有章法，茫茫然不知从何读起，也不知如何下手；另一方面，自己毕竟临近毕业季，身边同学都异常活跃地吃喝玩乐，想着以后大家可能就天南海北，心中不免有些伤感。

还记得2015年的暑假，炎热而又迷蒙，我一个人拖着箱子来到学校，正好赶上了读书会。作为一名旁听生，我从下午一直坐到晚上，中间只休息了半小时，全程聆听师兄师姐们的读书汇报，虽然中午没有休息有些乏累，但是精神却极度亢奋。师兄师姐将一个月的苦思冥想化为了深入浅出的汇报，老师针对每个人都做了一些点评。当时我的脑海中充斥着极其庞大的信息量，也记录了满满当当的几页纸，虽然有些晕沉，但心里却似乎走进了一片新天地——原来书还可以这么读！读书会有灵魂老师作为核心，他人汇报时自己认真倾听，学习空闲时间认真读书，耐心交流，碰撞出思维的火花。以团队规制，才能共同进步。一个个陌生而又熟悉的符号舞动出美妙的韵律，将我带进一个庞大而又新奇的新世界。那一刻，我惊喜万分：这不就是我想要的生活吗？！

次日，由于住宿还没有安排好，而且毕业证也需要本人回校领取，于是我就先行带着行李回到南昌。回学校后，我看书的劲头更为充足，当时也明晰了看书的目标所在。正如导师组老师们所言：“读书不是获取信仰，也不是追求真理，而是求知。”这种观点把读书摆放到一个相当恰当的位置，因为“有知识，有技能，才有性情”。随后进入图书馆的那一刻，我暗自告诉自己：一定要好好读书。在偌大的图书馆里，翻阅着以前束之高阁的经典原著，我心里甚是欢喜，这才是我要的生活。接下来，我们这一期陆陆续续有人加入进来，我们慢慢相识相知，每天早八晚十地往返于图书馆与宿舍之间。

然而，老师们所说的既要读好书又要锻炼好身体的深刻内涵我却一直未能充分理解。直到第一次参加十公里暴走才深刻认识到，原来是这么一回事。吃过晚饭后，我们一起暴走十公里。随着步伐的不断加快，在逐渐克服了小腿的胀痛后，我也慢慢熟悉了这种节奏，等到回到原点，前胸后背早已湿透。感受着凉风拂过肌肤，带走炎热与焦躁，我知道我已经喜欢上了这种运动。

我们这一期读书会的成员越来越多，也就需要相互认识与交流一番。那天下午坐在草坪上开展了一次简单的交流会，我们促膝长谈了一下午，谈谈认识，聊聊规划，然后成立了本期读书会，二十余人的队伍有了一个共同的标签：2015级读书会成员。其中滋味，畅快淋漓，不可描摹。短暂的休整后，我们又继续围绕着读书这个大事早八晚十。都说“一个人走得快，一群人走得稳”。正如其言，暑假里那段不可描摹的快乐时光，使我正式开始了经典阅读，从起初的“如聆听圣人之训”，到偶尔“站起来提问”，到最后“举一反三地对话”。

当然，读书并非一帆风顺。在坚持了十天左右，我感觉到自己的耐心正一点一点被磨损，看书也有些心浮气躁，特别是一天下来翻看只有寥寥十几页的时候，内心的沮丧难以言表。每当这个时候，我都要看看身边的小伙伴们，看到他们都在专心致志地看书，心头的烦乱也随之消散。在度过了这一段瓶颈期后，我看书愈加平静与坦诚。或许这是读书会的一个潜功能：它不会明晰地告诉你读书有什么好处，可一旦深入其中，就会或多或少对你产生潜移默化的影响。

二

研一的一年时间里，我在逐渐实践自己的读书、学习与生活规划。入学后，读书会同学们当即约定了课后一起去图书馆，课余时间互相督促阅读，当时的学习生活简单而又明媚。尽可能省却一切不必要耗损时间和精力的事情，专注于经典阅读。

当时，也面临一些学习与生活上的冲突与诱惑，课业上由于是小班授课而无法逃避，作业上需要花费一定时间和精力而暂时中断阅读，活动上一些自由空间也被压缩，可是这样的生活值得吗？一些好友在羡慕我们生活纯粹的同时，也会不客气地指出：你们这样苦读会不会与时代脱轨，有这些时间倒不如考证、实习来得实在！环顾身边，自己俨然发现同路人越来越少，读书的时候虽然不会想起这些，但是一旦夜深人静，伴随着室友的呼噜声我也会问自己，现在的生活究竟是为了什么？难道纯粹的读书会给自己带来与时代的脱轨以及生活的无趣吗？问题如同夜半的蚊子，环绕着伺机而动，冷不丁便会咬上一口，然后惹得人心痒痒。

但是，问题的发生并没有阻碍我们每天去往图书馆的步伐，依旧早出晚归，静坐于图书馆，捧读圣贤经典。所不同的是，走在路上不再匆匆忙忙，而是学会了放慢脚步，偶尔散个步，拍个照，然后听首歌。读书不是生活的全部，还有其他有意思的人与事。老师也经常告诫我们，要学会在生活与读书之间找平衡。我不再纠结于问题本身，也不会那般焦虑不安。“像哲人一样思考，像诗人一样生活。”高中时代这句镌刻在墙面上的文字，成为我那一年的座右铭。

在阅读经典时，我学会了与大师对话，将自己的疑问抛给他（她）们，然后再静静地听这些敏锐而睿智的回答，有的时候醍醐灌顶，有的时候拈花一笑，有的时候山中静坐。我逐渐明晰了读书的困惑并非来自外界，而更应该是来自内心。所谓考证、实习以及工作都应该是水到渠成的，而非功利实用就能信手拈来，毕竟读书是最为高效的自我投资方式。更为重要的是，读书还会带来更好的智力体验，让我明白，我之所以是我，让我理解生活本身的意义所在。这些领悟是外力所不及的。以至于我在一年阅读结束的时候即兴发表了自己一些浅薄的读书感悟：

阅读经典以来，在学术能力上不敢说有多大的进步，但是至少逐渐认识到什么是学术规范、什么是学术研究，以及为什么我们需要读经典。这一年我给自己的总结是“坚持读经典，坚守反思性”。前者是因为我认识到阅读经典对我个人的帮助与提升，后者则是因为通过经典可以更好地生活。

坚持读经典——我有两点深切的体悟：一是穿透，二是穿梭。

穿透是指不仅仅看到事物表面的现象，更要认识到事物背后的逻辑。正如时尚，我们每个人可能都听说过“时尚不过是每隔几年的重复”类似的话语，既然如此，那又何必重复？因为时尚首先起源于富裕阶层中少数人，经由中产阶级效仿后逐渐为大众群体所接受。那么富裕阶层为了与大众群体进行区分，也就再次劳心费力地生产出更新的趣味，如此循环。但是这种时尚总是有限的，最终可能会走回原路。更值得一提的是，如果我们不准备进入知识界学术场，那么我们每个大学生花上最为宝贵的几年时间来经历这个如同游戏般空幻的过程，究竟有什么作用？这其实就是一个智力体验的问题。因为历史具有惊人的相似性，我们阅读经典不仅是学习大家说了什么，更重要的是与之对话；因为他们所说的很多社会理论构成了我们当前社会一直无法回避的基础，正因为如此，我们更需要静下心来研读。这种智力体验无法带给你直接的收益，但是可以让你更为懂得你所处的这个时代和社会。

穿梭是一种娜塔莉所说的多元主义立场，拒绝自身采取某种正式的价值观。这其实也就回归到对于知识分子的认识。按照布尔迪厄的观点，文人一般具有“大野心”和小悲剧的倾向，他们容易将自己的亲身体验夸大并且试图普遍化。这其实是与严肃客观的立场相冲突的，我们需要认识到他们背后的诸多尝试本身是错误的。就比如我们当前看到的很多经验研究，严格上来说只适用于一时一地，如果试图照搬照抄一定会出问题。这个时候，我们立足于不同群体的价值判断之上，将个人思考与具体的社会和历史相结合，这样才能汲取其中有利的部分来充实与完善自己。

坚守反思性——对个人来说比较琐碎，体现在生活的方方面面。

就拿阅读经典来说，我不会追求完美，而奉行“看一本是一本”的方法，争取有限时间内摸透书中的一些方面，最主要的“观其大略”，有兴趣的部分可以“熟读精思”，其他的“不求甚解”。如此不仅在数量上，也可以在质量上有所保证。更重要的是，我目前是注重生活的享受，特别是认识到生活中其实有很多方面是布尔迪厄所说的“幻象”。换言之，人这一生短短几十年，追求与拥有的诸多东西最终只是泡影，最重要的是意识到自己真切需要什么，对于自己觉得有价值的东西，坚定地付诸行动。在这个过程中，我们要不断地祛魅，深刻地意识到自己所处的社会环境其实是被结构化的，我们曾经认为很多“无比正确的”，其实是外界施加给我们的，不能因为他人觉得好坏，我们便随声附和，这个时候需要“独立思考”，坚决与一切试图规训自己的力量保持警惕。

坚持读经典，坚守反思性。这是我对于自己研一一年生活中最为凝练的总结与思考，也是我未来一年生活的指南。这一年多经历的欢欣、焦虑、痛苦与满足等，让我明白了幻象与真实不远，群学方能祛魅。

三

从 2015 年 7 月开始算起，读书生活已经两年了，这些时间换算成读书报告也就十几篇，却浓缩了自己全部的阅读体会。如今进入到第二个学科，我对原来只是在教科书上看过或听过的原著进行阅读，体验是完全不一样的。进入读书状态，又有不一样的体验。如果只是浅层次地阅读自然无法言说其中的感受。同时，感受并不是完全能够言说的，这个时候就需要通过两个渠道来表达，一是与人交流，二是写出来。与人交流层面，每月一次的读书汇报会，平日里的吃饭闲聊，以及活动中的挥洒汗水，都成为我们交流的重要时间点。至于写出来层面，读书笔记中的星星点点以及系统的读书报告梳理成为我们思考的见证。通过这些渠道，使我的思维得到了训练，情感得到了安置，未来得到了蓄能。

近两年的经典阅读，我仿佛一个笨拙的孩童蹒跚学步，更犹如一个正在学习游泳的旱鸭子，渴望畅游于经典书海，与智者对话。几次“醍醐灌顶”的读书状态让我至今记忆犹新：第一次是阅读涂尔干与年鉴学派列维·布留尔的《原始思维》，其中对于“互渗律”的前逻辑与表象的论述让我很震惊，那次在读书汇报会上直言“我仿佛具备了社会学的想象力”，在我看来，社会学为了发现“社会事实之间的互相关联”。第二次是阅读福柯，当时就感觉到了他的“冷峻的目光”打量下的知识谱系，最终追溯到古希腊、古罗马时期的生命政治，他主张现代人应当摆脱外在的政治控制与内心道德的约束，称为自己选择自我。“将自己的生活过成艺术品！”是我阅读的最大感受。第三次是阅读布尔迪厄时被他广泛深刻的“幻象”论述所吸引，按照他的理解，世界无处不是社会学研究的“菜”，或者严肃些说是“议题”。他关于“场域”“惯习”和“资本”的一些具体论述反倒是其次的，重要的是他无处不在地论及实践的重要性。如果说涂尔干是智慧的启蒙者，那么福柯就是想象的解放者，而布尔迪厄则是实践的行动者。

现在回过头来看，也正是因为有了这些名家指路，让我不仅学会了走路，更学会了奔跑；让我不仅开始了游泳，更会尝试着潜水。如同一句诗篇："我只想要一片树叶，却收获了整个树林。"如此，我的心里应该是充满感激的，感谢身在读书会的凡此种种。对于读书，自己最大的问题或许在于有时"走得太快"，而忘却了"出发的初衷"。因而在2016年的暑假里，读书会的"回过头看经典"，确实让我大有收获，尤其是进入政治学的阅读后，更是深刻地感受到经典回顾的重要性，以及系统阅读的重要性。很多读书的困惑，有那么一瞬间就了然的喜悦，无以言表。这些读书的经历，最终外显出来的是能力的提升。

自律和自觉在我看来是两大显性能力。自律很好理解，其实就是对于自己的生活尽可能做到有条不紊，然后积极乐观，这些正是可以通过读书一点一滴习得的，长此以往就能对于自己的人生规划有个预判。费孝通很早就提出了"自觉"的概念，从文化自觉到学术自觉，每一种自觉背后都体现了崇高的责任与仪式感。"为中华之崛起而读书"并没有失去时代的内涵：中国的经济发展起来了，读好书是我们当下可以努力的。另一方面，对于我们个体来说，更需要这两种能力。人类学中一直强调，生活不能没有了仪式感。这种仪式感有着恒久的象征意义、神圣内涵，不至于被一些琐碎挤垮。这其实也是一种自由，自律给人自由，不只是一个口号。自律和自觉，并不只是一个个体所能做到的，这背后需要团队的背书。

关于团队，我的理解是：团队是一种组织，相对于很多大型组织来说，读书会是属于正式的初级团队，它有着基本的规则，也有着情感的流动。对于我们每个人来说，可能会感觉到很多限制与边界。但是正如穆勒所言，自由的限度是，如果没有侵害到他人的权益，则不能干涉，只能进行忠告、劝解或者无视。而一旦侵害到他人的权益，则有权进行介入。确实如此，对于外界，读书会一直是一个开放型组织；对于我们内部来说，读书会并不会干涉每个人的自由，但是有着督促与共进的意味。

至于说读书会是否会干涉到个人的自由？我个人倒觉得，与其说读书会限制自由，倒不如说读书会屏蔽很多干扰与诱惑。众所周知的是，现在这个社会是浮躁与功利并存的，正如不知谁"按下了中国人的快进键"，由此带来了诸多的心理焦虑与紧张不安。所以，真正约束与限制我们的是对于未来社会的不确定。面对这个外在于我们每个人，又与我们息息相关的社会事实，个体的力量其实是渺小的甚至是无力的，这就需要我们形成一个团队来主动积极地应对外界不必要的干扰。

但是，团队不是总体性社会中的一个设置，做不到从“摇篮到墓地”的全过程保障。我倾向于读书会是人生阶段的一个练功房，一两年的时间不足以让人脱胎换骨，但肯定会让你功力大增。穆勒也说，国家的组成，从长远来看，归根到底在于组成它的个体的价值。借用过来，读书会的价值也在于我们每个人的价值所在，为之付出，为之有所放弃，终究是会体会到背后有个团队，有着一群人共同前进的力量。大到每一次读书汇报会、每一次集体活动，小到日常生活中的相互帮助，甚至是简单的沟通。要知道，读研读博本身就是少数人的事情，犹如从一棵大树的主干长到了分支，最后可能就是一个小枝条。在这越来越狭窄的领域内，很难和一些参加工作的人就占据我们绝大部分时间的读书内容进行交流，顶多聊聊生活，谈谈工作。关于读书的收获与困惑，如果读书会内部无法交流，那么外面交流更是不可能。

从这个意义上来讲，团队不是限制个人的自由，而是读研阶段的推动器，帮助我们修炼得更好：内练基本功，外练体与魄。在这种“文明其精神”的过程中，我们逐渐“野蛮成长”，不是一个个地分散开各自成长，而是有着抱成团向外共同形成合力的力量。拥有了能力的提升、团队的背书，作为个体的我们才有了未来更多的期望，也有了更稳当的选择。

阿德勒在《自卑与超越》一书中提出“生命的意义”是作为社会的一个成员，尽可能促进社会整体进步与人类共同利益。这和社会学的观点不谋而合，个体的价值总结与社会密不可分。人生之路看似漫长，实则也就那么几次选择。读书生活即将结束，经验研究扬帆在即。与诸位伙伴同行，在社会事实中见微知著，从而建立起具有中国主体性的社会科学。

读书本意在元元

马锐①

转眼间自己走过了研究生两年的读书生活。回顾和反思这两年的读书生活，我感受到了自己的收获，察觉到了自己的成长。但仍然需要在这里回应一下“何以读书”和“为何读书”这两个关键命题。简言之，自己之所以能够坚持下来读书和做学术，这源于“四为”读书会的组织和建设。而为何读书，更多受教于“四为”读书会的宗旨，即“为天地立心，为生民立命，为往圣继绝学，为万世开太平”这四句耳熟能详的寄语，也就是为了人民、为了国家而读书。

一、“四为”读书会是什么样的?

我是在准研一的暑假加入了“四为”读书会。起初，我加入读书会是按照导师的要求：“要多读一些社会学的经典著作，不能将研究生过成了‘大五’‘大六’”。而加入后，分管我们的张世勇老师在动员会上强调了几点具体要求：一是要坚持集体生活原则。二是要将读书作为研究生生活的中心。在听到这些要求时，我的困惑是：为什么一定需要大家坐在一起读书呢？读书在当前有什么意义？在现在回想起来，这些疑问的解答源自“四为”读书会始终秉持的集体建设理念。

首先，集体读书能使相对缺乏自制性的我们坚持下来。在个体惰性及本科教育相对宽松的管理方式下，使本科生大多处于“推一把、动一下”

① 马锐，2017 级社会学专业硕士研究生，现为我校 2020 级社会学博士研究生。

的“不学”状态。反观，读一本书却成为数字信息爆炸且碎片化的当下，本科生、研究生乃至大多数人无法做到的事情。在读书生活里，要求自身时刻与惰性展开激烈的斗争。“一个人走得快而一群人走得远”，说明读书会的组织和集体的力量能够帮助个人克服惰性与倦怠。“四为”读书会“8107”的“硬”规则，一方面极大地规训了个人的学习和生活习惯，另一方面规则的运作又需要借助集体的力量，通过集体公共性的培育来塑造底线意识，从而将读书理念内化于心。

其次，集体读书能够在读书会培育公共性。集体组织公共性的培育需要集体成员长期生活于集体之中，通过彼此的沟通和交流形成公共性。而公共性的培育又能够反过来促进集体读书理念的形成，二者具有相辅相成、正向循环的关系。所以，长期生活于读书会的个人很容易感受到集体公共性带来的约束力。例如，我有时候会存在偷懒的情绪，而当在思考偷懒行为可能为集体带来的负面影响时，以及在思考集体中的他人将会对偷懒行为产生何种负面评价时，我就会摒弃这种偷懒情绪。这正是由于读书会集体所具有的公共性，它能够转为舆论评价体系，从而对个体化的行为带来约束。

最后，集体读书还是读书会宗旨发挥的重要保障。“四为”读书会倡导“为天地立心，为生民立命，为往圣继绝学，为万世开太平”的读书宗旨，但个体化的读书很难与其形成共鸣。而在集体读书时，同学们、师生间思想的碰撞、交流和共鸣，都能使我们在个体化的历程中感受到读书的力量。读书在读书会里不仅仅是读书，也成为我们如何看待世界变化、时代变迁的重要途径。

同时，读书会除了是读书共同体之外还是情感共同体。我在读书会中找寻到了许多志同道合的朋友，收获了友谊。此外，在读书的过程中，我在与他人比较的过程中，看到了自己许多的缺点，听取伙伴与老师们的建议，这对我个人学术和生活的发展是极其重要的。

总的来看，集体读书促使个人在读书中领会读书会的宗旨，从而树立相对远大的学术抱负，进而打破传统人文社科研究生培养模式中“学生不读书、不学习”的现象，为人文社科研究生的培养模式提供了经验。

二、读书方式：精读而不咬文嚼字

读书方式由读书会的宗旨所决定。读书会的宗旨是以个人的发展服务于人民和国家的发展为本位，那么阅读的书籍就需要以人文社会科学经典著作为主。因此，阅读书籍的目的不在于获取特定的知识，而在于锻炼思维与培养个人对学术的兴趣和信念。在阅读的过程中，我个人的感受是以体会作者研究的逻辑脉络为主，进而在脑海中梳理一个相对清晰的体系索引，方便自己在学术研究中遇到问题时，再回过头查阅相关的书籍。这种方式一是能够体会作者研究的立意、逻辑和目的，二是不必盲目陷入对词汇概念的追究，导致时间的浪费和阅读体验的折扣。借助这种读书方式，我在有课业压力的前提下，大体可以保持每月 4~5 本书籍的阅读数量，从而在两年的读书时间里完成了对社会学和政治学经典书籍的阅读。以马克思的《资本论》为例，我感觉本书的逻辑链条十分完整，前因与后果举证密切关联，在阅读前文的过程中，我就能够相对直观地感受马克思写作的目的，并且能够思考作者在下文中将如何继续阐释。

除了锻炼逻辑外，阅读经典可以帮助我们感受不同作者差异化的写作逻辑。以韦伯的作品为例，韦伯提出理想类型的研究方式，而他借助理想类型的塑造，构建起自己的分析框架，从而回应诸多现实经验问题。因此，对于理想类型的塑造和演绎是韦伯式写作的一个明显的特色。此外，韦伯研究的一个重要价值在于提出了社科研究的“价值中立”观点。价值中立意味着社会科学工作者在对社会现象的观察、探索和解释过程中，摈弃价值判断，而采取“不偏不倚”的态度，来论证和解决社会中存在的诸多问题。可以认为，价值中立并非一个普遍性的原则或者方法论，而仅仅是社会科学领域需要遵从或者提倡的原则。

三、读书收获：在读书会中领悟自己的“道”与“义”

从集体的提倡到个人的感悟再到形成个人在生活和事业能够一以贯之的道路，而这个过程的完成需要个人的反思和团队的帮助。我将继续谈一谈自己的读书收获。

“四为”读书会的宗旨如何成为读书会成员领悟的宗旨，从而将其转化为自身所追求的目标，这就依赖“四为”读书会独特的培养方式。“四为”读书会规范我们的日常生活，却不限制我们领悟自己的“道”与“义”。“道”是指在读书生活中我们逐渐形成对自己发展的道路和目标，以及今后在生活、事业遵循的观念和道路。“义”是指在读书中培养的一种精神、品质，“能坐冷板凳”“不服输”“敢于挑战权威”，乃至发展成为对自己身处时代、国家和人民的关怀精神。“四为”读书会的培养路径，正是将培养人才寓于生活日常的琐碎里，将宗旨内化为成员身体力行的读书生活。所以，在阅读社科经典书籍时，我时常能够感受到大师们对自己时代、国家和人民的共情，并将这种共情转化为他们对自我学术发展的目标。

因此，在反思这两年读书生活对我成长和发展带来的影响时，我最直观的感受是明确了自己发展的道路，也培育了自己对待学术的价值追求——为了人民和国家而读书。这些感受远比课堂、媒体的传授更直击心底。我认为其中的缘由在于，读书真正可以让个人与不同时代、国家、学术背景的大师展开交流。并且，在交流中个人又能够反思自身所处时代的关键命题，从而激发个人对时代价值和奋斗意义的领悟。所以，从刚开始进入读书会的被迫读书，再到现在“旧书不厌百回读，熟读深思子自知”。读书的旅程也由枯燥、乏味，到现在的充满乐趣，其中的关键正是在于在读书中我找到了安身立命的“道”与“义”。

在读书中播种，在集体中收获

柳泽凡[①]

时光飞逝，转眼间宝贵的研究生读书时间过去了，回想起来，感触良多，收获颇丰，我会将这段时间永远铭记！

刚刚本科毕业的那个夏天，在陈老师的指导下我加入了西农研究生读书会，怀着无比期待和喜悦的心情进入了这样的团体生活之后，我发现能够加入读书会，我是幸运的，更是难得的。在其他人浪费时光、不知所措的时候，我们读书会的同学早已开启了新的生活。每天早上 8 点到晚上 10 点的集体读书，往返在宿舍、教室与食堂之间的单线生活带给我的不仅是学习层面的改变，更改变了我的生活态度和人生追求。这将影响我的性格和能力，因此我十分感谢研究生读书会！

在这两年的时光里我读了 120 本书，每个月我保持读书 4~5 本，月底我们召开读书总结会，针对当月的读书做出总结和调整。这种紧凑高强度的读书生活其实刚开始我也不适应，但是后来逐渐习惯了，慢慢地内化于心，因此每天的读书也成为我生活的一部分，觉得读书就是一件很自然的事情。老师指导我们要多读经典，多读名家的书籍，社会学、经济学、政治学、管理学等各个学科都要逐一阅读，因为唯有经典才能广为流传，唯有经典才能细细品味，唯有经典才能启迪心智。的确，刚开始的阅读是枯燥乏味的，但是随着体会到了书中的观念和理论，跟着名家一起思考，慢慢地自己也学会了很多知识，了解了分析问题的视角。更重要的是，这些经典著作之所以经典，是因为经过长时间的检验，其中的理论概念具有概

① 柳泽凡，2017 级社会学专业硕士研究生，现为南开大学 2020 级社会学博士研究生。

括性、提炼性以及总结性，同时更为有意义的是，作者对一个问题的阐释用了富有启发的论述手段，跟随作者的思维，我感知到了学术的魅力和学术研究的价值。在复杂社会问题的背后解释变量是很多的，但我们应该知道社会学本身的核心变量以及我们自己的学科视角，在分析问题时才能具有更加系统的思维观点。

我最喜欢的一本书是涂尔干的《自杀论》，因为这本书集中体现了早期社会学的研究方法、学科体系和理论思维。涂尔干认为自杀现象不能单独看成彼此分离、不相联系的个人事件，而是要把自杀事件看成一个整体问题研究，因此，从社会的角度来考察自杀现象是本书的核心，也充分体现着那个时代社会学独特的研究方法。

以这本书为例，我想说阅读经典的无限魅力和它带给我的启发。涂尔干在论述自杀的相关议题时，常常选用社会热点、历史事件等客观事实来阐述，他擅长先从反面论述，打破人们的固有思维，再从正面论述，进而提出自己的观点，其中关键是在他所收集的材料能够帮助人们分析问题的实质，这些材料均为社会事实，大多数为统计数据、官方文件、社会新闻等。他利用对社会事实的对比、例证、讨论来证明他的观点。这一点突出在他的社会学研究方法中，用社会事实来解释社会事实，从社会学的角度来解释社会现象，使社会学有了自己的学科体系。涂尔干为社会学确立了有别于哲学、生理学、心理学的独立研究对象，即社会事实。因此，《自杀论》的最大价值在于涂尔干用社会的视角、社会事实的框架解释、形成自己的理论体系。阅读经典可以看到一个学科的发展过程，更可以体会一个学科的学术脉络，从中我们得以了解我们专业的基本组成要素，熟知我们专业的研究方法，只有阅读好了经典书目，才能为以后经验调研打好基础。

我们身处团队中，每一个人都在团队中学习与成长，每一个人都会受到团队的影响与帮助，大家作为一个整体有着不可或缺的集体性，集体的力量是无穷的，集体的力量塑造了自我，也成就了大家。在读书会时期，大家一起读书，一起吃饭，一起讨论，在集体生活中我们有了集体意识，有了集体道德，更有了集体情感，正是在大家不断地推动下，每个人不敢有丝毫懈怠，不敢有丝毫偷懒，可以保持每个月四到五本的经典书籍的阅读，可以每天早上8点，晚上10点在图书馆高强度读书，如果一个人很难去做到，更不要提两年如一日。同时集体读书带给我们的不仅是知识的增加，更是将自己的人格和价值观提升到了一个新的高度，我们学会了削弱个性，融入共性，踏实努力，共同进步，大家在读书中相识，也在读书中进步。生活中我们更是亲密无间，没有人排斥他人，更没有人会将自己远离，我们很纯粹，我们一起努力，实现自己的目标。有时静下心来，回想之前的读书时光，真是非常激动，在外界充满诱惑的世界中，我们能够不顾他人的眼光，能够不顾体制的约束，坚持做自己的事情，真是难能可贵。

其实不仅是读书需要集体性，调研更需要集体性。才经历了一次调研的我对于集体调研有着深刻的认识。因为调研的收获和思考，往往来自老师与学生之间的共同讨论、共同思考中。我们研二的学生第一次接触经验现象，如果没有适当的引导，没有理性的判断，就很难去真正地认识社会现象，更不要说具备问题意识。正是在许多有经验的老师带领下我们才有了自己的认识，才有了对于经验现象的正确把握。其实，社会经验无处不在，问题情况也时时存在，我们需要去发现问题，形成问题意识。而个人的判断和认识往往是不足的，集体不断地思考、不断地总结、不断地争执，必定能激发出每个人最大的潜能，使得个体最大程度展开自己的思考，将问题明晰并予以解决。因此集体性的力量真的很大，我们也必须重视在集体中生活、在集体中读书、在集体中调研的经历，只有身处集体，自己才能意识到自己的问题，发现自己的不足，从而产生追上集体的信念，一起进步，共同努力。

读书与集体是我们团队进步的法宝，今后我们不仅要努力学习，也要清醒地认识我们的时代，更要努力使自己在这个时代有所作为，有所进步。我们要有一种不断发展的精神，要有一种“只问耕耘，不问收获”的精神，让自己在读书训练和经验调研中不断发现问题，通过自己的努力去解决问题。我们拥有最好的条件，也有最大的机会，我们要努力做好一切，新时代我们争取做最好的自己，让自己变得更好！

论读书的“实践感”

周佩萱①

不知不觉中自己从刚开始进行经典阅读到现在转入经验训练已经走过两个年头。当坐在电脑前回想读书的两年时光，经历的种种细节可能已经逐渐淡忘，但伴随读书生活而来的各种感受和体悟却让我深深铭记，甚至于我来说是一种永恒。

在两年的研究生生活中无论是社会实践、学生会工作还是各种学校活动我都是缺席的，贯穿始终的主旋律和关键词就是读书。可能在一些人眼中我的研究生生活是平凡和单调的，但我认为这两年时光是我人生中最不平凡的阶段之一。

事物讲求相对，而如何定义“不平凡”？在我看来有两条路径：其一是对外化了的事物的多元化体验，另一条路径强调的是内心情感的满足。我更加看重第二种路径。人之所以选择体验各种事物，其最终的目的还是为了满足自己心里的某种预期，终归到一起还是“体验感”，向内讲求自身的感觉。

举例来说，如果一个人忙于各种活动，参与了很多事，但在最后反思时发现这些活动带给自己的意义并不大，也没有获得预期的心理体验，那他即使经历了很多事情也终究会归于平凡。而这两年的读书经历对我来说就是一种不平凡，虽然两年的研究生生活几乎被读书这一件事充斥着，但伴随着读书，给我带来的是太多的体验、收获和感悟。

读书总归是好的，对于这件事每个人都会认同。但将读书摆在什么样的位置，如何定位读书这件事，是我们需要认识和明确的。将读书视为提

① 周佩萱，2018 级社会工作专业硕士研究生，现为我校 2021 级社会学博士研究生。

升自己的辅助手段，或是将读书看作自己成长和能力训练的必要因素就决定了你对读书的态度和之后的行动。“读书有用”不容置疑，但读书有多大用可能是我刚开始进入经典训练阶段所困惑和迷茫的。因为那时候的我认为读书过程中的收益很难量化，坚持读书所能带给我的收获和最终结果都是未知和无法预测的。

现在的我能够给当初困惑的自己一个回应。读书这件事没有人会给你一个明确答案，这取决于你个人，取决于你对读书这件事的信念以及个人在读书过程中所付出的努力。起初的我得到过老师们以及师兄师姐们的指导，他们所传递的思想便是“读书是无用之大用”，但也许是因为这是他们的经验，我虽然能理解但还是感受不到其强大的冲击力。而如今的我也可以如当初的师兄师姐一样很笃定地说出这句话，与此同时我也能深刻感受到其中的力量。因为我亲身经历了这个过程，这是我作为主体本身通过实践和摸索得到的经验，所以我从内心深处认同和接受它，在这个过程中我收获了太多，也感受到了自己的成长与蜕变。

经典阅读阶段讲求的是思维训练的过程。在这里有两个关键词，一个是“思维训练”，另一个是“过程”。进行思维训练就意味着我们对于读书的硬度是有要求的，只有在保证读书的质量和数量的条件下才能得到能力的提升。这就需要我们走出自己的舒适圈，对自己有所要求，而不要为自己寻找退路和借口。强调过程也就是说读书所带来的改变并不是一蹴而就的，这是一个量变的过程，只有积累到一定程度才会达到质变。回想刚开始进行经典阅读的时候，因为读完一本韦伯的书而头昏脑胀，似懂非懂，写读书报告几乎是在复述书的内容，整个报告的论述分析十分细碎，没有一条完整的线索和思路。反观现在的自己，最起码谈起韦伯并不是踌躇、瑟缩的，在汇报时更多的是对大家研究思路和脉络的厘清和拓展。读书到现在，我真真切切地看到了自己的变化，看到了我的成长。读书使我更加自信，也使我对自己有了一个更清晰的认识和把握。

通过暑假调研，让我体悟到经典训练的必要性。经典训练强调的就是对思维的训练，强调不断动脑、不断思考。通过经典阅读，尝试用自己的思维构建框架。当你通过经典阅读，获得了一定程度的构建能力时，转入经验研究也会如鱼得水。

经典阅读更是磨炼心性和品格的过程。当代社会机会很多，但同时也存在着巨大的诱惑，如何能抵挡这些诱惑，坚定自己的原则和立场，如何能在浮躁的环境中沉淀下来，寻找自己内心的平和，实现真正无条件的成长？对心性的磨砺也是我通过经典阅读训练后逐渐探索并提升的，尽管在这方面我依然有很大的不足，但通过读书和参加读书会，使我在这方面有了很大的成长和进步。面对外界诱惑，面对内容比较枯燥的经典书籍，要坐得住。面对读书效果的不可量化性和非即时性，要有恒心、有耐心，要坚持住。面对同伴群体的压力和各种比较，要进行合理的调适，将压力转向正向激励，要稳得住。如果在读书过程中磨炼出了这种品格，无论是在接下来的学习、生活中，还是在工作中，终究会所向披靡，遇到重重阻碍依然站得住。

如何处理两对关系？

两对关系指的是“个人与集体”“读书与生活”。通过两年读书会的团体生活，我对这两对关系的理解更加深刻。现在的我认为，无论是“个人与集体”还是“读书与生活”，将每对关系中的任何一个要素割裂开来都是不明智的。过于割裂可能会将集体 / 读书当作一种压力和任务，将个人融入集体之中，将读书融入生活之中，在我看来是理想化的状态。

将个人融入集体之中。团队对我们成长所起到的作用毋庸置疑，对内而言，小伙伴们对标找差，相互借鉴和学习，通过共同行动进一步形成凝聚力，营造良好的读书氛围；对外而言，团队读书氛围的营造使我们不受外界干扰，保持自己和团队成员的良好状态。与此同时也要意识到团队的维系和建设是团队中每一位成员的责任和义务。处于团队之中就要求每个人保持使命感，摆脱个人主义和原子化的生活方式，将个人融入集体之中。私人关系与团队关系并不是割裂的，将个人的小私放在大公之上，实则是逐渐消耗团队、放弃团队的过程，也是逐渐迷失自我的过程。将读书会视为公共品，站在公共立场上处理各种关系，解决各种问题，是将个人融入集体之中的必要前提和必然要求。

将读书融入生活之中。在经典训练即将结束的阶段，我的内心是十分平静的，这是因为在经典训练过程中，读书于我而言已经不再是一种负担，而成为我生活的一部分。因此即使结束了经典阅读训练，尽管没有外在的规则约束和要求，但是在未来的路上我还是会利用好我的各种时间来进行经典阅读。因此，结束集体读书与否对我来说并没有产生多大变化。如何在读书过程中进行良好的调试，将读书融入生活，将读书这件事本身内化，是我们在读书阶段需要摸索和培养的。在我看来，实现这一路径的充要条件就是对读书本身的认同和接受，以及在此基础上为读书这件事所付出的努力和汗水。

读书会的这两年时光，绝对是我人生中最重要的一段时光，也是我人生中最不平凡的阶段之一。这两年时光，是我为自己感到自豪的两年，是我不断努力奋斗、汲取养分、积极成长的两年。现在看来，研究生读书生活这两年，每一天都是有意义的，都是充实且快乐的。我愿意回忆它，因为这段时光见证过我的迷茫，见证过我的汗水，也见证了我的成长。在这两年中，我享受着心无旁骛读书的过程，享受这种纯粹和彻底，于我来说弥足珍贵。

两年来的生活虽是围绕着读书展开的，但也经历了很多，思考了很多，也伴有很多情绪。平静过了，怅然过了，越到后来越多感激。我感激能加入读书会这个大集体，感激老师们给我时间和机会让我成长，感激在我迷茫和泄气时给我鼓励和支持的小伙伴们，是你们给了我很大的信心和勇气，让我在经典阅读的这条路上坚持走下去。在这个过程中我得到了太多的关怀和善意。能与读书会一起成长，我很荣幸，也很骄傲。对于读书会，我已经对它产生了一种情愫，现在的我能深深地感觉到与它的羁绊：读书会见证了我的成长，与此同时，我也见证着西农读书会在一步步地发展和壮大，何其有幸！

读不近“狂”者不可以为“经”

刘子扬①

“十年磨一剑，一朝试锋芒”，读书就是一次漫长的磨砺。从古至今，人们都在探讨读书的话题：为什么要读书？读书究竟有什么用？读书能成为什么样的人？怎样去读书？下到识字之童，上到七旬老者，都能给出这些问题的答案，但是作为完成经典阅读的我们，应当有更深刻的领悟和体会。

一、为什么要读书？

为什么要读书？读书的心态决定了我们对读书的认知。如果我们以“句读之不知，惑之不解”的心态读书，读书注定是一种工具理性，我们会成为马尔萨斯笔下的“经济人”。此时，我们处于“利益同一性”的自然状态，我们对读书的评价不是着眼于书籍本身的价值，而是更直接地评价读书的有用性。功利主义意义上的效用价值，成了衡量读书必要与否、成功与否的一般尺度。但是功利的读书需求和世俗的享乐需求一样，都是有限度的。享乐主义会把快乐定义为目的满足程度的标尺，而人的享乐能力是有限度的，随着刺激的量和强度的增加，享乐的愉悦感也会达到饱和，所谓乐极生悲，享乐就会转变成一种反面的情绪——痛苦。因此，当我们以一种工具理性的心态去功利性地读书时，就会从有用性的角度去衡量自己的付出和回报，会对具体的知识进行摄取和学习，会寻找捷径去读教材类的文章，而忽视经典书籍所内含的思维逻辑。长期的功利性读书带来的只

① 刘子扬，2019 级社会学专业硕士研究生，上海交通大学 2022 级公共管理博士研究生。

会是枯燥、乏味以及痛苦。

如果我们以“万般皆下品，唯有读书高”的心态读书，注定读书只是一种价值理性，我们会成为凡勃伦笔下的“有闲阶级”。何为“有闲”，不是指碌碌无为地死读书的行为，而是认为读书是一种“有生气”的文化。“有生气”的事物即人类可以改造或是能用其意志进行控制或者解释、感悟的事物。读书一旦成为一种“有生气”的文化活动，就会成为一种具有侵占气质的勇武精神，而不是刻苦耐劳的工匠精神。正如同有闲阶级将有闲作为一种博取荣誉、猎取声望的竞赛一样，读书也会成为一种荣誉竞赛，阅读内省修养的准则被染上了荣誉身份的色彩，读书成为一种意识形态，读书的数量成为评价阅读能力的尺度和标准。书房堆满的书籍、琳琅满目的书单成为身份和荣誉的象征，高级学识成为价值身份的符号表现，读书成为获得认可、保持同辈声望的公认标志。此时的读书不再是“修身、齐家、治国、平天下”的豪言气魄，而是价值理性下不稳定的身份表达。甚至读书成为一种象征行为，为了融入这种声誉文化，人们被动消极地去读书，此时读书具有了群体压力和同辈压力，痛苦和烦躁体现在书籍的每一个角落。长期如此，“有生气”地读书，只会让读书成为一种价值表达的仪式，正如宗教仪式是对神圣性价值的行动表达一样，读书仪式成为表现自身荣誉、气质的象征表达，而不再是训练我们思维能力的有效途径。

如果我们是“以学术为业、以政治为业”的心态去读书，方可感悟读书的真谛。正如韦伯所强调的，“在学术领域中，只有纯粹献身于事业的人，才有‘人格’可言。”韦伯认为卡里斯马领袖最具有为政治献身的精神，是真正以政治为业的政治家，与为了生计而从政的人有本质区别。同样以“学术为业”的读书心态，才具有为学术的献身精神，是以学术志向为业的真正读者，与为了功利知识和价值荣誉而读书上进的人有本质区别。伟大的学者都有这样的学术热情和呼唤，韦伯如此，米尔斯也如此。米尔斯号召人们要培养社会学的想象力，培养帮助人们利用信息增进理性的心智品质。他告诫我们不要崇拜楼阁之上的宏大理论和形式空洞的抽象经验主义，也不要沉溺于形形色色的实用主义和自诩科学的科层制气质。学术如此，读书亦如此。我们只有把读书视为一种对思维和人格的训练，去沉下心来认真阅读，使读书成为一种身体性的习惯，才能将读书内化于心。两年的经典阅读，绝非一朝一夕之事，若没有正确的读书心态，只会让人感到痛苦和无助。

二、读书能成为什么样的人？

读书能成为什么样的人？很多人第一反应是，读书会让人成为一个智者。但是孔子说过：“吾十五而有志于学，三十而立，四十而不惑，五十而知天命”，可见智者绝非读书所能造就，还需要岁月的历练和涉世。在我看来，读书不是让我们成为一个智者或者所谓的“文化人”，读书反而会让我们成为一个“愚人”。“别人笑我太疯癫，我笑他人看不穿”，读书会让我们变成他人眼中的“愚者”。福柯就对“愚人”做过研究，疯癫之所以具有魅力，其原因在于它就是知识，这些荒诞形象实际上都是构成某种神秘玄奥的学术的因素。读书就是让我们拥有愚人的智慧。

愚人自愚。两年的经典阅读，听到旁人说得最多的就是“你们怎么那么辛苦呀？”因为我们是愚人，所以我们总是不断在给自己“找麻烦”（自愚）。真正的愚者都是不断突破极限、突破舒适区的伟大人物。他们不会安于现状，不会沉溺于既有的成就，只会去不断超越昨天的自己，推倒第一年、重塑第二年。我们要做一个愚人，不要给自己的能力设限，要不断去给自己“找麻烦”，去创新、去突破，去磨砺自己的思维和逻辑，将书本中的知识不断拆分重组，这样才可以做到读书“通”、思维“通”、逻辑“通”和思想“通”，才能做到信手拈来。

愚人自娱。愚人的娱乐方式和大众总是不一样的，天文爱好者能将星宿视为跃动的精灵，欣赏其万千姿态，感悟宇宙生成的奥秘，而对于常人而言，却只能从美学的角度去品味星辰的绚烂和多彩。常人总是从审美的世俗角度去理解和欣赏外在事物，而很难从兴趣爱好的角度去感悟事物。真正的读者就是一个愚人，因为他们能跳脱出形式的审美，进而体会到事物内在的快乐和本质。读书已然不再是摄取知识的工具和手段，而是满足自身求知欲的途径和方式。当我们沉浸到读书之中，就会产生一种读书的内驱力，对知识体系的渴望以及与学者进行对话的成就感会驱使我们不断去品读经典。读书就是一场快乐的游戏，我们在思想碰撞的过程中解锁成就、在填补知识框架的过程中获得满足。

愚人自愉。读书对于常人来说是认识，对于愚人来说却是兴趣。何为认识？何为兴趣？利用哈贝马斯的话来说，认识就是我们以共同的语境为依据、以相互谅解为目的建立的一种和谐认知。换句话说，认识是一种规范性概念，常人读书只是为了习得知识和规律以达到对客观事物的认识和掌握，他所获得的是陈述性的语言表达，通俗来讲，就是获得了所谓的科学的认识。而兴趣是一种批判性概念，是构成自我的价值判断。兴趣是指导认识进入生活世界的联结纽带，兴趣构成了生活统一性的共同话语。也就是说，愚人读书不仅是为了摄取对科学知识的认识，还是为了去验证科学存在的逻辑合理性，去批判现实生活的自在性，去培育解释外部世界的能力。通过兴趣，读者会拥有探索世界的内驱力，读书不再仅仅是一种生产性活动，而成为一种乐趣需求，成为构建自我话语体系与生活世界进行对话的实践活动。此时的读书具有了再生产性质，超越了功利性的知识价值，具有了人格塑造的生命价值。换句话说，读书不仅可以自娱，还可以自愉。

愚人自喻。愚人自愚、愚人自娱、愚人自愉都只是其形，愚人自喻才是其神。我们经常听到的一句话是“谣言止于智者”，读书能够让我们看穿事物的假象，避免受错误观念的侵蚀。培根曾经指出，人类有其生命的有限性，所能掌握的知识总是有限的，因此经验占据着人的理智，并且在里面根深蒂固的各种假象和片面的认知使得真理很难被接纳和识别。而读书就是对人类生命有限性的有效突破，通过书籍我们可以打破自身经验的束缚，从而建构科学的精神气质，规避世俗成见带来的狭隘性。读书可以让我们识破人类社会的四大幻象（培根在《新工具》中提出四幻象：种族幻象、洞穴幻象、市场幻象和剧场幻象），打破对权威话语的崇拜，树立正确的人格和话语体系。现实生活中充满着各种幻象和意识形态，人们仿佛处于一个剧场和洞穴之中，受到社会和他人知识的建构和塑形。读书可以让我们做到自喻，可以让我们明事理、辨是非。

三、怎样去读书？

怎样去读书，谈及这个话题想必仁者见仁，智者见智，大家都有自己的读书习惯和技巧。在此我不分享读书的技巧和心得，而是更多地涉及“怎样的一种读书状态”才可以称之为好的读书状态。我们经常用一句话来评价医生：“才不近仙者不可为医，德不近佛者不可为医”。从医如此，读书亦如此，正所谓“集中一点、登峰造极”。经典阅读就必须达到这样一种极致的状态，只有全身心地投入读书之中并为之痴狂，才可以称为好的读书状态。因此，我把好的读书状态称为一种“狂”的状态，正所谓读不近“狂”者不可以为“经”。之前我们讨论了何为“愚”，那么何又为“狂”？我将概括三个词：疯狂、痴狂、张狂。

读书要疯狂。何为疯？福柯指出，疯癫的初意并不是解释成不由自主的疾病，而是承认人类能力的最低界限。正如死亡是人类生命在时间领域的极限，疯癫是人类生命在兽性领域的极限。经典阅读不是修身养性地去品味辞藻的优美，而是磨砺自我的意志、训练我们的思维。我们仿佛是古希腊神话里的西西弗斯，读书注定是一条艰难的道路。因此，我们必须去疯狂地读书，突破时间和身体的极限，“8107”仅仅是读书的最低界限，我们应该去突破这个界限，达到我们“兽性的极限”。

读书要痴狂。疯狂是我们经典阅读的第一步，而正是激情才使得疯癫成为可能。疯狂是一种身体化的表象，痴狂则是表现疯癫的心象。经典阅读并不是一朝一夕之事，疯狂的阅读状态总是一种临时的状态，正如卡里斯玛的魅力统治终归会走向传统或者法理型的统治一样。读书的疯狂状态也是如此，随着时间的推移也会归于平静。只有充满激情的心象才可以保持长久的读书动力，因此必须要达到一种痴狂的境界。想要读书痴狂就必须达到吉登斯所说的一种“瘾”的状态。读书成“瘾”，这种意义上的瘾指的是一种惯例化的阅读习惯。习惯是一种比行为模式更具有心理约束力的重复性行为，必须有非同寻常的意志力才能改变它或戒除它。读书成瘾会让我们养成高效读书的学习习惯，读书一旦进入痴狂的状态，就会拥有高峰体验和自我沉醉的补偿性体验。正是这种体验让我们拥有持久读书的精神动力。

读书要张狂。经典阅读一定要具有野性的思维，好的读书状态一定是一种思维张狂的状态。福柯在《疯癫与文明》中指出，疯癫（狂）具有两个层次，第一个层次是荒谬的想象，是与幻觉进行交流的不健全理性；另一个更深的层次是，严谨的话语结构，是在天马行空的思绪下一种神秘的、谵妄的秩序。正所谓“从心所欲不逾矩”，读书的狂，是一种狂乱思绪下逻辑的井然有序。读书就一定要具有从心所欲的想象和批判思维，正如自我反思性是现代理性的精髓一样，张狂的批判性也是读书的精髓所在。勇于质疑学者的话语，去批判大家的观点；勇于用自己的话语体系去解构学者的观点，形成自己的逻辑体系。只有我们可以去批判学者的观点，去寻找学者的不足与漏洞，窥探历史长河中知识大厦是如何日益完善的，我们才可以形成自己的知识逻辑。

总之，读不近“狂”者不可以为“经”，望共勉。

行远自迩　笃行不怠

冷芳[①]

从 2018 年 10 月到 2021 年 2 月，两年多的时光在意犹未尽中结束，在累累硕果中沉淀，也在人生旅程中熠熠生辉。无论何时，再次打开我的阅读印记，依旧能置身于当时的激昂情绪和焦虑迷茫，无一不彰显彼时岁月的鲜活。当我结束读书，站在规划的时间之外审视成长中的自己，看到的是被悠远的书香、集体的共识、知识的贯通所累积塑造的我，一个真实且不被辜负的我。

或许每个人进入读书会都有一定的机缘巧合，在对未知的迷茫与探索中，有些人被强大的能量所吸引，有些人为了锤炼自己的能力，也有一些是导师培养计划使然，总归是选择了与曾经安逸懈怠的生活所不同的节奏，而这种转变正是最初阶段不解与焦虑的来源。读书要求由身入心，首先要做到“身体在场”。在读书会，按照“8107”的规则，我们势必要屏蔽外界的许多诱惑。保研的那一年，周围有许多同学总有大把私人时间，去培养一门兴趣爱好、去看自己想看的书、去旅游……这当然也是我曾经幻想过的保研生活。但在导师给予的关注和鼓励下，我开始适应考研自习室的学习氛围，努力将精力集中于经典阅读。尽管最初因为读不通而感到枯燥乏味，但坚持“坐得住”成为了之后读书生涯的起点。

在身体坐得住的基础上有收获、有反思才是有效的时间投入。回想第一本《社会学主要思潮》，我永远对当时的煎熬和焦虑刻骨铭心，因为缺乏社会学的基础，所以对这本书里凝练的思想实在难以理解，缺乏思考的突破口，我总称这是无效读书。而到了接下来涂尔干关于自杀、宗教、教育的系统论述时，基于兴趣的调动或现实的启发，我又因为短暂的灵光一

① 冷芳，2019 级社会学专业硕士研究生，现为中国政法大学政治学 2022 级博士研究生。

现充满信心。之后，又因为很喜欢齐美尔的书，变成开心地去读……读书的过程并不顺利，总会经历一些枯燥和痛苦的时刻，但是在痛苦过后有所得的时候就是第一个质的变化，这是培养主体性的开始。前几个月的时间总是这样交织着焦虑和信心，我也在这种探索中找到了适合自己的读书方式。当读到布迪厄、福柯和鲍曼，我已经能尝试体系化地理解和写作，这种系统性支撑起独属于我自己的社会学脉络，这种累积的成就感使我获得源源不断的能量。

身心在场的读书是培养主体性的关键，从对身体的规训到思想的投入，并不是把自己当作阅读的工具，而是要在对话和思考中感受文字的力量和思想的冲击。这意味着我们并非放任自己机械地接受观点，而是在输入和输出的过程中形成自己独到的观点。我们年级在小组读书之外探索了读书论坛的交流模式，这样的场合偶尔会让人焦虑，因为看到了其他同学出色的写作和表达能力。但更多的是畅快的体验，我们大胆想象，大胆延伸，不断充实自己的理论库存。身体所在的场域是有限的，思想可以抵达的场域却是没有边界的，在阅读和交流中不断成长，让我们成为饱满的个体。由身到心即是从“坐得住”到“坐得踏实”，这种踏实感来源于不虚度时光的满足感和对人生价值的获得感，无论在读书阶段还是此后的经验训练或者工作阶段，这都将是对自己最大的尊重。“是不为也，非不为也”，曾经我觉得难以完成的读书任务和难以坚持的读书时间，如今已经成为我进步的信心和底气。

在读书会这样一个场域里，最开始由外力推动大家聚在一起，朝夕相处中，感情经过凝聚和发酵，最后形成长久的强关系。或许故事的开始往往猝不及防，但也正是因为有了一起读书吃饭进行团建的要求，大家才有契机去认识和了解彼此。回想起来，很怀念大家一起吐槽房东，一起深夜去吃烧烤，一起节省经费在教室看电影的日子。因为集体的参与，我们的记忆变得更丰富、更鲜活。集体带给我们快乐，我们也要建设集体。集体的建设需要每个人付出，也意味着要适应集体的节奏，打破属于个体的舒适圈，但这绝不是磨灭个性，而是基于共性形成情感与成长共同体，这个共性就是我们的目标与行动。所谓志同道合，就是可以在生活中分享喜悦与烦恼，在懈怠和焦虑时获得支持，在与同伴的对比中惊觉自己的差距，在交流中发现和解决问题，然后彼此相携走得更远。在大的时代变革下，随着更多不确定性的出现，个体与他者的结构和关系也发生着巨变，个体的目标变得更加原子化和工具化，以此获得竞争优势。在极度重视边界划分的社会里，每个人都是一座孤岛，然后被世俗的标准所裹挟，利用体制和竞争追求眼前的利益，成为精致的利己主义者，无法获得主体性的价值，于是陷入焦虑的情绪。在热闹又浮躁的校园里，我很感激有读书会这样一个沉静温暖的集体，可以让我专注于成长，尤其在听到读书会之外的同学常常无奈抱怨时，愈加感恩老师们的付出和同伴们的相携陪伴。

两年多的经典阅读，让我感慨系之的还有社会学家对文化危机的悲戚，对正义和道德的呼唤，他们对理性化进程的预言也在现实中得以印证，这种社会关怀深刻影响着我对于生活和社会意义的思考。我们为了什么而读书？我们要反思经验的目的和意义，并从学术的视角传递这个社会稀有的情怀。这种价值的塑造一个人很难坚守，但身处集体中，因为自身的主体性与集体的激励，我们更能从环境所塑造的符号中抽离出来，在理性思考中把握时代对学者的馈赠以及时代赋予学者的使命。我们在与社会学家的对话中感受他们的时代关怀，进而形塑我们学术理想中的价值和责任。时代洪流滚滚向前，作为个体的人要么被激流裹挟在惶惶不安中往前漂流，要么往纵深方向扎根而不惧时代的大浪淘沙，我想我们必然要成为后者。扎根需要定力和毅力，这种扎根的能力取决于我们各阶段积累的基本功，扎根的深度则取决于我们的信念立场。大多数人被符号的表象或生活的层次牵绊了脚步，囿于“小我”的格局，但我们始终坚定自己的定位，对理想充满信心，对未来怀有美好的期许。

万卷古今消永日，一窗昏晓送流年。从教学楼到 106 研习室再到图书馆，从寸草春晖到岁暮天寒，流淌的时光和重复的路线记录了我们越来越轻盈的脚步。从身体在场的坚持到身心在场的投入，从自我满足到拥抱集体，我觉得我卸下了很多虚妄的包袱，因为气充志定而获得内心的平和，也因为目标纯粹而走得坚定！

西农读书会取名为“四为”读书会，源自“为天地立心，为生民立命，为往圣继绝学，为万世开太平”！这是老师对我们的期望，也理应成为我们的信念。求知无止境，学习无止境，我们自当不浮躁，不瞻前顾后，既要仰望星空，更要踏实前行！愿每个同学都能在这个过程中找到自己的方向，然后奋力奔跑下去。

成长，永无止步

赵祖远[①]

不知不觉结束了两年经典阅读的日子，犹记得两年前刚联系上“四为”读书会的指导老师，他向我详细介绍了读书会的理念宗旨、培养学生的方式，似乎一切还在昨日，历历在目。当时自己还小心翼翼地给自己准备了未来两年的书单，并十分自信地认为，两年读一百多本书并不算是难事，且这也是作为社会学专业的学生应该做到的事情，是我们的立身之本，回头再看看当初自己订立的目标都已达成，甚是感慨。

犹记得本科期间有位同学，每天带本书，拿个笔记本和笔就直奔图书馆，一待就是一整天，我觉得这种人是极其潇洒且自信的。也曾和他交流过，怎样看待农村户籍学生和城市户籍学生在课堂表现上的巨大差异，结论是之前教育资源上的不平等是弥补不回来的，但是对农村户籍学生而言，以后可以通过看书来做出弥补。是呀，对各种外在资源获取方面极不平等的大学生来说，时间是平等的，书籍里的知识对读者也是平等的。虽然在本科阶段就已经明白了读书的重要意义，但遗憾的是本科期间的读书都是兴趣使然，既无系统性，也缺乏一定的深度。所以刚考上研究生那会，我就在反思，今后的研究生生涯和大学四年应该有何不同，又该如何做出改变。尤其是想到很多大学同学都开始了 996 的工作状态，我就不禁在想，和他们相比，我似乎是又多了几年可以在宿舍“躺平”的时间，但实际是我没有资格这样做，社会是公平的，却也是残酷的，我生怕会因为此刻的浪费光阴而使得以后遭到惩罚，也绝不能在成长的时候止步，因为一步慢，

① 赵祖远，2019 级社会学专业硕士研究生，现为我校 2022 级社会学博士研究生。

步步慢。所以在导师组老师第一次和我介绍起“两经一专”的培养模式时，我就意识到我是幸运的，因为读书是一件好事，而我又找到了一处能让我得以尽情成长的空间而不必顾及其他。

生命是寻找意义的过程

在这个泛娱乐化的时代，大学校园也充满着诱惑，但我有幸在这个充满各种娱乐诱惑的环境中依然能在一个自律的集体中保持着自律的学习状态，在不确定的世界中寻找确定性。正如韦伯告诫我们的，学术除了促进技术进步、文明进步以外，还要寻找内在的意义。世界是充满着苦难的，每一位社会学家都对其所在社会的苦难寻找着良方，我希望自己也能为减少世界的苦难做些事情。直到现在我依然认为自己是一个非常有情怀的人，与那些现今只想着走进体制“躺平”而不复初高中那会一起壮怀激烈的老同学相比，我自认为依然保留有读书人的那份初心，想着今后一定要为社会做点什么。两年的读书生活让我意识到：光有情怀是不够的，没有实力，更勿提方法，只有情怀只会让我产生深深的挫败感，因为很多时候在很多事情面前自己显得是那么渺小无力，读书越多越发现自己的浅薄，就像亚里士多德所说，我唯一知道的就是自己的无知。但越是如此越要多读书，认识自己的不足，进而做出改变，哪怕只有一点。对此更需要我们全神贯注地读，绞尽脑汁地想，如此才不会被拉开距离，才会进步。

每一个不曾起舞的日子都是对生命的辜负

我最开始也像大家一样，怀疑自己能否系统地坚持下来，高质量地完成读书任务，尤其是陷入笔记一大堆却很少能记住什么具体内容的时候，我一度怀疑自己这样的读书过程与方法是否有违自己的初衷，很多知识根本记不住。但这种痛苦的感觉并没有持续太久，就像在知乎上看到的一句话说的那样，“读书就像我们从小就开始吃过很多食物，现在已经记不得吃过什么了，但可以肯定的是，它们中的一部分已经成为我的骨头和血肉，读书对人的改变也是如此”。慢慢地我发现读书的过程充分锻炼了我独立思考的能力、询问“为什么”的能力，尤其是在很多社会热点问题面前，我并没有被舆论所裹挟，也少被感染一些偏激思想，而是不断思考这些舆论从哪里来，为什么会有这样的舆论，它们代表了谁的利益，该如何解释以及有何漏洞等。唯一不值得怀疑的只是自己的思考过程以及对事件充分还原后的评价。这种怀疑主义最开始是笛卡尔在对知识的可靠来源及合法性的解释中产生。但在当下这个信任匮乏、到处充满风险的社会里，这种怀疑主义更显得难能可贵。

除了锻炼思维以外，纯知识性的收获也十分充足。这一方面得益于集体读书过程中的“他山之玉”。虽然是同一本社会学著作，但不同的人有不同的理解与分析，这就充分体现出了集体读书的重要意义，大家通过毫不保留地完全公开的交流，各种思想得以交汇、碰撞，在日常交流中一遍遍重复、加深理解，在集体生活中我才充分了解了默顿所言的科学家的精神气质，共有且无私利。另一方面则是来源于写读书总结报告这一过程。总结的时候，我总会进行联想，这位思想家的思想和谁的思想有何相似点与不同点，其理论的来源是受到什么思想的启发，对谁进行了批判，又有何新颖之处等。这一总结反思的过程也正是对知识不断加深记忆、融会贯通的过程，并且这一过程也非常令人享受，因为大脑在不断地思考中得到了锻炼，精神也因亢奋而难以满足，在思考中仿佛逐渐认清了生活的本质，了解了世界的真相，理解世界的大门钥匙似乎正逐渐掌握在自己的手里，获得了一种通透的感觉，从而能够更加从容地看待各种社会现象，这是让我感到既骄傲又亢奋的。每读一本书都在不断感慨，每一位优秀的社会学家总能从日常生活的常见现象中找到更新的角度来加深我们对世界的理解，但同时又发现所有的这些理论家们在其创造性的思维背后也有着很多殊途同归的地方，同样地对其所在世界表达着现实的关切，直面其时代所面临的问题并尝试着积极地应对。在经典阅读过程中，不时会有一些让人大呼过瘾的论述，每当这个时候我总会在思考，这些社会学家们是怎么想到这些内容，又是怎样将其清晰表述出来的。导师组老师说，人文社科领域没有绝对的天才，唯有日复一日地坚持。这也许是部分的答案，所以每当我头脑里自我感觉对某些事情有着自己独特的看法，而事后仔细阅读相关书籍以后发现别人论述得比自己更加全面、深刻且彻底的时候，我会告诫自己功夫还不够深，但同时也感到欣慰，有着和别人类似的想法或创意恰恰也能说明自己并非一个平庸之人，最起码可以在低谷的时候自我安慰道，“自己或许也是一棵好苗子”。

他山之玉

关于集体读书，之前一直以为读书就是一个人的事情，来到西农以后才发现读书也可以是一群人的事情。所谓“独行快，众行远”，这也成为每一届读书会成员的共识，大家在一起共同构成了一个学习和生活的共同体。一群志同道合的人，每天都能分享着读书的幸福与趣事。在这个不能说它是过于功利，但可以说是个人主义占主导的时代，能有一群人聚在一起，做着相同的事情，确实是一件很了不起的事情。我们在一起努力成长，相互扶持，迥异于那些为了绩点、成绩、履历而相互竞争的内卷群体。高中的时候班主任就曾和我们说过，好好珍惜高中的同学友谊，这是人生中最宝贵的财富，大学以后逐渐了解，大学的人际交往往往浅尝辄止，再也不复高中及其以前的纯真。但研究生的读书会又让我找到了高中那会儿的感觉，大家又都在为了不断成长的目标而聚在一起努力。

犹记得研一的时候，齐海滨老师来读书会交流，我简单向其汇报完关于福柯的思想以后，齐老师夸奖道，能将福柯读得精彩是一件很了不起的事情，当时我就在想：像我这样的人，我们这一届有十几个。读书越多也越能和大家发生共鸣，同时也越能接受别人的不同，在读书会里每个人都是一样的，但同时每个人也都是独一无二的。读书会的这个集体建设无疑是非常成功的，它不仅形成了独特的读书文化，也具备了相当规范的制度，这些对我成长而言，全然足够了。读书会的重要性不仅在于联络了成员之间的情感，更重要的在于其中的一种比学赶帮超、相互督促与鼓励的学习情境。我很有幸过去两年能学习、生活于这个集体中，我也坚信未来能在这个集体中做得更好。

赋予时间以意义

吴雨霞[①]

“年”是一个时间单位，在地理学定义中，地球绕太阳公转一周所用的时间，即为一年。时间本身毫无意义，但人们又总爱将喜怒哀乐、悲欢离合记在时间上，赋予时间以厚度。朽木由此化为神奇，无情也变成有情。

“民以食为天”，人们来到这世上，吃饱饭是第一要务。农业生产以一整年的时间来进行安排，春种夏长，秋收冬藏，四时更替，年年反复。在茶余饭后，农闲时刻，人们开始琢磨，要过日子，过好日子。集聚活动渐渐流传成为传统仪式，固定的日子成为节日，一年的长度，就被一个又一个节点划分成无数个小时段，在每个节日里，人们都有了不一样的生活体验。新桃换旧符、万象更新的元日，车水马龙的元宵灯会，淫雨霏霏、行人欲断魂的清明节气、月圆人圆的中秋……每个人都会用他独特的方式，记录下他的每一年。有人笔耕不辍，写下永恒；有人寄来过去的CD，用音乐唤起藏匿已久的记忆；有人高高举起相机，留下难忘的一瞬；有人以身为器，记住雨露和风霜。就在这些过程之中，时间有了具体的意义。

回想起来，当初之所以选择考研，不过是因为最功利的却也是最普通的一个目的：提升学历以便找个好工作。因此从未对于以何种姿态和方式度过研究生三年做出过任何细致的设想和规划。如果一直是这样浑浑噩噩，再加上不好交友的性格，最终的结果应该就是与大多数人一样，糊里糊涂地过三年校园生活，毫无准备地走向社会。当别人问起“你研究生期间都学了什么”的时候，可能会心虚、难过又羞耻，悔恨自己没有珍惜时间和

① 吴雨霞，2019级社会学专业硕士研究生，现为我校2023级社会学博士研究生。

机会，虚度年华，碌碌无为。

命运总是在不经意间发生变化。一切缘起于 2019 年 4 月的一天，老师发来消息，让我去参加读书会。那是我第一次参加读书会。在此之前，一直有听同学们说读书会的要求，一直有看到参加了读书会的同学们夜以继日地阅读。身临其境，亲身体会之后，“四为”读书会才在我的认知中从抽象变成具体。“士别三日，刮目相看。”会议室里，同学们意气风发，自信满满，落落大方，侃侃而谈。在那时的我看来，一个月的时间，能读完 5 本晦涩难懂的经典书籍已经很难得了，他们不仅读完 5 本（其实很多人的阅读数量已经远超 5 本了），还能将书本的内容进行细致地梳理和总结，并在此基础上发表自己的感悟，着实让人震惊。常说开卷有益，他们仅读了大半年的书，就取得了如此大的进步。我在心底不禁要问一句：是不是有朝一日，我也能像他们那样优秀？活生生的例子就摆在眼前，更使我心潮澎湃。第一次参加读书会，同学们的风采，老师的谆谆教诲，在我混沌一片的内心投下了一缕清明。

自此之后，“8107”成为我的生活节奏，研习室和图书馆成为读书根据地，和读书会同仁聊天的内容也越来越多地变成了“今日阅读”。日复一日，我遇见了一个不一样的我。

刚开始读书的时候，书籍晦涩难懂，在写读书总结的时候，也只能是基于某一本书进行单独总结和概括。读书体会更多的是感觉自己付出了时间，却没有同等的获得感，内心备感煎熬。努力不一定有收获，不努力一定没有收获。随着时间和精力投入的增加，我找到了适合自己的读书节奏和读书方式，有了渐入佳境的感觉，也慢慢尝试去对一个经典大家的思想进行整体性的理解，或者是从一个主题入手，对相关的著作及其内容进行串联。最初茫然无措的心情也在这一过程之中逐渐消失了。如果说大量的阅读是一个输入的过程，那么读书报告的写作就是一个输出的过程，二者缺一不可。输入是输出的前提和保证，没有大量的阅读无从谈写作；输出是输入的内化和完成，只有在经过自己的思考和表达之后，才是真正地将输入的内容转化为自己的知识和思想。正是在不断地输入和输出的过程中，自己的阅读理解能力、写作表达能力、思维逻辑能力才得到了锻炼和提升。

两年的读书生活，给我带来的收获不仅有能力的提升，更重要的是让我成长为一个具有主体性的人。现代社会是一个快速变动的社会，具有高度的流动性与不确定性。每一个个体要应对好这种流动性与不确定性，关键是要建立自己的主体性。在我看来，主体性更多地表现为对个体内心的观照，是每个人对于自己的需求、原则、底线、追求、要求的明确。一个具有主体性的人，是能够在主动或被动接受各种各样的外界信息的时候，运用自己的理性观念，基于自身的需求、价值观念，有选择性地接受、接纳或排斥这些信息，而不是人云亦云、随波逐流；一个具有主体性的人，能够坚持自己的理想与初心，并为之不懈奋斗，不因外物而改弦更张；一个具有主体性的人，是能够在逆境之中坦然面对风雨，坚韧不拔，坚定不移。主体性来源于内心，是个体对于自身的认知和明确，而建立主体性的可行方法，无它，唯大量而系统的阅读尔。

除了对自己的明确认知以外,广博包容的情怀也是书籍带给我的财富。受到儒家文化的影响，从古至今，中国的知识分子都有一种强烈的入世的期望。孔子周游列国，“知其不可为而为之”；横渠四句，激励了一代又一代有志青年；更有“先天下之忧而忧，后天下之乐而乐”的名句流芳千古。再看社会学，这门学科也是诞生在社会动荡、格局巨变之际。阅读社会学的经典著作，最能触动内心的就是社会学家们对世人的悲悯。“已识乾坤大，犹怜草木青。”世人常把社会学家比作密涅瓦的猫头鹰，他们时刻都在警觉着社会运行和发展的异动之处。其实每个人心中都有一个匡扶正义、兼济天下的理想，只不过在物欲横流、熙熙攘攘的现实中不断搓磨而忘记了本心。但是只要有一点星火，就能重新点燃那份热切且纯粹的期许。于我而言，经典书籍就是暗夜中明明灭灭的星火。不再甘于浑浑噩噩度过平庸的一生，而是想要为这个社会、这个民族、这个国家做点什么。

然而空谈理想，终是无根之木。时代洪流滚滚向前，无论何时都是能者居其上。空有一腔热血毫无用处。仰望星空，总要脚踏实地。撸起袖子大干一场之前，还是要先把功夫练好。功夫怎么练？首先就是要“硬读书、读硬书、读书硬”。读书是实现个人成长最“笨”的办法，它需要大量时间和精力的投入，但也是最有效的方法，在读书上的每一分付出，都能获得回报。

“双桥好走，独木难行。”读书是一件“苦差事”，要不断磨砺自己的心性，规训自己的身体。长期的坚持并不容易，但好在这条路上，我不是踽踽独行，而是和伙伴们携手共进。懈怠的时候有人督促，气馁的时候有人鼓励，烦恼的时候有人安慰。志同道合，以心换心。我们是一个成长共同体，畅游书海，探求真理，交流读书心得体会，将实现成长作为共同的目标；我们也是一个情感共同体，喜怒哀乐，嬉笑怒骂，真挚的情谊温暖孤独的心，让我有勇气面对一切风浪，因为深知背后总有人在默默支持着。在这两年里，我们一起看过滚滚向前的长江，一起走过凌晨四点半的校园，一起品尝过各种美食……这些“一起”都是不能忘也不舍得忘的记忆，也都是人生中极为珍贵的体验。但最重要的不是做了什么，而是“我们一起”。

时间本无意义，有意义的从来都是赋予时间一切属性的人。两年的时间说长也长，七百多个日日夜夜，一万七千余个小时；两年的时间说短也短，与浩瀚无垠的宇宙相比，不过弹指一瞬，沧海一粟。于我而言，读书的这两年时间无比珍贵。在这两年的读书生活中，我享受到了纯粹的校园生活，心无旁骛，专注于求学；我在真正意义上敲开了社会学的大门，对这门学科真正有了自己的体会和认知；我感受到了自己的成长，学会了自律和自信，能够勇敢面对挑战；我体会到了人世间难能可贵、真诚的情谊，师生情、同学情都让我倍感温暖；我遇见了一个更好的我，不再迷茫困惑，对自己有了更清晰的认知，在学会接纳包容平凡的自己的同时，也期望着能做一些不平凡的事。

以书本丈量世界，用阅读野蛮成长

李丹[①]

对“四为”读书会的认识首先来自导师组老师对我的解惑，我们的“四为”二字取自张载先生的“为天地立心，为生民立命，为往圣继绝学，为万世开太平”。后来在读书会老师的带领、帮助和支持下，我对“四为”读书会，对阅读经典，以及对怎么阅读好经典逐渐有了来自自己视角的认知和感悟，有了属于自己的独特体验。

一、对“四为”读书会的认知

认知一：对读书质量和数量平衡的理解

初识“四为”的我和大家一样，没有任何准备地杠上了第一个难题——面临着一个月要读五本的“巨额”任务，对此我充满了惶恐。我的惶恐主要来源于数量而非心态，因为对于我这种从管理学跨入人文社科的学生来说，更需要用知识来填充自己。但是第一次接触经典阅读的我对数量和质量的平衡充满了疑惑，想要读懂，那速度肯定要慢下来，那么就达不到量的要求，这个问题肯定充斥在每一个和我一样刚进入经典阅读训练的同学身上。但是随着读书这场修行的不断深入，我逐渐懂得了：人的潜力是无限的，在很多时候都是需要一个引子去激发的。类似于跑马拉松，我们第一次运动跑五公里的时候可能会坚持不下来，但随着我们日积月累地训练，

① 李丹，2019 级社会工作专业硕士研究生，现为河南能源义煤集团新义矿业调度室科员（轮岗，还未定岗）。

一个月后我们可能不仅能跑五公里，甚至能够缩短跑步的时间。读书训练也是如此，人只有在充满压力的情况下才能突破自我。你问两年前的我一个月读五本经典书籍能做到吗？我可能不敢回答你。但是现在的我可以自信地回答你“这算问题吗？”

认知二：对集体的理解

初识“四为”的我第一次加入了一个名为集体的空间，集体这个名词在这里演变成了一个鲜活的动词。一群人在共同的空间里做着同一件事，这是一个全新的体验，大概上次这种体验还是在读高中的时候，不过那时的我们仅仅是学习共同体，而现在的我们则成了学习、吃饭、娱乐，甚至是休息共同体，很有趣。我们的集体仿佛是面“照妖镜”，身处其中，我们是自己环境的构造者，同时也是受影响者，我们能看到自己的努力程度，也能看到别人的努力程度，不服输的心态很容易就形成“比学赶帮超”的氛围。

认知三：对规则的理解

初识“四为”的我对读书会运行规则的理解还没有那么透彻。一个组织的形成，组织管理的权力是建立在所有成员都共同认可和履行的规则之上的，在组织内部存在着基本稳定的制度体系来约束组织成员的行为，我们的规则就是“8107”，所有人在学习过程中都按照这套有明确规定的制度去履行，最开始的我大概没想到两年后的我已经从最开始的被迫接受到顺从再到内化于心，行动上主动去履行这种规则。如果说是什么造成了我这种心态的改变，大概是因为除了受到规则的约束以外，我们还是一个情感共同体。我们收获的除了知识还有友情、快乐等，所以我们可以一直走下去。

二、阅读经典的意义究竟是什么?

两年后的我发现读书改变了我太多太多。我们不可能去做一件没有任何意义的事情，我们在读书中付出的时间成本也是为了获得我们自己想要的报酬。读书的意义有很多，有的人是以获得信息为目的读书，也就是功利性的读书，可能是为了应付考试或者发文章；有的人是为了消遣闲暇时光，娱乐心情的读书；还有的人是为了锻炼思维，丰富精神的读书。最开始我理解的我们的读书是最后一种，但到后来我发现，我们虽然冲着第三种目的去的，但我们收获的却不仅仅只有它。我们选择的书籍很多都是晦涩难懂的，书籍的选择对我们来说本来就是一种挑战，无疑读书的过程是痛苦的，但是收获也是巨大的。

认知一：阅读经典对思维的改变

两年的读书修行无疑增加了我们的阅读量，拓展了我们对知识的应用，我们所读的书就在我们的脑海里，你用不用它都在那里，你在哪里它就在哪里，这是我们自己的东西，我们可以受益终生。但是今天我更想谈的收获是一个深层次的东西，读书对思维的改变。之前我们可能也没少听老师们说读书是为了训练思维，但是因为思维这种东西很抽象，我们很难去把握它、理解它。到底怎么才能发现我们思维的改变？我通过自己的视角对它有了理解。我也不知道我是否能具体地说清楚它，但我还是想阐释一下。

之前师门聚餐的时候，有位同学不吃鱼，我潜意识里认为这位同学天生就是不吃鱼的，很容易就在主观上下了一个定义说服了自己。后面老师问这位同学为什么不吃鱼的时候，我们还在好奇老师怎么会问出这个问题，不吃鱼需要理由吗？肯定是因为鱼的口感或者气味导致他不喜欢吃鱼。这件事给我留下深刻印象的原因就是因为我发现随着深入地问这个问题，答案却大相径庭，给我的思想带来了冲击。这位同学告诉老师应该是小时候发生了什么不好的事情让他不喜欢吃鱼，比如鱼刺卡住嗓子之类的，虽然他自己也忘记了什么原因，但是他的意识告诉他不能够吃鱼。我就突然发现自己把自己的思维限制在了一个空间内，从来没有想过还有其他可能的原因，就是突然有一个人把我主观上认为是一件正常逻辑的思维从外部打破了，我发现我给自己设限了。

每个人的思维都是不一样的，我不能用一个外部环境把我培养起来的思维理解为是每个人的思维，因为那仅仅是我自己的思维，而不是一群人共同达成的一种思维逻辑共识。其实这件事类似于盲人摸象，不同的人面对同一件事情看到的方面、背后的原因都是不一样的。以前的我压根不会意识到这种很细腻的问题，因此对我也没有太大冲击，因为我压根不知道点在哪里。在读书中，直接可以感受到的是我们首先要按照书本的逻辑来训练自己的思维，按照各位社会学家的逻辑来理解他们是用一种怎样的视角、怎样的方法来论述他们想要论证的具体观点。其次就是通过对书本的阅读与现实相结合，无论是有共识的地方还是有批判的地方，只要能引起我们思考的东西都是有价值的。在读书的过程中读得越多，思考得越多，就越能发现自己的不足，这种长时间的训练潜移默化，日积月累，会逐渐形成自己的一种模式，形成一种自己看待事物的思维逻辑模式，可能是一种更加细腻、更加多层次去看待问题的角度。思维的改变是很难的，却也让我们受益终生。

认知二：阅读经典对意志的磨炼

读书，读的是书，修炼的是心，磨炼的是意志。心血来潮时优哉优哉地读几本书是很容易的，但是想要长年累月坚持干一件事却是需要毅力的。我们的修行那就更厉害了，因为我们不仅需要坚持每天早出晚归地读书，还要经受书本的“折磨”，要下功夫去努力地读懂它，毕竟最开始的我还在宿舍吐槽过从来没想到有一天我连中文都读不懂。长时间地坚持读经典无疑是对毅力的极大考验，比干一件痛苦的事更糟心的就是长时间去干一件痛苦的事情。

两年后的我，一个最大的改变就是成功地熬过了时间，逐渐地学会了享受这种痛苦，能静下心来认真地去理清作者的思维逻辑。每次感觉刚理清一点东西的时候两三个小时就过去了，时间仿佛被按下了快进键，明明之前感觉很慢的时光却转眼就过去了。我学会了在痛苦的事情中找到这种乐趣所在，去享受这种痛苦。但是也不是所有的时间都能保持这种乐观的心态，这就真的需要恒心和毅力去坚持，我学会了给自己布置任务的习惯，在规定时间内必须看够多少页才能离开。时间长了就会发现自己已经习惯了这种状态。在目标始终如一的读书生涯中，我们逐渐学会了持之以恒，学会了耐得住寂寞埋头苦读，去磨炼自己的灵魂和意志，去造就纯粹而优秀的人格。人的思想是了不起的，只要专注于某一项事业，就一定会做出使自己感到吃惊的成绩，起码在整理书单的时候，我为自己读了这么多的书而感到满足，为自己两年光阴的充实而感到心安，更为每一个否定自我、突破自我的重塑过程感到庆幸。即使在未来我可能已经忘了我所读书目的具体内容，但是我肯定不会忘记一种精神，就是无数个日积月累读书生活中坚持下来的持之以恒的毅力，我相信这种精神在未来会让我的生活受益无穷。

认知三：阅读经典对自我的重塑

读书，是一个重塑自我的过程。因为我们在这个过程中不断挑战的是自己，整个过程是一个不断打破、自我重建的过程。举个最简单的例子，两年前我最开始接触涂尔干的书籍时感到怎么有这么晦涩难懂的书，直到读了韦伯，我发现自己错了，相比韦伯，涂尔干的书籍写得容易理解多了。放在两年后的我，也就是现在的我再来看韦伯，好像和涂尔干也没有什么差别。书还是那本书，我也还是我，究竟是哪里变了呢？在我们长久的阅读生活中，虽然不能够保证我们读懂了每一本书，但是读过的每一本书都给我们大脑输入了一丝养分，可能少到微乎其微，我们压根没有发现。但是随着日积月累的积攒，它们终有一天会破土而出，生根发芽。之前看到的一句话却让我印象深刻，“圣贤之所以为圣贤，佛家之所以成佛，所争皆在大难靡折之日，将此心放得实，养得灵；有活泼泼之胸襟，有坦荡荡之意境；则身体虽有外感，必不至于内伤”。我觉得读书的修行也类似于此，这个过程可能没有那么舒适，我们要在阅读的过程中进行感悟，在感悟的过程中反思，在反思的过程中获得成长。在每一个循环往复的过程中我们也要无数次地干掉过去的自己，然后再去寻找另一个全新的“我”。破茧的过程真的很累，但是成蝶的样子真的很美。

三、怎么才能读好经典?

读经典的过程是一个枯燥的过程，在读了两年之后也有了一些不一样的感悟，希望自己浅显的建议能对同样在读经典的同学有一定的借鉴。

1. 读书需要保证充足的时间投入

想要有一个好的读书状态，必须以足够的时间为前提。我认为的好的读书状态就是实现沉浸式阅读，就是在阅读的过程中全身心地投入，大脑高速运转起来，去分析书中的逻辑，去大胆地思考和批判，这个时候的时间过得非常快，两三个小时就是一转眼的时间，读起来就很容易刹不住。没有足够的时间投入是很难进入这个状态的。

2. 学会思考

有时候不需要把思考想得太难，思考可以是对文中逻辑的论证，也可以是在读到某一点的时候，突然灵光一闪联想到了我们的日常生活，把它们进行了结合，思考还可以是对你所阅读人物的批判、否定等。思考是不拘于形式的，不是把谁的思想刻在脑海里，这样反而更容易固化和限制我们的思想。阅读的目的是提升思维，所以放心大胆地放开我们的手脚，大胆地进行思考，大胆地进行假设，你会有不一样的收获。

3. 拒绝自我设限

每个人的潜力都是无限的，进入读书会之前的我没想过自己能够一个月阅读五本书，一年前的我也没想过一年后的自己已经阅读了几十本书籍，今天的我也想不到明年的我会成长到什么地步，但我知道自己一定会变得更加优秀。读书的过程也需要有自我突破，这个突破可以是读书数量的增加，也可以是读书质量的提高，落实到最后其实是对思维的提升。时间是自己的，成长更是自己的。

4. 相信集体的魅力

每个人都知道读书是一件好事，就像每个人都知道早睡早起对身体好是一样的道理，我们虽然会有意识地行动，但是能不能坚持下去就很重要。人都是有惰性的，克服惰性不仅需要自我的反思，还要有集体的带动。集体的力量是强大的，在某一程度上可以影响甚至改变一个人。处在集体之中必然会受到同伴的影响，大家必然互相督促和监督，从而达到自我的成长。在集体中我们得到的除了思维训练，还有心性的磨炼，更有志同道合的小伙伴一起进步成长，这些都是我们成长路上宝贵的财富。

两年时光悄然落幕，最大的收获也是最感恩的收获，就是非常庆幸自己与“四为”读书会的遇见，在这里我收获了一群志同道合的小伙伴和挚友，也遇到了诸多良师，这是我在西农最宝贵的财富。感谢“四为”读书会的小伙伴们，我们互相成就了彼此。感谢老师们在我们每一个人懵懵懂懂初入读书会时不厌其烦地回答我们每个人的问题，以及对我们精神上的鼓舞和物质上的支持，为我们营造读书环境扫清了一切障碍，是这群可爱的老师用耐心激励着我们。

厚积方可薄发

付莹莹①

喧嚣世俗，遮蔽初心——记读书之前状态

回忆起学业生涯二十余载，自己真的清楚自己在做什么以及未来要做什么和成为什么样的人吗？从小学到读研之前的本科生涯结束，一直在学习，也可说一直在读书，虽有所谓的理想，总归摆脱不了只要好好学习，以后就有一份使他人艳羡的工作。从小学到本科，会发现很多人阅读书籍是为了考试，为了完成某个“任务”和升学。总结自己读研之前的学业读书生涯，那就是“无功不读书，上升靠运气，得过且过，迷迷糊糊”。（“功”具体指应试，“上升”具体指升学）

迷茫惶恐的初期

起初我并不了解读书会的宗旨，甚而对阅读的意义也不清晰，即使我对读书有用论这一点深信不疑，但依然挡不住我内心对它的排斥。排斥的原因有二：一是对研究生身份的认知存在偏差，认为读研则是跟着老师调查做项目，去实践，为何还需要继续大量阅读。当时不理解实践是需要与理论相结合这一客观事实。二是对阅读的认知偏差，之前的阅读注重课程书籍，并且阅读是为了汲取知识从而应付各类考试，而对于其他书籍则是漫无目的地懒散阅读，甚至经常出现读不懂就结束阅读的情况，并不理解针对不同类型的书籍要有不同的阅读方式，如经典书籍的阅读关键不在于

① 付莹莹，2019级农村发展专业硕士研究生，现为吉林大学2023级政治学博士研究生。

对具体知识的汲取和机械化的记忆，而在于在掌握关键知识的基础上沉浸式阅读、独立思考以及逻辑分析。所以在加入读书会的最初几个月时间里节奏缓慢，别人或许已快速进入阅读状态，自己却在依次解决问题：一是读书的心境问题，要做到真正静下心来专心阅读经典；二是阅读的思考问题，自己在阅读中第一次感觉到中国汉字博大精深，汉字一个一个都认识，若连成一句话，一段话，直至一篇文章，读时云里雾里，悟时似懂非懂，继而越读越纠结，怀疑自己没有能力把书读好，陷入了一个越读越不自信的矛盾中。这个时期经典读书一直不温不火，阅读数量和效果总是差强人意，也一度使自己焦躁、迷惘、彷徨，甚至怀疑个人能力。但我依然坚信，遇到挫折也意味着自己在前行，坚持“饱和阅读”的经典阅读方法，定能守得云开见月明。

团结踏实的中期

组织化阅读：团队的经典阅读，不仅在于“经典”，也在于“团队”。我们的阅读，不是单独个体的系统化阅读，而是一种组织化的体系阅读。如果说一个人能走得很快，那一群人才会走得更远，这也是我们为什么可以持续坚持下来的原因。长期个体化的读书，很容易受外界的各种影响而使人意志减退，抑或是读进“怪圈痴魔”状态，无法自拔。我们读书会以一个组织化的形式培养学生，有自己的宗旨（“四为”读书会来源于张载的“横渠四句”）、原则和制度。平时的阅读是读书会成员以单位形式集中进行，阅读活动和交流也是以组织化方式集中进行。组织化形式的阅读，能让我们互相监督，互相砥砺前行，使我们走的每一步都沉稳踏实。

组织化生活：读书会不仅是一个学术共同体，也是一个情感共同体。日常的集体阅读和集体用餐，定期或不定期地组织集体运动、集体聚餐、集体旅游等团建活动，拉近了彼此之间的距离，使大家快速地融入集体，团队的每位成员都是一个独立且平等的个体，共同参与，共同决策，形成共识。在与团队更加熟悉之后，你会发现这群可爱的人儿，总是能带给你惊喜和依靠，如踏实的芳芳、稳重的聪聪、沉稳的妍妍、犀利的霞霞、温柔的康康、巧手的晓丽、含蓄的霜霜、内敛的晓雨、知性的丹丹、善良的喜真、可爱的小薇、呆萌的楠楠、暖心的子扬、幽默的轲轲、风趣的祖远以及即将归来的轩轩和凯凯同学，这些人就是一个集体，缺一不可。都说人需要归属感，究竟除却家庭亲情归属感以外，还有什么归属感呢？我从未在学业生涯中有过如此强烈的归属感，那是让你见到这些人后心中自然泛起的踏实和温暖，大家在一起就如同没有血缘关系的亲兄弟亲姐妹一般。也是这个时期，才让我真正明白导师组老师们为何如此的温馨和谐。此时的读书趋于平稳，团队建设形成凝聚力和认同感。每天做着简单而又充实的事情，一起看书，一起吃饭，一起锻炼身体。如今想来，导师组老师把所有的困难都扛下了，筑起一道坚固的屏障，只为给我们创造一个安稳的学习环境，我们只需每日完成该读的书，将团队建设做好即可。

厚积薄发的后期

这个时期，我们逐渐体现出自己的逻辑自主性，虔诚地读书，疯狂地建构，不刻意去记知识，也明白每个大家的思想都会有偏差，都会有逻辑漏洞，这就需要我们独立思考并重新组织书本知识，要能快速进入阅读状态和交流状态，能精准掌握作者提出的核心问题并沉浸式思考分析。此时经典阅读已经达到一个高度，阅读数量和效果都在稳中前进，个体与团队也在一同成长。

在两年阅读即将结束的时候，惊叹于时间之快，来西农的时间与经典阅读时间持平。两年的时间里，自己也经历了许多，感叹相遇的幸运，感慨体质的重要，惊讶于读书的数量，也遗憾过还有许多计划的书籍未读，两年的经典阅读，使得自己并非以往那么浅显，却也不是立即就能得到所谓的“回报”，但内化于身体和心灵的成长，使自己足够强大。我从一个曾经坐不住冷板凳的人，习惯了“8107”（早上 8 点到晚上 10 点，一周 7 天阅读）的阅读生活，并且对自己而言是一次全新的认知和价值感的认同。也许其他的人生体验还会再次去经历，但是在这个快节奏的时代，几乎没有重来一次的长时间心无旁骛的阅读体验。回望过去，每一刻踏实的努力，都会成为如今稳步向前的动力。努力不会白费，它终将成为未来某个时刻的机遇。

芳华待灼　砥砺深耕

刘海颖[①]

提笔总结，思绪万千。回想自己两年来的读书生活，有和小伙伴一起在图书馆读书的奋斗时光，也有一个人苦思冥想、逐字逐句钻研的痛苦经历，还有集体吃饭、运动、团建的欢乐。这两年，自己选择了与书籍为伴、伴书香成长的生活；这两年，自己在一本本的经典阅读中，磨炼了思维与心智；这两年，拓展了自己的学术视野。两年来，感慨颇多，收获颇多。感谢成长道路上的各位良师益友！

一、书香成长：经典阅读的两年

从 2020 年 6 月 6 日起，我便开始了经典阅读。首先是从社会学开始阅读的，从涂尔干开始，然后是韦伯、马克思、齐美尔、吉登斯、哈贝马斯、福柯、布迪厄、贝克。在读涂尔干关于宗教与原始分类问题的论述时，感到很难；读到韦伯的时候，也依然是在宗教的问题上蒙圈，特别是第一次读古犹太教的时候，基本上是认字认完了，但是当我读到齐美尔关于宗教问题的论述的时候，由于之前几本难度较大的书的磨炼和相关知识的积累，此时读书才把宗教问题读懂了一些，之后读到后现代社会学家关于殖民主义、移民、现代性等问题的时候，结合之前读的关于宗教方面的书，从宗教文化的角度来理解后现代主义，也给我带来了不一样的视角。刚开始读书的时候，只能读懂 30%~40%，主要是由于在相关问题（诸如宗教、

① 刘海颖，2020 级社会学专业硕士研究生，现为我校 2022 级社会学博士研究生。

语言学、哲学方面）方面相关基础知识还相对欠缺，也有一部分原因在于不了解创作背景和时代特征。但是在沮丧和不理解中继续读了下去，读得多了，积累得多了，读到后面就会慢慢变得容易，路会走得更顺畅一些，理解力也会提高，阅读速度也会不自觉地加快。在读马克思的《资本论》的时候，厚厚的三卷本，2600 多页的内容，一开始有点打退堂鼓，但最后还是花了一个月左右的时间啃了下来，这本书确实是对我心性的一次磨炼，厚重的书本让我对知识产生了敬畏之心，也让自己更加静下心来沉下去读书，摒弃了浮躁和不安。读完马克思的 11 本书，花了两个多月的时间，正是有了扎实阅读马克思著作的经历，让我后面读书更加专注。在读后现代四大家的时候，明显感到难度比古典四大家要更进一步，一方面是因为后现代四大家会经常引用前四大家的相关观点，而自己之前读前四大家的时候，理解只有 40%~60%，基础不够扎实；另一方面后现代四大家关于社会结构、文化、精神病、权力、沟通交往、主体间性等问题的讨论，大多是跨学科的，与哲学、语言学、逻辑学等紧密相连。令我印象最深刻也最痛苦的一本书就是哈贝马斯的《交往行动理论》，在读哈贝马斯的一个半月中，我的思想每天都处于紧绷和高度思考的状态，每天都感觉自己很痛苦。但痛苦的过程，也是塑造自己思维，磨炼自己的成长过程，这是值得的。

2021 年 10 月，我结束了社会学的阅读，转向政治学的经典阅读。本来以为有了前期的大量积累，后期阅读会越读越顺，阅读速度和理解能力也会相应提高。但是当我第一个月读政治学的经典书籍时，发现政治学的学科思维和理解、分析问题的角度和社会学是完全不同的。当时我还在以社会学的思维去读政治学的著作，感到抓不住线索，把握不了重点，不能深入理解著作的意涵。我感到非常沮丧，这个过程是很痛苦的，直到第二个月我才认识到这个问题。于是不断告诉自己要清空、清零，从头开始，重新出发，要去理解和带入政治学的学科思维去思考问题。

二、读书论坛：思想交流的两年

孔子曰：“学而不思则罔、思而不学则殆。”阅读与思考是相辅相成的。只阅读不思考，读书就会浮于表面，就不能真正深入进去，去和学者对话，去理解文字背后的思想。很幸运，读书会有每个月的读书报告撰写和读书论坛制度设置。最开始阅读，自己的知识面很窄，理解得不深入，前几个月写读书报告就会无从下笔，只是为了完成硬性任务而去写作。之后，随着读书数量的增多、阅读的积累，自己的主体性意识就会增强，就有东西可写，有东西想写。

每个月的读书论坛，围绕着一本书、一个话题或者一个专题，大家聚集在一块讨论交流。每次有 1 个主讲人，2 个主评人，其余同学积极讨论发言。在这种制度建设和团队建设中，大家进行思想交流、相互启发、理性争论。在这种氛围中，不知不觉已经让大家养成了能发言、能思考、善于发言、勤于思考的一种状态，这是很难能可贵的。

三、集体建设：小组共建的两年

读书会实行小组集体读书制，使我有幸和一群热爱读书的小伙伴聚集在一块，大家一起读书、一起吃饭、一起运动、一起交流思想。在两年的时光中大家和睦相处，亲如兄弟姐妹。这段珍贵的情谊是自己生命中宝贵的经历和回忆。一个人走得快，一群人走得远，正是小组成员之间的互相鼓励和帮助，才让我们每个人可以更好地成长。

四、反思总结：自我内省的两年

在这两年的读书生活中，自己也存在一些问题需要反思，在这里提出来与大家共勉。

一是要提高读书效率，不要沉湎于自我感动。虽然我们是“8107”，但是扪心自问，自己真的严格做到了吗？自己每天真的读够 10 个小时了吗？我的答案是否定的，有时候会睡个懒觉晚到图书馆，有时候会偷懒不想读书而去刷剧，有时候晚上不去图书馆读书而是选择去洗澡、运动等。回想两年来的生活，好像自己很努力，每天都读书，都去图书馆，但是再问自己：你一天到底学了几个小时？你到底把多少时间和精力投入到了读书之中？现在想想，学习效率比所谓的学习时长更重要。

二是要静下心、沉下身，摒弃浮躁和喧闹。要专心致志地读，绞尽脑汁地想，读书的过程中要多思考，不能只是把字认了一遍，书本在脑子里面过了一遍，而是要对书本的内容和作者的思想进行思考和总结，要重视读书报告的撰写，不能偷懒。学习要有输入也要有输出，阅读和写作要两手抓，不能做思想的巨人、行动的矮子。

三是读书速度与读书质量的问题。之前老师一直给我们说要大口吃肉，要多阅读，自己的阅读速度比较快，这样就容易产生一个问题：在快速阅读的过程中，读书笔记就记得少了，自己思考得也不深入，只是浮于表面，有的时候为了完成阅读任务而没有花费很多时间和精力在写作训练和总结上。自己大量输入了知识，但输出的能力却在缓慢增长，二者未成正比。有时候一些问题在脑子里面想明白了，但是却说不出来或者写不出来，即使说出来了写出来了，却与自己想的有距离，没有百分之百的把自己的想法完整表述出来。从 2021 年后半年开始，自己刻意把阅读速度放慢，多花时间在思考总结和输出能力的训练上，多想多写，以提高自己这方面的能力。

回想两年的研究生生活，我特别感谢读书会和导师组的老师们。在他们“两精一专”“8107”的培养模式下，我这两年的读书生活很充实，得到的经典阅读训练很扎实。我觉得自己很幸运，可以来到西农，有幸遇到一群有责任、有情怀、有担当的老师。也特别感谢和我一起并肩学习、并肩战斗的各位小伙伴们，在两年的集体建设中，自己收获了很多。在之后的学习和生活中，自己依然会砥砺深耕，以高标准、严要求对待自己，抓紧时间快速成长！

闭门即是深山，读书随处净土

赵书婧[①]

我的本科生活好像只过了三年，便匆匆与研究生生活无缝衔接上了。没有多姿多彩的假期，也没有计划中疯狂的毕业旅行，只有一份沉甸甸的书单。就这样，我带着涂尔干的《自杀论》走进了南校图书馆，那天上午漫长得让人难忘。

我从人多的阅览室转移到了安静的书架两侧，从坐着到站着再到慢慢走着，从勾勾画画到摘抄笔记。可书中的内容说什么也不入脑，或者说我根本读不明白。当然，现在想来，那时使阅读变得异常煎熬的不只是难懂的经典书籍。

一、深山老林好练功

“深山老林好练功”是老师们常说的一句话，这样看来，西农再适合不过了。然而事实却是，当我开始读书的时候，即使地处偏远的杨凌小镇，身在安静的图书馆，我依旧感到十分躁动。这份躁动不是因为不想读，而是因为读不懂。记得刚开始阅读的时候，孙新华老师找到我们了解初阅读的情况。我拿着几张做满笔记的 A4 纸和一本书，心想有很多问题要问。可还没等问出口，就听见老师说，我们的阅读是快速阅读，慢慢消化，是为了训练逻辑思维能力。这一说法的确在那一瞬间缓解了我读不懂的焦虑，

① 赵书婧，2020 级社会学专业硕士研究生，现为华中师范大学 2023 级社会学博士研究生。

但当我照做时，却带来了更大的困惑。一本接一本地读，问题也跟着越攒越多。那段时间，我开始陷入自我怀疑甚至自卑的情绪当中，觉得自己怎么连读书这件事都做不好。是的，自从开始阅读，我远离了一切与之无关的活动。所以当时的我很难想象，那样被经典阅读接连打击和轰炸的日子要如何坚持两年。还好在暑假，在围绕韦伯的宗教研究进行阅读的时候，我突然找到了思悟相通的感觉，有囫囵吞枣的快感和灵光一现的惊喜，同时也带来了久违的自信。现在想来，那并非突然。我本身对宗教就比较感兴趣，本科阶段读过为数不多的几本书也都与宗教相关，此外，我还十分热衷于看该议题的影视作品。因此，在阅读中，我会自带许多疑问和好奇，也更容易理解其中的一些现象。但我此前也阅读过涂尔干关于宗教的书籍，却并没有这样的体验。于是，我有理由推测这是对此前阅读的激活。从前读涂尔干只知涂尔干，读到了韦伯，因为有了涂尔干和齐美尔的基础，思考的局限性由此被打破，奇奇怪怪的联结不断产生。自此，我的阅读算是入门了。尝到"读通"的滋味后，我的躁动得到了缓解。我想自己找到了心中的深山老林，只要翻开书，随时都可以进入某种静谧细微。

至于练功的方法，我每个月都在调整。一开始我跟着书单挨个阅读，把读书视作任务。每个月都按照五本书的量盘算着每天应该读多少页，却忽略了书的难度与自身的具体状况。取其上得其中，取其中得其下，当我把期望值锁定在五本的时候，其实最后通常只能读四本半，或是浅浅地读完五本。后来改为挑选着读，兴趣之下读书速度有所提升，数量却没有变化。过于平稳的读书状态让我很难找到新的体验，每个月都是平平无奇。到了研二，惊觉经典阅读已近尾声时，我又开始了新的调整。在内容上，不同于此前的跟着走，这一阶段的阅读更倾向于个人兴趣，旨在有意培养自己的主体性。以一个主题或人物为主线进行的阅读让我感受到了一种更加丰满的阅读体验，每本书的观点都能够相互触及，连贯理解。在速度上，自己不像从前那样泛读和快读，而是细细琢磨，有时也会多读几遍，在保证自己能够理解的情况下才会进行下一本的阅读。

二、深山有志友

暑期的阅读是与我的两位室友结伴进行的,她们是我最初的输出对象。虽然那时我们仨阅读着不同的社会学家的著作,但并不妨碍我们互相交流。相反,正因对彼此阅读书籍的不了解,我们互相不明觉厉,相互的“捧场”不经意间增强了我们各自的信心。

小组和团队的概念,是在后续的读书生活中逐渐建立起来的。小组起初只是一份名单,我们通过姓名猜测男女。互加微信并建群后,我们开始了第一次语音和第一次视频。“原来方淇不是女孩”“唐伟杰参加了那么多活动,竟然还很腼腆”“东玥好白呀”……之后的日子里,我们线上打卡读书,分享日常生活,也会共同设想开学以后的学习生活。

就这样,开学变成了网友“奔现”现场。虽然在微信里似乎已经聊得火热的我们,在新生见面会上却躲躲闪闪,犹犹豫豫,连招呼都不敢打。正式见面应该是开学后几天,我们相互介绍,尽可能多地告知彼此关于自己的信息,比如性格、习惯等,避免在后续交往过程中出现麻烦。虽然大家都很坦诚,但始终感觉相互间还是略显陌生。

从磨合到熟络,我们花了近一年的时间。当线上读书转为线下,且小组要固定在一个地方读书时,我们都有不解,也都抱怨过。读书明明是一个人安安静静完成的事情,把我们聚在一起,多少有些不自在。可是慢慢地,我养成了一到阅览室就环视一圈,看看有没有小组成员在的习惯。如果有人在,我就感觉很踏实,如果没人在或是人很少,我就会有点浮躁。无形中,这种集体读书对我产生了影响,我们不自觉地被捆绑在了一起。任何一个人的掉队都是我们集体的问题,于是我们会互相询问:“你昨天为什么没来呀?”“你今天是不是起晚了?”“你读到哪儿了,这是第几本了?”在互相督促和监督下,我们相互见证成长。

小组的支持与陪伴不限于读书,还有生活。我们一起运动锻炼、团建出游、约饭聚餐。久而久之,小组占据了我的全部生活。我曾一度惶恐过,觉得不应该是这样。但后来发现,我习惯并喜欢这样。小组的社交很简单,大家有着共同的目标,每天按照“8107”的作息循环往复。只有我们知道彼此在做什么，也只有我们能够懂得其中的意义。是小组，让我感受到了多元化的学习方式和生活态度。身在其中的我，也因此变得包容和自信，从一个单向度的人变成了一个多向度的人。小组的存在和经典书籍一样，帮我打破了世界的禁锢，让我更自由地生长，他们是我耐住性子、扎根生长的重要力量。

三、书中有净土

研二上学期，毕业论文开题打乱了我的读书节奏。准备开题的那段时间，我每天都在搜索和阅读文献中度过，感觉获得感寥寥，相反还因为文献的同质性和自己逻辑链条的简单而产生怀疑，并因此而苦闷。相较之下，读书的日子无比令人怀念。

我们的读书是纯粹的，以阅读为首位。老师极力帮我们打造一个良好的读书环境，从 2106 室充足的书籍到倦怠时的谈心谈话，再到督促我们加强锻炼，无一不是为我们的阅读保驾护航。小组也是为更好地读书而服务。步调相对一致的我们，阅读生物钟也相似。如果感到“读不动”了，此时，我们便会组织团建，或是看电影，或是玩桌游，或是暴走和聚餐。每次放松后都有种轻装上阵的感觉，做到了只有玩得好才能学得好。就是这样的环境改变了我，曾经我会为了考高分在八教从早到晚背书，会为了加综测活跃在各个竞赛中。读研后，因为要读书，因为读了书，所以慢慢拥有了心定神闲的特质，周遭的一切喧嚣不复存在，从前在意的，回头看不过尔尔，唯有读书第一重要。

读书的时候，时间是静止的，不管饭点也不管周几。我们有着自己独特的计时方式，大致分为两种：第一种是读书检查汇报会，它是一个月的结点，也是另一个月的起点。记得有一次，检查汇报会迟迟未开，我竟有种无所适从的感觉，想继续往下读却又感觉少了点什么。另一种是阅读，如“现在到齐美尔了”“开始《规训与惩罚》了”“正读到征候与病例部分”。这种问候可能就像英国人一见面就会询问天气一样自然，并且我们会以此判断时间的快慢和近来的状态。

读书的我们，是平和而包容的。我们读了很多书，接触到了各种不同的想法和看问题的角度。同时，还有很多书没有读，还有很多未知亟待探索。已经阅读了的改变着我们的逻辑思维，尚未读到的吸引着我们向前。以论坛为例，不难发现，每次的论坛都是无果的，但又都收获颇多。我们每个人都在尽自己所能地输出，这种输出是一种分享，而不是强势压倒的辩驳。我能从中看到每一个人的独特，而大家也会对我的观点给予包容和尊重。迁移到生活中，我曾和老师说起过，自从读书以来，我越来越不敢轻易下论断，每每发言都感觉需要严谨万分。自己还因此误以为是自卑的表现，其实不然。

两年阅读让我在纷繁复杂的环境中学会了自律、找到了重心，书内书外的纯粹与干净让我永远怀念。未来的日子，希望自己能够保持思考，保持自省。

此心安处是吾乡

方淇[①]

一、读书的意义变迁

初高中的时候，读书对我而言是一个寻找乐趣的过程，语文练习册上的每个文言文小故事和页底的一小段奇闻轶事我都会饶有兴趣地仔细阅读，这时候我发现文字给我带来的感受甚至比动画强烈得多。这时候读的大部分是文学性的著作，《红与黑》《基督山伯爵》《羊脂球》《钢铁是怎样炼成的》，这个时期的我全身心地沉浸在书中的世界里，跟随着主人公的一举一动，他喜我亦喜，他悲我同悲，我是作者的牵线木偶，随着他的指挥棒在书中的世界起舞。

然后是大学时光，本科的时候其实就像老师说的一样，“几乎没有读几本书”，读书只是为了应付考试，在几周内看完参考书，然后就走进考场，运用适当的组织能力将知识分条列点，走出考场之后同样会在几周内就把它忘掉。

然后就是考研的时候，又重新“拿起”了书本，这次的读书体验是更有趣的。这是我第一次系统地接触社会学相关理论，先细细地看一遍参考书，人类学、老年学、社会学、人口学 4 个方面，然后就是背诵它们。此时我读书的习惯是将书中的东西与现实结合，考研的时候读参考书，经常会读着读着就将其中的理论和现实生活联系起来，虽然现在看来只是非常简单的套用，但是当时的我经常会在去食堂的路上，大脑风暴涌起，不停地用理论来解释现实和网络上的事物，为什么网民们会对一件事乐此不

① 方淇，2020 级社会学专业硕士研究生，现为中国人民大学 2023 级社会学博士研究生。

疲？一个热点事件是如何开始并壮大的？声势浩大的社会事件令我兴趣盎然，如果能看清其中的几条脉络更是一件快事。

接下来就走向了一个极端，考研失败后寻找调剂，经历过调剂的人可能知道，调剂是一个非常折磨人的过程，调剂的学生处于一个“我为鱼肉，他为刀俎”的状态，调剂申请递上去之后难得有回音，即使有回音也没有把握，不同学校的专业课不一样，在不知道是否能用到的情况下去看参考书，这时候的看书是一个纯粹折磨人的过程，需要在一种忐忑不安的心态下，把一本书的知识点灌进脑子里，其他的含义什么的都不用考虑，然后可能会有这个学校你没能进复试，导致这本书“白看”，然后这种挫败感就会在你看其他参考书的时候时刻萦绕在脑边。在读参考书的时候，我深刻地体会到了什么是“异化”，我深深地感觉到这些知识是外在于我的东西，记住这些东西让我头晕脑胀，让我感到痛苦，知识本身已经失去了它的意义，它在这里的作用就是让我知道书上写的东西，然后记下来。这种读书可以说是功利性阅读的极端状态。

很偶然地进入了西农，也很偶然地进入了读书会，当时孙新华老师给我“甩”过来一份书单，然后给我介绍读书会的模式——“8107”，其实当时压根没有思考我适不适合、喜不喜欢这个模式，因为已经因为调剂心力交瘁了，心里想着，先“上岸”再说，看书嘛，谁不会？

这次的读书与以往的读书都不一样。首先是内容不一样，书中没有跌宕起伏的剧情和有趣的故事，也没有抽象而简明扼要的知识点罗列，取而代之的是错综复杂的社会现象以及一个个社会学大家从中抽象出自己观点的过程，就像是一个迷宫，我必须跟着作者的脚步，经历过不知所措的迷茫，晕头转向地思考以及步步坎坷地跋涉，才能最终看到出口的光明。其次是心态也不一样，既不同于读文学名著时激荡的心情，好似乘坐一艘海盗船，也不像考研时，用一种信服的心态去阅读参考书，对其中所说的观点一概接受，并且充满激情地用他们的观点来解释现实，当然更与调剂时的痛苦填鸭不一样，越是阅读这些大家的著作，越能剥去太激烈的情感，保持一种冷静而有韧性的态度，当你对复杂的社会缺少认知的时候，太过激烈的情感很容易引导人向一种偏激的方向思考，情感越激烈，思考就越偏狭，容易使人陷入“一叶障目，不见泰山”的情况。读社会学大家的著作，时常会看到一些学者的观点是有差异甚至是截然相反的，如果以接受观点的先后顺序来决定其正确性那无疑是非常可笑的，但更可笑的是这在现实中是经常发生的，我们时常以过去首先接受的观点作为自己根深蒂固的思想基底。真实的社会中难有真理，社会科学中真理也是一个最受人非难也最沉重的词语。韦伯所说的“众神之战”指的正是现在“真理群立”的情景，如果没有一个相对客观的态度去读经典，就会轻易地划分对错，很容易导致偏听偏信的局面。最后，读书的目的也不一样，读文学性著作更多的是为了体验，体验一种新的感受和新的世界，而读参考书的目的更加纯粹，就是为了应试，是为了记住它们然后将他们写到试卷上去，读经典的目的则较复杂，既有对社会学大家的好奇，对他们观点和理论的好奇，也有像老师所说的一样，作为一个“磨刀石”，像磨刀一样磨砺自己的思维，锻炼自己的逻辑思考能力，搞清楚他们为什么会这样写，依据是什么。

二、偶然与必然的碰撞

2020 年 6 月 6 日，是 2020 级读书会的启动会议日，下午就是各小组的组建。几个人略显尴尬地凑在了一个微信群里，开始生疏地相处，彼此都很不熟悉，大家都非常客气。人处于陌生的情境下，刚刚接触陌生的规则，出于谨慎的心理，反而会更加遵守这个规则。接下来就是要选出两个负责人，我积极参加了竞选，虽然没有人和我争夺。其实我竞选这个负责人出于非常简单的心理，倒不是为组织建设贡献自己的力量，主要是我发现群中好像没有让我很“信服”的人，既然如此，不如自己来把握主动权。接下来就是一段时间的线上打卡读书，互相交流，一切好像都在向着比较好的方向发展，但是线上终究是虚拟的，我们只是互相拿出了自己很少的一个方面来互相接触，换句话说，我们只是展示了自己想给别人展示的一面，不管这一面是真是假。

即将要开学的时候，我的心情是比较复杂的，既有对“网友见面”的憧憬，也有对未来过一种不一样的研究生生活的好奇，所谓的“两不要一要”，即不要做课题，不要写论文，要读书，这样的生活好不好呢？即将和一些人过一种比班级更加亲密的集体生活，我能适应这种生活吗？他们是什么样的人呢？

在小组中担任负责人对我而言是一个不同于以往的体验。我有一个目标：构建共同体，即情感共同体、学习共同体、生活共同体。我有一个工具：集体生活规则，即“8107”的集体阅读、集体运动和集体团建，是不是运用这个工具就能达到这个目标呢？我一开始是这么认为的，但是这其实可以说是“游戏思维”，把其他人当成是电脑程序组成的NPC，忽视了他们作为人的复杂性。大部分人都不是出于自主的选择，而是偶然地因为导师是读书会的而加入，偶然遇到的人想要必然结合成一个集体，其中的困难是难以想象的。过去我交朋友的方式是自然选择式，通过不同的活动碰见不同的人，志趣相合的人就自然而然地聚在了一起，志趣不合的人即使在一个班级、一个宿舍的空间内，也只是点头之交。现在则是在外在的力量下，偶然的陌生人要必然地建设成一个共同体，各自的志趣、性格、目标，既有可能是助力，也有可能是障碍。

经过整整两年的集体建设，再回过头看这两年，我有做得好的地方，也有做得糟糕的地方。好的地方在于，我没有怀着谋取私利的想法（的确也没有什么可谋取的），而是真诚地出于想建设共同体的目标而努力，我所做的措施的出发点都是出于此。比较糟糕的地方在于，我一定程度上忽视了人的异样性，而着重于人的工具性，换个说法就是，我虽然看到了每个人具有不一样的性格，但是出于我可以接受，你们为什么不可以接受的想法，认为每个人都可以抑制他们的性格来接受这套规范，实际上并非如此，每个人对同样的规范的感受都是天差地别的，以建设共同体的目标而言，压制型的做法效率不高。我们集体建设的成功之处在于，的确初步建立了一个集体的框架，大部分人都认同，我们是不同于其他人的另一部分；遗憾之处在于，很难说建成了像老师所描述的三位一体般的共同体。

三、小结

读书有什么用呢？所谓无用之大用，在这个浮躁的社会中，是不是已经沦为了自我安慰的话语呢？读书，好像已经成为看似美好实则无用的一种美好幻象，来源于旧时代的一丝余光。静下心来读书，不仅需要外在的环境，更需要内在的沉稳。自己的确很幸运，能够在西农进入读书会，研究生的两年是非常宝贵的。在这个急匆匆的时代，每个人都想在尽可能少的时间内掌握尽可能多的东西，但是因为各种各样的原因，可能是周围的风气，可能是内心的惰性，可能是方向的错误，很多人忙忙碌碌地干了两年，结果却发现自己一无所获。在读书会中，老师们给我们指出了正确的方向，营造了可以让我们心无旁骛读书的环境，通过集体读书，我们能够克服内心的惰性，通过集体活动，包括去聚餐、运动、看电影、暴走，甚至还有冬至的包饺子，以及一起去爬红河谷，让我交到了可以交心的朋友。我相信当我想交流的时候，可以在读书会中找到愿意与我交流的同道之人。集体对我而言最大的感受还是作为一个反思的场域，我个人是一个比较愿意独自行动的人，独自行动有好处也有坏处，最大的坏处就是作为一个和别人没有太多关联的人，别人看到你走错了路，做错了事，他们不会指出来，但是在集体的读书生活中，不仅是学习上的懈怠，更多的是我的说话方式、生活方式都发生了很大改变，集体提供了一个“择其善者而从之，其不善者而改之”的环境。在集体论坛中，我是提出意见最多的人，即使已经看了其他人的主讲稿，但是在讲的过程中，在和别人交流意见的过程中，甚至在针锋相对的争辩中，总是会迸发一些之前想不到的新意见，这种思想的迸发在我独自思考的过程中是难得的，但是在集体的讨论中却是经常会出现的。

经典读书的时间段结束了，却还有那么多想看的书还没有看，回首过去，因为一些事情浪费了读书的时间。不过不要紧，两年的读书生活不仅给我带来了知识，还培养了我“坐下来，坐得稳”的耐性，学习是一辈子的事，经典阅读虽然结束了却不代表读书的时间结束了，我还有时间去读那些有趣的书。接下来是更有挑战性的经验训练，我将去广阔的田野中去成长自己，多么令人期待！就像要开始经典阅读的那天一样！

共赴两年之约

赵致浦[①]

两年的阅读时光在白纸黑字、晨昏交错、欢喜忧愁之间淌过，给人以既短暂又漫长的感觉：短暂得好似弹指一挥间，漫长得又如身心穿越百年。蓦然回首，我不禁感慨于自己所经历的一切，既有收获又留有遗憾，就我而言，后者对心灵的冲击或许比收获的喜悦更为持久深远。经典训练让我成为向往真理和追求深刻的人，从个人的成长经历、集体的共同进步到性格的塑造与稳定，经典训练带给我受益终身的阅读习惯和主动发现并解决问题的能力；在集体生活中经常地反思自我，保持开放包容的心态；从学术积累到待人接物的各个方面，真正磨砺了自己的性格，获得了知行合一和砥砺前行的实践动力。

四时读书，历历在目

回顾过去两年，我总会留意到经典训练过程中的每一个转折点，重新审视当时的心境和信念。第一个转折点出现在 2020 级经典阅读的启动仪式上，那是我第一次感受到来自“四为”读书会的磅礴力量。刚入学的我只想做两件事情：一是在硕士期间形成个人的核心竞争力，争取更多外在符号用以充实个人简历；二是深入学习社会学并通过参加科研项目来积累经验，形成自主研究能力。而且，受大学习惯的影响，我喜欢独来独往，读一些主题分散、极具功利性且体现个人偏好的实用类书籍。这与读书会

① 赵致浦，2020 级社会学专业硕士研究生，现加入“西部计划”。

“读硬书，锻炼思维”的理念相左，在导师组的正确指引下，我的思想观念转向正道，真正开始挑战更为晦涩的社科典籍，坚定了继续钻研本专业理论的决心。第二个节点出现在我阅读《自然辩证法》的时候，这本书的思想性高于其本身的内容，因而也弱化了我对网罗书中知识的执念。没有现实文献的助力，读经典是一件让人痛苦的事情，若仅停留在对文本的解读，而不重视某一思想形成的背景、内部诸要素以及不同思想之间的联系，即只读书不思考，困于字里行间，那么多数情况下阅读是劳而无功的；若读书与思考兼而有之，跳出句段关注章节逻辑与书籍之间的关联，虽劳心费神，但终有所获，这就是“愚者千虑，必有一得”的道理。第三个节点出现在读书一周年总结大会上，这时的我已经有所积累，做好了第二年的书单规划。通过第一年的努力，我在解决认识问题的基础上，充分探索了适合自己的作息锻炼习惯和读书方法，写下了以“积累、反思、进步”为主题的成长笔记，心志愈加沉稳坚定。此时的我悟出了“先难后易”的道理，相比于一般畅销书，经典书籍在论述的逻辑性、参考材料的科学性、内容的深度和广度上都有着其他类型书籍无可比拟的优势，也是更“难”的存在，真正地发挥了“磨刀石”的功效。通过经典训练，思维的锋刃足以自如地“切割”与理解各种论文与经验材料，为我涉猎文献与专业调研等更“易”之事奠定基础，探索方法和门道。第四个节点已如约而至。第二年更多的是专题式阅读、沉浸式思考和串联式写作，相比去年，今年最大的进步在于更为充分地发掘主体性，从“六经注我”转向“我注六经”。从起初的不求甚解、之后的字斟句酌再到最后的刨根问底，我也从单向度的吸收与积累转为后来的自说自话。之所以是自说自话，是因为个人的能力不足以与经典大家进行平等对话，只能就其重要思想进行理解，着力于某一点进行延伸思考，最后敝帚自珍罢了。

经典训练带给我的成长不仅体现在各个关键节点上，还体现在读书生活的方方面面，抬头望向窗外，四季律动的色彩让人难以忘怀。翁森以“绿满窗前草不除”喻春日读书之乐；“瑶琴一曲来熏风”喻夏时读书之乐；“起弄明月霜天高”喻秋季读书之乐；最后，以“数点梅花天地心”喻冬末读书之乐；作者通过对世间万象的描写和感受，读书之乐就被具象化地表达出来，每一位读者都能心领神会，感受能量。自然亦是一本书，身心体验是触摸它的无形之手，在环境中精进智慧，在变化中探索未变。区别于在书中的自发探索和象牙塔的授业解惑，这是无声地教化，无形地成长。这种体验历久弥新，透过树杈拍摄云间的圆月、走在落叶满地的小路上、聆听早晨和黄昏时的鸟鸣等都为我的日常生活增添了不少乐趣。伴随着如此景象，往返于我熟悉的宿舍和图书馆之间，开始与结束着一天天的学习时光。读书本身是件异常快乐的事，每当脑海中闪过一个念头“书接上回”，好似自己身处酷热，但迎面吹来了一阵清风让人为之一振，投注更多的阅读热情。尽管上文也提到，读书的过程使人痛苦，思考让人越发地焦虑，但正是这些苦涩为平淡的生活附上一抹沁心的香甜，亦如人之精神时常处于悲喜的钟摆之间，上扬时会有满足，下落亦不显空乏无趣，前提是钟摆永不停止。“钟摆永不停止”给人一种简单而又漫长的感觉，它的律动就是镌刻在生命深处的音符，它的不息就是人生的意义所在。经典起初将我们抛掷在荒无人烟的戈壁，在愤懑中寻找返回的方向。但知晓怎样存活的方法后，我们便有心去欣赏“大漠孤烟”的壮美景象。

“四时读书，历历在目”，这是我对两年读书经历的简单回顾，读书带来的成长既包括给每个人提供可以追忆的“痛苦”经历，值得记录并反思的成长节点，又体现在读书之余的“自得其乐”的过程中。因此，读书是苦乐参半的，“苦”在束缚与费解，为读书会的各项制度框架所束缚，缺乏很多自由支配的时间；费解于各思想大家的划时代巨著，反复研读却难以理解而带来的心理落差感。“乐”在能将阅读融入生活，而生活不仅有自我与社会，还有他人与自然，我们可从对外物的体验中调节心情，缓解焦虑，说到底我们大部分人什么都做不了，只是一根“会思考的芦苇”罢了，这时我们就有“放过自己，保持热爱”的充分理由了。统而观之，从根本读不懂到之后的有所收获再到最后的略有想法，读书带来的进步与满足是显而易见的。

以书会友，志同道合

上文提到了个人读书经历的转折点、读书的苦楚与快乐等。相比于个体的努力，小组和年级的建设更为重要，包括集体的形成和氛围的营造。

第一，我想向读书会和导师组致以崇高的敬意。各位恩师为我们扫除了阅读障碍，解决了认识问题，综合运用线上线下的培养方式，扩大了读书会的影响力，吸引了诸多热爱经典的社会读者关注以及向往这种培养模式的青年才俊的加入。喜闻乐见的是，读书会的制度也在探索中日臻完善，各项集体行动有章可循，有规可依。在参与者们前赴后继的努力下，“四为”精神得到了传承与践行。各位导师不厌其烦地通过多次会议为我们解决了认识上的问题，他们对于读书的执着，对学术的无限热情也深深地感染了我们，这种影响最是潜移默化与持久深远的。尤其是作为读书会负责人的孙新华老师，为我们付出了很多时间，肯定了大家的进步，剖析集体性和阶段性的成长问题，为我们 2020 级坚持经典训练保驾护航。除了导师组的力量，师兄师姐们也现身说法，就“个体化读书与集体读书的关系”给了我们很好的建议。其中，2019 级为读书会更好运行做了许多创举，在形成小组论坛、丰富集体活动内容方面贡献颇多，2021 级在接触经典训练之初的气势如虹，在经典阅读中的“青出于蓝而胜于蓝”的表现，让所有人都刮目相看。读书会有着优秀的“传帮带”机制，不同年级之间形成了经验传递和信息共享的网络，而这一传统能够带动所有人围绕“读好书”这一目的形成合力。后续，跨越年级间的交流应当更为频繁，为每位同学的坚守或暂离提供充分的信息支持。此外，读书会为集体学术塑造了良好的氛围，在每月的检查汇报会上，大家都能围绕着共同的问题进行深入探讨，为后续更好的个人状态和集体氛围的营造铺平道路。从入学到一年总结，大家的言谈逐渐趋同，成为集体记忆的创造者与共同信念的担纲者。通过以书会友，读书会真正成为一个凝心聚力的大集体，形成“我为人人，人人为我”的团结氛围。读书会还赠给我另一份特殊的毕业礼物，那就是“感恩”，它如此贵重，将我和读书会紧密联系在一起，赋予我积极进取的精神动力。

第二，我非常感谢小组同学们两年来的陪伴。从第一次团建的自我介绍到形成学习共同体虽不足两年，但彼此间的交情却很深厚。以读书会为背景，有形的小组构成成为“三个集体”（集体读书、集体锻炼、集体吃饭）的有力组织依托。每月的团建以集体运动和小组论坛为主，平日里会一起吃饭，在去食堂的路上畅所欲言。时间足以成为抹平差异的有力方式，加入读书会以后，在长期的密切交往、互信互惠下，小组成员之间形成了情感、生活、学术共同体。短短两年，我就从当初游离于集体之外的成员成为积极参与集体活动的一分子。这种亲密无间的感觉上一次出现还是在高中时期，在巨大的压力下，所有人向着同一个目标奔进，可谓是志同道合的战友。然而，随着高考的结束，大家各奔东西，各自消失在人海中。不同之处在于，通过读书会平台，我们建立了深厚的友谊，经过了时间的考验，多年后依然能一见如故，互诉衷肠。读书小组亦然，除了亲密无间的友谊，在这里我们也感受到了浓厚的学术氛围，自由的思想、有序的讨论、相互的启发缺一不可，长期以来能兼收并蓄，博采众长。它一方面传达了读书会的培养要求，将积累、成长和交流贯彻到底；另一方面充分考虑了各个成员的状况，让这里成为充满信赖与归属感的地方。

“以书会友，志同道合”，这是我对读书会集体的整体概观，真正做到了“谈笑有鸿儒，往来无白丁”。我非常感谢集体的支持与帮助，后者在相当程度上改变了我的内向、偏执性格与个人主义思想，虽然在第一年里，我对于“集体”的认知还远远不够，但在未来的日子里，我相信读书会的建设一定会锦上添花，我们小组成员之间也会越来越有默契。

凡有所学，皆成性格

经典训练结束的前夕，我在无意中扫见了弗朗西斯·培根的《论读书》，顿觉字字珠玑。年少的我缺乏一种身体体验，且受制于“全文背诵”，只知其表而不知其里，现在重读，倍感亲切，且深以为然。因此，对应于第一部分谈经历、第二部分谈集体，第三部我则要谈一谈成长。

其一，《论读书》给我留下了很深刻的印象，其中一句“读书补天然之不足，经验又补读书之不足”，在此句之后，培根将人天生才干比作自然花草，读书后才知修剪移接的方法。这一比喻非常地贴切，后面一句，读书所得需要以经验范之，否则就会大而无当，寥寥数语道尽了读书、经验与成才的关系。现在的我处于首鼠两端之境地，面对经验，总觉得积累的理论不够牢靠，宏大的理论不经使用，面对数量庞杂的材料无从下手；读书时，又常想将书中的诸多内容付诸实践，然而多数情况下，书中描绘的世界更像是一个乌托邦。读书为何是“无用之大用”呢？读书为身负长技者所鄙夷，为无知者所艳羡，为明智者所使用。培根认为，应当先对书籍的价值进行分类，然后推敲细思书中的内容，有选择地读书。文至最后，读书可以被比作一剂良药，只要沉浸在某一领域，深掘经典，以适宜的方式疏通淤塞，收获成长，最后读书所获终将隐匿于性格和决断之中。由此可见，读书对于个人成长的重要性，它能修缮人的某些缺陷，矫正一些偏激的想法，给予人主动选择填补人生的权利。有了经典的积累，我们就可以减少重复劳动，在前人经验的基础上重构自己的认知。借助现有的研究成果、理论或方法解释新现象，回应新问题。如果遇到问题不经过深思熟虑就直抒胸臆的话，那么表面上可能被当成“有想法，有主见”的人，实际上是被内在的傲慢蒙蔽了双眼。要知道，批判需建立在了解的基础上，任何思想或解释要想让人接受，一者不能无根，二者需待时间和实践的验证。因此，对于读书的好处就谈到这里，我并非没有自己的观点，但面对培根这篇精悍的小论文，我哑然失言，只觉得这种身历其境，心意相通的感觉很美好。

其二，在《论读书》中，我最喜爱的一句是“凡有所学，皆成性格”，是指个人的性格与缺陷可以在读书中日臻完善和弥补。识得“开卷有益”，方能“百炼成钢”，如此一来，“无用之用，方为大用”。经典训练一方面锻炼了我们的思维能力，起到“磨刀石”的作用；另一方面有助于塑造性格，起到锻造台的效果。就思维力训练而言，我的头脑不再是他人思想的跑马场，而是可以从中生长出自己的思考成果，尽管其有时既荒诞又虚浮。在思维实验中，我经常需要借助辩证法来打破自我的思想桎梏；在与其他同学探讨问题时，我能够从旁认真倾听，在把握重点的基础上旁征博引和据理力争，在一定程度上提升了我的材料组织能力，也锻炼了我糟糕的口才；在写作方面，求大求全和偏好整体性解释是我阅读中形成的思维习惯，体现在书面上就是文章的冗长使得中心观点被无用的细节冲散稀释。我不得不羞愧地承认，两年的练笔并没有从根本上扭转自己的写作风格，但我已经意识到自己在语言组织上时常会出现逻辑断点或跳跃现象，因而，我正在努力克服随笔体，转向社科体。以上是我对“听说读写”四项能力成长情况的基本评价。除了能力的提高，读书还在潜移默化中磨炼了我的性格，催促我摒弃惰性、抵抗诱惑、控制贪婪，同时追求奋进、呼唤自律、保持节制。在未来的成长之路上，我期望通过读书和实践逐步培养“坚韧”和“从容”的性格，这种内在的能量将增强自我的抗逆力，加强心理建设，更好地适应个体化突显、不确定性渐强的外部世界。

读书能提高个人能力，磨砺内在性格，坚持的时间越长久，收效越显著。“凡有所学，皆成性格”，这就是我对两年读书时光的最终总结。从态度、方法、效果又回归到态度问题：如果我们希冀通过阅读来收获成长，那么最重要的还是正心正念，端正态度，这既是初读经典应有的态度，又是阅读到达新高度与新阶段并追求进一步成长的必备品质。

书至文末，阅读的意义需要我们结合自身经历与思考去积极诠释和赋予，将阅读作为思维训练的方式，为个人的能力提升、眼界转变和思维开拓开辟一方精彩的世界；而强有力的集体极大地拓展了阅读的边界，将集体作为方法能坚定个体的初心，在思维碰撞过程中，保持纯粹与远见，集思广益，让一切能产生智慧的源泉充分涌流；最后，阅读让我们保持豁达与从容，走出象牙塔之时，面对各种风险与困境时都能诉诸理性与思索，处变不惊，直达事物本质，切身体验与我们所处世界默契合一的感觉。

小舟从此逝，书海寄余生

严启航[①]

不知不觉中，读书生活就接近了尾声，总是感觉时间过得好快，明明还有那么多书没有读，就要和完整的读书生活做一个告别了。不过幸运的是经过两年的经典阅读，读书已经完全成为一种习惯，与之相伴而来的是对一个问题的追寻和探讨，我想即使在今后没有了这样完整的读书生活，读书也依然会作为一种习惯贯穿我的生活。两年的生活是充实的，在阅读中解惑、在集体中感受温暖、在破与立中不断完善自我。

一、山不让尘，川不辞盈

当提起笔的时候，时间将我拉回到了读研的起点。最初选择读研实际并不是基于学术热情，更不是对社会学的热爱，只是基于从众与内心的虚无，由此便盲目踏上了考研路。一开始准备的是法学，从开始备考到整个大三暑假都在备考法学，把几本法学专业书都背了几遍。偶然的一次与社会学的接触，使我毅然决定抛弃法学而选择社会学。不过这一次既不是冲动，也不是随大流，而是基于一种内心对社会学研究的向往和对研究生生活的向往。刚踏入这个领域的时候，内心充斥着自我怀疑，总是觉得学术道路应该属于那些天才，他们从一开始就有极高的学术热情，有极高的理解与体察能力，提笔就能写出有深度的文章，张口就能对一个问题分析的

① 严启航，2020 级社会学专业硕士研究生，现为华中师范大学 2023 级政治学博士研究生。

鞭辟入里，所以一切对我来说很是遥远，即使选择了也不知道我的选择是否正确以及我到底能够在这条路上走多远。庆幸的是这种思想并未长久持续，加入读书会的那一刻起就被不断地纠正。没有谁一开始就是适合某一条道路或某一个领域的，只是在正确的方法下，持续不断努力，最终才选择了一条适合自己的路。我们都太习惯于自我设限，这种自我设限很容易将自己陷入非常有限的范围里，看不到外面的世界，更不可能去创造新的可能。

二、北海虽赊，扶摇可接

如果说方法可以让一个人事半功倍、加快一个人的行动，那么行动便是一切的开始。最初拿到社会学书籍的我既兴奋又恐惧。兴奋是因为在考研学习过程中，社会学的一些理论让我对这门学科充满着期待，马克思的异化、布劳的社会交换、哈贝马斯的生活世界的殖民化等都让我一直保持着探究的欲望。直到现在我还清楚地记得第一次看到这些理论时那种激动的心情，仿佛找到了打开鸿蒙世界的钥匙一般。恐惧是因为当我打开第一本书的时候，发现它并没有我想象的那样容易阅读。现在看来这样的恐惧也是有意义的，因为正是这种恐惧让我在开始就用一种非常严肃的态度去审视和对待阅读过程，并开始意识到真正的学问绝不是粗浅的“知其然”，而是需要甘坐冷板凳，需要耐着性子去“练功”，需要“知其所以然”。

最初的阅读完全是被推着走，尽管读得并不是那么理想，但是因为要完成自己每个月的“KPI”，所以就硬着头皮读。第一个月读完涂尔干，感觉自己就是一种填鸭式阅读，会在阅读的过程中习惯性地找类似于“知识点”的东西，往往只关注结论，而对于论证过程并没有能力去把握。虽然也有很多个人的思考，特别是在读《社会分工论》的时候，随处可见自己的阅读随笔，但是这些都过于零散，并不能将它们置于一个大的逻辑框架之下。显然这一阶段的阅读是一种“任务导向型”的阅读。这样的阅读过程实际很艰难，因为很有可能会因为读不懂、进步慢而放弃阅读，甚至导致自我怀疑，但是万幸的是老师们以及学长学姐的建议让我有了继续努力的动力和方向。之后及时调整心态并改进读书方法，到了读韦伯和马克思的时候，虽然依然感觉有难度，但是明显感觉到畏难的情绪在渐渐消失，也停止了内耗，而是将更多的时间和精力放到了对文本的思考上。

在这个过程中，阅读也逐渐从“任务导向型”转变到了“需求导向型”，当读到某一个主题的时候就会找其他经典作家的相关著作、相关论述进行系统化阅读。比如读到韦伯宗教学说的时候，一是回头去联想涂尔干对于宗教的论述，其次是去看马克思、齐美尔等人是怎么论述宗教的。读到关于人的异化的时候那就更多了，一方面是将这个问题放到不同，时期去看，古典时期、现当代时期，不同时期由于社会发展背景的不同，对人异化的分析就不同，古典时期侧重从生产力、货币、技术等方面进行分析，而现当代则注重从权力、消费等方面进行分析。主题式的阅读确实收获很多，因为在这个过程中，不再是单独对一个人的关注，也不是对一个时期的关注，而是有一种问题导向，将一个特定的问题放入不同的时期、不同的角度，这时候就会看到这个问题在具有社会普遍性的同时所具有的时代特殊性，这似乎是一种初级层次的从看山是山向看山不是山的过渡。

兴趣是提高认知能力的动力，我在读书中兴趣却来得很晚。虽然踏入社会学的大门是由兴趣驱使的，但是读书的过程因为经典的难度导致深度思考的兴趣来得比较晚。具体是从我重新阅读《家庭、私有制和国家的起源》开始的。当时隔将近一年，第二次阅读这本经典的时候，和之前的体会完全不同，从摩尔根的时期划分到家庭类型，再到对希腊、雅典人等具体历史过程的分析，整个论证逻辑让我见识到了高水平分析问题的能力。恩格斯对国家起源的探讨也引起了我对国家起源这个问题的兴趣，于是自然过渡到对政治学的阅读，将古希腊时期的柏拉图、亚里士多德，中世纪的奥古斯丁、阿奎那，以及近代初期的霍布斯、洛克等放到一起来看，不同时期的作者对于“国家起源”这一同样问题的回答也不相同。特别是到近代初期，霍布斯、洛克的理论构建方式就是在教我们如何去思考一个问题，换句话说，这个阅读过程引起了我不断探索某一命题成立的前提是什么的强大兴趣。

罗素说重要的问题不在于科学家提出和相信什么，而在于他们是如何和为什么相信的。两年的经典阅读过程确实就是从看经典作家相信什么到看他们为什么相信的这样一个过程。经典如高峰，两年的读书生活虽然结束，但我依然对经典满怀崇敬，就像攀登珠穆朗玛峰，相比目前到了哪里，勇于攀登本身就已经是一种巨大的自我超越，是对人性的克服。

三、独行且快，众行方远

两年放到一个人的成长来看似乎不是很长，但是放到完全地读书这个历程来看却也不短，因为在追求效率的社会中，专心读书实际上是一件非常奢侈的事，也正是因为这样，很多人不会去读经典，甚至不会坚持读书。这里就不得不感谢我们读书会这个集体。两年，读书会不光为我们创造了一个纯粹的读书环境，也为我们创造了一个温暖的大家庭，“归属感”应该是我们每个“四为”人的共同感受，幸运的是这样的感受并不会只限于这短暂的两年。

经过在读书会几年的成长，每个人对读书会都有着自己的认知和情感。对我而言，读书会首先是个加油站。读书会的两大任务：一是读书，二是锻炼。对于前者，我在读研之前从来没有想过能够心无旁骛地将一天之中的大多数时间花在书桌前。进读书会之后，整体读书的氛围将我拉到书桌前，让我坐下去，有时候多调休一天自己都会觉得不好意思。开始由规则推着我们往前，最终成为由习惯和意志推着我们往前。对于后者，即锻炼方面，我发现这两年是我过去唯有的一直坚持定期锻炼的两年。相比于读书会其他同学在锻炼方面的毅力，我的坚持完全不值一提，但是对于我自己而言却是个很大的突破。锻炼无疑是野蛮体魄和磨炼意志的最佳方式，我非常享受每天晚上读书结束去操场跑步锻炼时的感觉，也非常享受在运动量方面一次次突破自己的感觉。

读书会也是一个洗练场，正是因为在读书会这个集体中，我们开始再次认识一个人到底能否在群体中安顿自己，时间告诉我们，这个问题的回答是肯定的。在群体中不意味着一个人的主体性丧失，当群体中个人的主体性丧失的时候，集体实际上就会是一潭死水，所以个人的主体性和集体的鲜活性是相辅相成的。“四为”读书会无疑是鲜活的，我们可以选择读什么书，可以选择以什么样的方式读书，可以借助这样一个“器”来选择适合各自的“道”，正是因为如此多元，才让我感觉读书会给我们的未来是开放的，是在培养鲜活的“人”而非干瘪的“物”。

“灵魂深处闹革命”，但一个人是闹不了革命的，只有在集体中，在集体的压力和督促下，个人才能打破舒适区，不断向过去的自己发起挑战，实现新的突破。

四、沧海一粟，心藏灿宇

两年的经典阅读结束了，我们即将走出书斋，走向田野，走向更加广阔的天地。读书使人明“大志”，我想，对于我们每个从“四为”读书会走出去的人而言，不论未来选择什么样的道路，都会始终保持着一种对表象怀疑、对自我反思、对弱者怜悯、对社会关怀的“四为”品质。秉持着这样的品质，我们每个人心中都深埋着“为天地立心、为生民立命、为往圣继绝学、为万世开太平”的“四为”使命。继续深耕学术者要做什么样的学问，要为谁做学问？选择其他道路者要从事什么样的职业，怎样更好地从事职业？我想我们每个人心中都有了答案。集体使人明“大德”，不做精致的利己主义者，想他人所想，为（为了）他人而为（行为）。

呼啸着走向田野，愿我们都有所作为。

集体读书——个体成长的艺术化路径

杜煌[①]

一、成长的答案

在某种程度上，人是一件不断被完成的艺术品，但并非所有的人都有这样的觉悟。一个人对待时间的态度，决定了他能在自我实现上走多远，也决定了他这件艺术品的完善程度。个体的成长很早就成为人们关注的话题。根据福柯的描述，早在古希腊时期，为了培养合格的公民，希腊人采取了养生法、家政学、性爱论三种生存艺术来帮助个体实现“节制”的美德，同时提倡一种关注自我灵魂的手段，引导人们去反思自省，从而更好地成就自己。关于如何培养一个满足社会期待的人，中国的古代先贤也有自己独特的论述。孔子提倡君子必须掌握“六艺”，同时要具有“仁”的品德。“六艺”既是君子安身立命的本事，也是其修身的技艺。熟练地掌握“六艺”并且怀有“仁”的品德，这就是君子，就是一个社会认可的德才兼备的人才。

自资本主义倾向在全世界蔓延以来，个体从独特的艺术品被贬低成了可批量生产的工艺品，资本运作的逻辑渗透到社会的方方面面，依赖一种名为“纪律”的权力技术组织起人们的社会生活。个体一出生就被投入标准化的学校教育，通过一套精心设计的课程表、考试制度、管理条例，输出一批又一批掌握了纪律和知识的驯顺的肉体。这样的肉体被证明是有用的。在工厂，它能适应刻板的纪律要求，最大化地发挥出身体的力量；在

① 杜煌，2020 级社会学专业硕士研究生，现为华东理工大学 2023 级社会学博士研究生。

科层组织中，种种繁文缛节对它来说也不在话下。纪律、服从等规则手段早已像代码一样写进了这具年轻的肉体，在不知不觉中他甚至已经能够适应类似于监狱那样严苛的规训体系。

这样的人生路径总会让人感到遗憾。原因在于，社会化本是个体习得社会规范、适应社会生活的自然过程。然而，过强的社会力量却容易把个体压倒，彻底变成它的提线木偶。伴随着现代社会经济的发展，我们正在经历一个“过度社会化”的过程。经济发展的逻辑就是资本运作的逻辑，就是一切追求效率，讲究利润最大化，争取在最短的时间内获得尽可能多的成果。这样的世界充斥着工具理性，个体逐渐以原子化的方式生存。因为社会时间的加速，个体在这个节奏越来越快的社会里始终忙忙碌碌，最终又不知道忙碌的意义何在。加速的时间给每个人都带来了紧迫感，也由此产生了一个悖论：时间安排得越紧越密，人留给自己成长的空间就越小，个体失去了成长的可能性，就变得越来越依赖社会的安排，个体的自主性在这个过程中便逐渐消失了。

人的一生不应该这样度过。按照马克思的说法，我们应该过的是这样的生活：“上午打猎，下午捕鱼，傍晚从事畜牧，晚饭后从事批判。”我们不仅不能局限在社会的单一安排里，还应掌握独立思考的能力。然而，这样的能力应该怎么获得？个体如何才能实现这样的生活？在研究生阶段，导师组的老师们给我们的统一回答是：读书。

二、读书作为一条路径

还记得我研一时期总结的题目，“春种秋收，读书是最大的快乐”。现在如果让我加一些修饰词的话，我会选择加上“最纯粹的”这类字眼。回顾过去的两年，时间悄悄溜过，留下的快乐时光中，占比最多的还是读书的快乐。读书对于我来说，就像一个真实的乌托邦，它只需付出极小的代价：一本书，一支笔，一张桌子，一杯水足矣，但它带来的产出却是惊人的。读书真真正正地丰富了我的精神世界，并启发我开始思考我们身处的这个社会为什么是这样的？为什么有些事情的发展与人们的期待背道而驰？读书激起了我的好奇心，这点好奇心就是我读博的动力所在。从这个意义上说，读书也帮助我确定了未来努力的方向。

两年的读书历程带给我的不只是快乐。快乐是读书给我的第一份礼物，第二份礼物是思考能力的提升。我读书的事后比较细致，采用的是跟作者较劲的笨办法。一遍读不懂的书我会读两遍，如果两遍还不懂我会接着读下去，直到读完这一章，甚至于会再回头读一遍。一般来说，除了知识差距过大，作者表达的意思往往我能理解到 50% 以上。这样读书的好处是读完一本书总能跟作者深切地共鸣，仿佛进行了一场穿越时空的一对一谈话，读完既酣畅淋漓又久久不能忘怀。因为读书太慢又很投入，研一的时候被小组同学戏称为“杜尔克姆”“老涂尔干”，现在想起来也是一桩趣事。一点一点啃书的过程，其实就是思考能力提升的过程。读经典一开始的难点在于西方的经验我们没有经历过，也不了解，所以总会感觉隔着一层。记得读韦伯的时候，总是被他广博的社会历史知识绕晕，好在韦伯不仅是个才华横溢的天才，也是位优秀的大学教授，他开的“经济通史”课被学生记录下来并出版了，很好地帮助我弥补了知识不足的问题，也是从这本书，我开始读进去了韦伯。基础知识的不足很容易跨过，读经典的第二个难点在于横向比较。判断自己对某位大家是否有足够的认识，很简单的一点就是能不能把他的思想和其他人进行比较。开读书会的时候，老师们经常要求我们把读书报告写长写深，最好是能够串起来讲。串起来其实就是抽象出一条轴线、一个议题，比较他们不同的说法，然后再进行解释，为什么他们会得出不同的结论，这对我们来说有什么启发。横向比较是在我读完滕尼斯的时候开始的，那时候很好奇他讲的“共同体”“社会”和涂尔干的“机械团结”“有机团结”有什么不同。在好奇心的驱使下，我写完了那篇读书报告。经过一番梳理，我对他们的思想把握确实更进一步了。读经典的第三个难点在于质疑经典。事实上，我们读的所有书依据的经验都已经过时了，对它生搬硬套，用来解释当下社会发生的种种现象，总会文不对题。因此，读完经典还要学会跳出经典，经典给我们划定了一个思考的范畴，给了我们一套解释的框架，我们在读经典的过程中要学会质疑经典，要在掌握理论工具的同时又不被理论工具所束缚，真正锻炼自己独立思考的能力。我对经典的质疑始于马克思的劳动价值理论，最后的结论是支持还是赞同马克思我已经记不得了，但因为这个质疑而进行探究的过程却给我留下了深刻的印象，后续读经典的过程总让我保持一丝审慎的态度，不盲从作者的观点，也不轻易做出否定，这是我从马克思那里学到的重要内容。

读经典经历的这三个阶段切实帮助我提高了思考能力，这是真真切切能够感受到的。记得研一刚入读书会的时候，老师们总是告诉我们，“经典就是磨刀石，书越硬刀磨得越锋利”，不知不觉中，发现自己这把“钝刀”终于“锋利”了一点，在欣喜的同时更加感谢读书会老师们不辞辛劳地引路和付出。

三、集体作为一种方法

集体读书和集体建设是息息相关，集体建设的好坏会直接影响读书的成果。在我看来，集体作为一种方法有以下几个功效。

首先，对于个人来说，集体是情感归属的地方。集体可大可小，小到可以是临时组建的运动小组，可以是读书会编制的小组，大一点是整个年级，再大一点就是整个读书会。对集体的感情其实就是对归属其中的个体的感情。在西农读研的两年，我交到的朋友几乎都是读书会的，参与的集体活动也都是读书会组织的，可以说在读书会的生活就是我研究生生活的全部。从这个意义上说，读书会其实就是我在西农的家，它为我提供了很多温暖，见证了我的成长，是我生命轨迹上的一个重要路标。

其次，集体是启发思考的地方。每月一次的读书论坛就是一次思维的碰撞，大家阅读、思考的成果都在会上展现出来，既接受别人的质疑，也深究他人的不足，这样的过程是很刺激的。论坛规定每个人必须主讲一次，主讲人选择一篇自己最满意的读书报告进行讲述，其他人围绕这个主题展开讨论。对我来说，论坛最有意思的地方就在于自己的观点被别人反驳，甚至是驳倒，这种推倒重建的过程，就是思维大跨步向前进的过程。

最后，集体也是帮助我们养成好习惯的地方。在西农读研以来，我养成了三个比较好的习惯。第一是去图书馆自习的习惯。在图书馆看书是读书会的基本要求，从一开始的早起读书打瞌睡，到后来越读越精神，图书馆真的是个神奇的地方。看书两年，一方面帮助我练就了坐下来的定力，也让我养成了自主学习的好习惯。第二是早睡的习惯。早睡真的是一件比较难坚持的事情，只要松懈一两天这个习惯就会全面崩塌。因此，对我来说，要早睡必须有一件很急迫的事情压着我。这件事情就是早上八点必须准时到达图书馆。为了早起，就必须早睡。因为这条简单的逻辑，我逐渐养成了早睡的习惯。虽然偶尔做不到，但有读书会的纪律在，总会让我把作息调整回来。第三是运动的习惯，包括跑步和健身。跑步是和小组同学一起约定好的，为了准备半程马拉松进行刻意练习，其间还组成了一个跑步小分队，健身是跑步的延续。受限于杨凌冬天糟糕的空气状况，研二上学期的时候我开始跟着读书会小伙伴一起健身，到研二下学期就一直坚持下来了。

集体作为一种方法，作为一种生存方式，在这两年期间真的给了我很多帮助。仔细想来，集体和读书是分不开的。集体因为有了读书才成为集体，读书只有借着集体的方式才能顺畅进行下去。集体和读书一体两面，相辅相成，共同帮助身处其中的个体成长。

四、成长作为一门艺术

总的来说，成长是一件很个性化的事情，不能期盼依靠一套模具就能雕刻出完美的艺术品。读书会的魅力就在于它能帮助个体实现属于自己的独特成长。在读书会中，个体成长的道路既是自己走的，又是在集体的陪伴下前进的。这种成长方式已经成为一种风格，成为一门艺术，它既磨炼了我们的思维能力，还通过读书会的“四为”名句向我们传递了一种敢于担当的精神力量。“为天地立心，为生民立命，为往圣继绝学，为万世开太平”，成长不能仅仅为了自己，成长还为了完成自己的使命，为了更多的人能够更好地成长，这就是成长的意义。

读书会所倡导的成长是主动将“小我”融入“大我”的成长。个体式的成长很容易滑向为了小我的精致利己主义，而将成长归功于自身的努力、付出，从而忽视了身边环境、结构的支持，此时成长的目的只是为了个体更好地生存。集体式的成长则能有效避免这种利己主义。个体在集体中获得成长，自然而然就会对集体产生感恩之情，同时集体营造的良好氛围、倡导的正确价值观也能对个体产生正向影响，将个体从精于计算的“自私自利的冰水”中解放出来。可以说，集体式的成长是一种富有教育意义的成长，其引导个体主动开放自己、反思自己，通过改正个体狭隘的自我主义，一步步将个体的小我溶解，在个体的内心深处植入集体的大我精神，从而实现对个体价值观的再造。

成长作为一门艺术，需要兼顾两个目的：一是个体能力的提升，二是集体精神、担当精神的再造。对于人文社科类研究生来说，集体读书就是这个阶段最好的成长路径。它既能帮助个体通过阅读经典的方式锻炼自己的逻辑思维能力，又能为个体提供必要的支持、塑造正确的价值观念。从这个角度来说，集体读书和大学的研究生培养目标是重合的，其或可能成为当下研究生教育培养体系变革的先声。而就个体的成长来说，选择集体读书就意味着选择了一条艺术化的成长路径，在其中，个体必将通过反思性学习不断更新自己、重塑自己，一步一步变成更好的自己。

讲一些关于读书会的事

李东玥[①]

刚刚接触读书会时，印象最深的就是“两经一专”培养模式。“两经”之一就是体系化、沉浸式地阅读经典书籍，这项思维的训练要持续整整两年。有了一个起点，也会有对应着的一个终点存在。连雨不知春去，一晴方觉夏深。如今，这个终点悄无声息地来临了。

这个终点有时像学校南边的秦岭，看似触手可及，实则山遥水远。有时又像“望梅止渴”中的“梅”，让刚开始进行经典阅读的我，光是想想就好像品尝到一丝酸甜。然而，从来没有什么静止的、永恒的存在，终点只是一个象征性的标记，重要的是沿途的风景以及看风景的心情。

两年前，因缘际遇下我加入了读书会。看着长长的书单，我选择从最耳熟的韦伯开始，韦伯的文风艰深晦涩，我太过愚钝，一个个方方正正的文字组合成我读不懂的样子。每天摊开厚厚的经典书籍，与它对视，看着空白的笔记本，我像一个望着歉收田野的失落农民。那时的我十分迫切地想找到一些自己努力过的证据，稀释“歉收”带来的无力感。于是我小心翼翼地将每个月的总结整理归档，单独放在一个文件夹里，这些证据安慰着那个经典训练之初躁动又迷茫的我。

如今，我翻箱倒柜，将这些总结平铺，这个 Word 文档从 0KB 悄悄成长为 26KB。整理出两年的书单，发现很多关于书的内容与感悟已太久没有主动想起。2 年，24 个月，730 天，足够太多事情细细发酵，我的总结，

① 李东玥，2020 级社会学专业硕士研究生，现为隆基绿能科技股份有限公司人力资源培训生。

我的书单，还有我的成长。

娜塔莉·戈德堡有个形象的比喻：堆肥。我们的身体好像一个“垃圾堆”，我们在生活中不停地收集经验，其中的“蛋壳、菠菜、咖啡渣和陈年牛排骨头”被丢掷到心灵垃圾场，它们腐烂分解以后，制造出含氮气和热能的非常肥沃的土壤，我们的诗和故事便从这片沃土里生根发芽、开花结果。宽口径、厚基础地阅读经典书籍，训练思维方式，这个过程就好像堆肥。具体到一个学科体系内部，沿着学科发展的脉络，不同的人物拥有不同的研究主题和方法。通过一步步爬梳研究发展过程，一方面可以在一两个月时间内，近距离、全景式地了解作者的所思所想，理解具体的理论知识。另一方面可以从学科发展的过程切入，通过知识的不断积累，通过对不同的研究进行对比，对相同的研究进行归纳，最终对专业知识形成系统化的认识。

学者金克木曾经写过一篇文章，题目是《书读完了》。文中提到一个故事：据历史学家陈寅恪回忆，早年他曾会见一位名叫夏曾佑的学者，夏曾佑说：“你能读外国书很好。可惜我只能读中国书，都读完了，没得读了。”陈寅恪当时不理解这句话中的深意，老年才明白，书之所以能够读完，是因为经典的、重要的不过几十种而已。任何学科体系都是一个庞大的、系统的结构，有一些书是其他书的基础，被称作“源头之书”。两年的经典阅读就是要选择这些“源头之书”来读，选择某一学科最经典、最基础以及具有转折性和前沿性的著作来读。这些著作体系庞大，论证严谨，是最好的“磨刀石”。通过聚精会神地读、绞尽脑汁地想、天马行空地写，才能达到打磨思维的目的。

阅读经典文本好比心灵土壤实现养料的堆砌，随着阅读数量的逐渐攀升，这些养料逐渐沉积、分解与发酵。不同的人物、学派、主题各有侧重，阅读某一大家的经典著作就像拥有一块与众不同的透镜。通过这块透镜，可以从一个全新的视角重新认识世界。阅读不同的、大量的经典著作就拥有了许多不同的透镜，能够从不同的视角审视周围的一切。这就像语文课本里那个画杨桃的故事，从不同的角度观察同一个杨桃，可以画出形态各异的杨桃。

从经典时期到中期，从中期到近现代，在不同学者的牵引下，我浅浅走过学科发展的脉络。海压竹枝低复举，风吹山角晦还明。心灵的土壤愈加肥沃，饱和的经典阅读终于开始析出新的物质。在与不同人物、学派的接触、摩擦中，在将各家之言融会贯通的过程中，我开始慢慢形成自己的思考方式。在两年的快读与大量阅读中，最关键的是思维的训练，而不是知识的积累。即使是相同的文本，不同的读者将有不同的收获。了解具体的专业知识是第一步，其次是针对这些知识形成自己的思考，最后将这些独特的、零散的思考收藏、积累、整合起来，训练自己的思维方式。思维训练的过程就像编织一张网，阅读一本书，自己的思考和收获就是一根丝线，阅读一百多本书，就是一百多根丝线。这些丝线在两年中不断交叠、勾连，形成一张较为完整且独一无二的思维之网。

“读书是无用之大用。”在这个解构—再建构的过程中，与那些外在的、显性的、量化的判断标准相比，阅读经典书籍的收获多少有些说不清道不明的意思。全景式地重新把握专业知识是必然的，更重要的是对潜在的思维进行训练。这种思维的训练就像一颗悄悄埋下的种子，它将在肉眼不可及之处暗自生长，破土而出时，才能意识到它的存在，但是此时它已经在土里扎下深厚的根基。

“有些书就像壁炉里的火苗：我们将它从邻居家借来，在自己家点燃，并与他人分享，那么它就属于我们大家了。”每个月的读书论坛是考验，更是一种见证。在论坛上认真聆听同学们的发言，提炼有效的信息和观点，对比自己的思考与认识，这种思维碰撞是多元的、自由的。正是每月读书论坛的存在，倒逼自己认真完成经典阅读，深入思考文本内容，形成自己的理解，最终才能够在论坛上言之有物、言之有据、言之有理。论坛的开展形式逐渐多样化，质量也在不断提升。每月的读书论坛像是一个阶梯，见证着我们每月经典阅读的收获。同时，这些阶梯又是自下而上的，见证着我们的成长。在一次又一次的发言与讨论中，我们的思维之网愈加完善，思路愈加清晰。

“一个人可以走得很快，但一群人走得更远。”在两年的经典阅读中，我遇到大大小小许多困难，幸好有小组成员以及读书会这个大集体，他们是使我完成经典阅读的“另一只手”，是帮扶之手、警醒之手、超越之手。在我状态不好，或者读不懂文本内容时，可以与集体交流，读书会成员们总是在第一时间帮助我解决困难。在我偷懒、懈怠、磨洋工时，集体的存在就像一座警钟，一座灯塔，时刻提醒着、督促着我坚持“8107”规则。独木不成林，集体构成了一个大的公共空间，超越个体的意义，无形中形成了“比学赶帮超”的氛围，形成了严肃而不失活泼的能量场。这种超越不仅仅存在于集体的范围内，更内化于个人，帮助我不断寻求自身的突破，总是走在进步的道路上。

如今，在迎接终点这个充满仪式性的时刻，似乎是一个反省过去两年的完美契机。在光怪陆离的现代生活中，在大多数人执着地“寻找奶与蜜流淌之地”时，静静沉淀下来，阅读经典书籍，似乎有些“超然脱俗”、格格不入。这种格格不入帮助我们树立了自身的主体性。每一位读书会成员都灿若星斗，在他们的辉映下，一开始的那种慌张与不安渐渐消失，取而代之的是一些平和与坚定。我在两年中不断发现自我、重塑自我，逐渐找到自己的优势与位置。读书会作为一个整体，在这种格格不入的形式倒逼下，集体的自主性不断得到强化，集体的宗旨与信条更加凸显，能量场的效用越来越大，延伸了读书会的生命力与影响力。

这样，就不能不思考一些意义层次的问题。两年倏忽而过，留下些什么？读书会强调“为天地立心，为生民立命，为往圣继绝学，为万世开太平。”读书的日子给予我们的，永远不是物质回报，而是精神上的收获和满足。从前，一个富商要将遗产分给三个儿子，他给每个儿子一枚金币，并对他们说：“谁能用这个金币买回物品，将屋子填满，谁将继承所有的财富。”大儿子买了木头，二儿子买了茅草，两个人都没能把屋子填满。小儿子买了一支蜡烛，烛光填满了整间屋子。读书的收获好比烛光，是非实体的，是本源性的，更是有温度的。两年的经典训练就像用烛光填满屋子，成本最低，效用最大，质量最高，充分训练了我们的思维能力。通过领悟历代学者们的思考方式，我逐渐建立起自己的知识体系与思维方式，找到了人生的支点，然后以这个支点为基准，去争取做更多的事情。

终点并不意味着结束，而是一个新的开始，它在临界点上，一面向着过去，一面向着未来。过去的两年像生生不息的动力源，给了我走向未来的底气与信心。从前总是想着，完成这个作业就好了，通过这门考试就好了，考上研究生就好了，两年经典训练的日子快点过去就好了。却没想到，翻过一座山，山后一片海，“就好了”这种状态似乎永远不会在现实生活中存在。那些象征性的节点串联形成完整的生命历程。我们只能怀揣着热情，以及敢于面对一切的勇气。“动，便是生。”这就是人们常说的，“精神美在经历”吧。

勤能补拙是良训　一分耕耘一分才

张艺轲[①]

当我坐在图书馆经常读书的座位上回顾两年以来的读书生活时，感觉是那么的奇妙。那些似乎离我很远的过往又逐渐变得清晰起来，那些经历过的事在我的脑海中再一次鲜活起来。恍然间又想起2020年春天我还在家中隔离时，第一次开读书会动员大会各位老师的发言和激励。那种对新生活、新组织和新同学们的向往之情又萦绕在我的心头。虽然想用“时光如梭，岁月如箭”这样俗套的开头来形容这两年的生活，但转念一想其实也并不符合。在我的回忆中，这两年生活的充实程度远远超过了大学四年。过来人总是在告诉我说研究生的学习生活会过得很快，但这似乎在我身上并没有得到验证。我想是因为我的经历、成长与蜕变，这些点点滴滴的改变赋予了这段不长时间丰富的意义。这两年来，我常常会觉得自己处在人生的十字路口，做的每一次决定可能都会深刻影响到以后的生活。我很庆幸能在人生的关键时刻遇到“四为”读书会这样的组织，它为我接下来的人生指明了方向。在思考如何对我的读书进行总结时，突然发现读书会三个字拆开后都能拿出来单独谈谈。

一、读

读书这一行为听起来简单，甚至对于一些热爱阅读的同学来说是一种享受，在任何时间和地点随手打开一本自己想读的书就可以沉浸在书中的

① 张艺轲，2020级社会学专业硕士研究生，现为我校2022级社会学博士研究生。

世界，但这种读与读书会所倡导的“读”大相径庭。读书会的老师们强调要用大块的完整时间，沉下心来认真地阅读著作。读书会的要求是“8107”，即每天朝八晚十，一周七天都要沉浸在读书的世界中，这在读书会以外的同学看来根本是不可能完成的任务。我还清晰地记得在和其他专业的同学说到读书会的读书要求时，他们露出的不可思议的表情。我告诉他们，这就是我们读书会的常态，并且我们在切实履行着这种看似艰难的要求。读，并不是走马观花，更不是闲庭信步般地游走在书本中间，而是要把自己的全部心思都投入这个环节当中。并且，读书会要求我们阅读书单中的每一本都是专业经典著作，都是各位老师说的“硬书”。这就意味着我们不可能抱着一种随便看看的态度来完成对著作的阅读。

读书会在强调读的同时，更强调要绞尽脑汁地想，这种在读的时候所带来的思考才是我们阅读书本最为重要的一个环节。导师组老师们都在强调，阅读经典的目的并不是让我们学习这些著作中的社会学知识，而是为了打磨我们的思维和想法，以实现思想上的飞跃。我记得自己一开始并不理解这种思考方式，以为读这些著作可能就如同读社会学课本那样简单。我研读的第一位社会学家是涂尔干，在考研期间或多或少接触过他的作品以及一些思想，所以对他的著作较为熟悉。那时正值暑假，我还在考驾照，甚至在中午休息的时候我都会拿出手机来阅读他的著作。那时候觉得阅读不过如此，可能并没有想象中的那么难。

但是当开始阅读韦伯时，情况发生了很大的转变。由于韦伯的著作对我来说难度较大，我开始怀疑自己，甚至开始思考读书的意义到底是什么。但是在经历过反复的思考论证之后，我明白自己读不懂的原因在于读的方法和方式不对，换句话说就是读的时候没有带上脑子。陈辉老师在开会时曾经说过一句让我印象非常深刻的话：“读不懂怎么办？就算认字也要一个字一个字地认全了。”正是这种不怕苦、不畏难的读书才是读书会所倡导的阅读方式，才能达到读书锻炼人与培养人的目的。团队强调读书不能走马观花式地读，另一大原因在于读书报告的撰写。在读书初期，读书报告是我阅读路上的一大障碍。原因在于自己读书时思维并没有跟上，只是机械地翻页和扫读，导致书合上之后脑袋空空，根本写不出来什么。在那时甚至会出现为了写读书报告而把书重新再读一遍的情况。读书会的各位老师也一直在强调读书报告的重要性，读、想和写是读书阶段的三个不可或缺的环节。一开始读书报告写得不是很流畅，甚至还要回去摘录以前看过的书中的原文，随着时间的推移，我的读和写愈加顺畅，逐渐适应了读书报告的写作，甚至可以增加一些自我的思考在其中，将书中所陈述的知识与现实的生活相结合进行写作，我认为这是我思考能力提升的一个重要表现。这种能力的提升是我可以清晰感受到的，自己的思维能力和思考能力在脚踏实地地阅读中得到了锻炼和成长。读书会之“读”不是随意随性地读，而是一种沉下心来，全身心投入并思考的读。这种读不仅仅是对书中内容的获取，更是对我们耐性的打磨。在当今社会，快节奏的生活让人们不可避免地变得浮躁，大家似乎很难在不接受外界干扰的情况下静下心来完成某一项任务。现在看来，这种读的过程在一定程度上是在磨我们的性子，也是在培养我们沉下心来不受干扰完成一件事的能力。在一开始读书时，手机就放在旁边，时不时就想拿起来看一眼。这简单地一拿就会多看几眼，在思绪被打扰的同时，还需要很长的时间才能进入状态。后来在读书的时候会刻意让这些能干扰我的东西远离自己，再到后来就算手机在跟前也不会经常拿出来看了。我想这也是一种改变，去掉周边的干扰投入纯粹的阅读中。

二、书

读书会的书，是非常有意思的一个部分。虽然老师开出了书单，但是并没有强制要求阅读的顺序和具体内容。这可以理解为在指引我们前进的同时又保留了一定空间让我们自己摸索。书单中的书都是“硬书”，都是社会学中的经典，不是那种非常容易理解的著作。这正是贺雪峰教授在《在野之学》中所说的要把硬书当作自己的磨刀石，只有磨刀石够硬，磨出来的宝剑才能更锋利。只有阅读的书足够深刻、足够经典，才能让我们的思想得到真正的锻炼。畏难情绪是我们每个人或多或少都会存在的一种负面情绪，在选择自己的阅读书单时，我们往往会先从简单的读起。但是读书会的书单作为一个客观存在的参考系，一直督促着我们不要逃避，一定要知难而上。随着书读得越来越多，读不懂的时候也越来越少，甚至在读到福柯的时候获得了读书的峰值体验。回头看去，很多硬书都是有必读的价值和意义的。虽然在一开始读甚至读到一半的时候仍不是很清楚，但是当完成阅读合上书本时，只要自己是真正绞尽脑汁地思考过就一定会有自己的收获。可能之前的一些疑问和困惑会在之后的内容中迎刃而解，甚至一本著作中的问题可以在同一作者的其他著作中看到解释。经过两年的社会学著作阅读，我读过了十几位大师的作品。现在看来其维度之广，所包含内容之丰富还是让人震撼。每一位大师的视角都是广阔的，所关注的问题也都是多样的。尽管作家可能有个人的研究偏好，但是总的来说，他们都是为社会学的进步和发展做出了自己的贡献。甚至在书中可以读到不同作家对相似情况的不同解释。

三、会

我至今都觉得读书会是一个神奇的组织。在现在的大环境下仍能聚起一大批研究生每天不写文章、不搞项目，而是专心致志地研读经典著作。这在我这么多年的求学生涯中是从来没有听说过的。“研究生给老师打工”似乎已经成为一种学术常态，甚至已经到了不这样就会让人感到诧异的程度。我认为读书会的形式对我而言起到了两点非常重要的作用：一是监督自己，督促自己认真把书读完；二是让自己形成规律的读书习惯，我是一个喜欢遵守规则的人，在我看来要有读书效率，有速度保证的前提就是要有固定时间和地点的保障。但其实我也有过动摇，其他的同学都在忙着准备自己的论文，和老师一起做项目。他们的生活可能才是我读研之前所想的那样，那时的我认为可能这样才有利于我们能力的锻炼和培养。后来和导师详谈了一个下午，他的很多话都打动了我。我对自己也产生了三个思考，总结起来可以用三个问题来概括：研究生期间的生活到底应该怎么度过？自己来读研究生的真正目的是什么？如果不读书的话自己还能去干些什么？我们现在的读书就是在苦修我们自己的内功。以前就听说过“基础不牢，地动山摇”这样的话，但是我没想到的是修内功如此辛苦。“苦”练内功就是要每天规律地阅读晦涩的书籍。但是如果不通过这么苦的训练，得来的又怎能称得上是可贵的成果？并且现在看来，当时觉得苦真的是苦吗？每天坐在一起读书难道可以称得上是辛苦？这难道不是一个文科学生应该做的事吗？什么时候本职的工作也能成为一件辛苦的事了？研究生一年级的暑假使我发生了一次思想上的蜕变。经过一段时间的反思，我明白以前的我找错了参考对象，读书会中的各位同学才是我应该“比学赶帮超”的对象。

老实说，我一开始入学只是想着拿着研究生文凭找一份稳定的工作，所以一开始进入西农学习，自己并不是非常适应读书会的这种模式。可能由于本科四年的自由散漫导致我不愿被组织所约束，在面对读书会共同行动的要求时我并不是很能接受。但是在经历了那次思想蜕变之后，发现我原来认为的集体行动也并没有那么难熬，所读的书也并没有自己想得那么晦涩，只要肯用心，只要肯下功夫，总是会有一些收获的。我用了将近一年的时间才明白了一个很简单的道理：老师让我们读书，并不是为了他们自己，而是为了我们。常听人说起，读书是多么美好、对自己多么有益的事，但却不会提及读书的辛苦与乏味。当正确的事情变得很辛苦的时候，人们往往会退缩，选择懒惰或者放弃，我就是在这样一种情绪下才产生了畏惧心理。后来我意识到自己攻读研究生的目的并不是为了混一张文凭，而是要扎扎实实提升自己的能力，在以后的工作和生活中拥有一个更好的自己。

四、结

在这里我要特别感谢我的组长和组内的各位组员，和他们一起读书的日子现在仍觉得可贵且美好。大家坐在图书馆的同一个区域阅读作品，虽然在图书馆内交流得很少，但是每天当闭馆的音乐响起，大家一起走出图书馆的样子我至今还觉得很有意思。大家在路上交流自己这些天所读的作品以及遇到的事情等，在这种活泼的氛围中我们都加深了对彼此的感情。

一起吃饭、一起运动、一起出游等，我们不仅仅是在一起读书那么简单，更是在一起成长。这种在集体中成长的感觉是很难再遇到的，经历过这么多次的讨论和交流之后，我们的情谊是我这两年以来宝贵的收获。回首这两年以来的读书生活，有过迷茫，有过辛酸，当然更多的是收获。我收获的不仅仅是社会学丰富的知识，不仅仅是读书所培养出来的思维，不仅仅是关怀我的各位老师，不仅仅是体贴照顾我的各位同学，更是整个读书会的种种优点和集体带给我的力量。当我扭过头回顾时，他们像沙滩上的宝石一样光彩夺目。当我没有力气继续前行时，再回过头看一看，这些宝石又给了我更多的力量，推着我继续向前走。虽然读书阶段的经典训练告一段落了，但是充实又丰富的经验训练又在等待着我。希望我可以带着这份冲劲继续努力。

读书求智，步履不停

马荣华[①]

两年的读书生活行将结束，沉浸在书中心无旁骛的时间显得愈发宝贵。进入到“四为”读书会改变了我对研究生生活原本的看法。进入读书会的这两年，每天的生活不是查文献写论文，不是实习写材料，也不是设计问卷做访谈，而是读书与交流。这样高强度读书的做法放眼全国也是罕见的，看上去每天读书的生活既单调又显得“无用”，当时作为新生的我也存有几分怀疑，但是通过老师的耐心讲解和自己真正花时间去阅读经典后，才真正地体会到读书给我带来的是什么，对于“无用之大用”也有了几分体悟。

一、自律与自由

刚开始读书，我最大的感受是对于时间限制的痛苦，一天的安排除了上课就是读书。每天要在图书馆坐好几个小时，而且看的都是一些有挑战性的专业书籍，在每个月几本书的阅读压力之下，读不懂更会再次增加自身的挫败感。社会学本身综合了许多学科，因此有些书如果没有相关的背景知识，读起来就会吃力。字虽然认得下来，但是读完了没有深刻的印象。

读了半年之后，我逐渐养成了读书的习惯，摸索出了一些读书方法，也有了一些高峰体验的时刻，在思想家之间的思维碰撞和古今中外社会现

① 马荣华，2020级社会学专业硕士研究生，现为北京师范大学2023级社会学博士研究生。

实的对照之间发现了每位思想家独有的魅力。自身也会产生一些不成熟的看法，而这正是灵感与想象力的来源，也是为什么我们选择原著而非解读性的文献的原因之一。攻克难关的过程是痛苦的，但是完成之后给人带来的满足感更加令人欣喜。开始读时因为没有思考，所以速度并不慢，每月能够读完四五本书。后来有了些许思考，读书的速度就不由自主地放慢了，随着读的书越来越多，相互之间就会产生联系，有了想法，想要将他们记下来形成体系，有作者之间的，还有一个作者的不同书目之间的。读书报告实际上是自己读书的灵感统合，没有学术论文那样固定的写作格式等要求束缚，有利于我发挥最大的创造性。将读书所思写成报告这样的行为放到两年的生活之中审视，还是能够察觉到自己在思维与写作能力上的进步。虽然读书生活在形式上是重复的，但完全为自己而读书是能够感受到内心的充实与自由的。

虽然体系化的阅读社会学经典有着大概的方向，但是具体怎样读和读哪些是由个人所决定的，这就需要我们充分发挥主体性，探索出一条适合自己阅读的道路。照搬遵循某人的思路是不可行的，其他人的方法在他人那里可以表现得如鱼得水，真正落实到自身的阅读之中可能并非如此。在阅读的过程中时常会遭遇到困难，有些是细节性的，有些是逻辑性的。当然，对于经典著作的把握程度也是需要思考的重要方面，我们所做的不是读懂书中的每字每句，而是要有所取舍。书是读不完的，永远都有那些想读而未读的书，这种感觉在两年之后更加深刻。不同的思想家有共同关注的东西，虽然有说法是之后所有的西方哲学家都是在为柏拉图作脚注，但是对于后来的哲学家来说，他们所做的工作依然具有意义。我们不能凭空创造理论，而要站在巨人的肩膀之上工作。如德勒兹说的：面对我们内外最为机械、最为刻板的重复，我们从中不断地提取出微小的差异、变异和变状（modification）——这便是我们的现代生活。前人所讨论的一些话题放到今天来看仍有意义，阅读经典的意义不在于我们要为一个思想家背书，而是通过读书达到思维逻辑的锻炼提升，以古观今，以明是非。

不是没有社会学社会就不能运行，但社会学会使人们更加清晰地看待人与社会。如吉登斯所言：人们认为，对我们的社会存在来说，社会学并不是创造性的和不重要的，虽然实际上社会学是非常重要的；但是，从一定程度上来说，这就是社会学的命运。经验研究、社会学理论和学说，以及社会学概念都能成为我们日常知识的一部分，以至于形成“所谓的常识”。我正是在不断深入阅读的过程中，对社会学的学科认同与学科使命有了更深的感悟。

二、在集体中成长

在坚持“8107”的过程中，如果没有集体的存在，我可能很难坚持下去，同时，自己在读书之外也需要有集体之间的交流和互动。在个体化的时代，人们的孤独感愈加强烈，建立起亲密联系也是愈加困难的，而“四为”读书会为成员们提供了亲密相处的条件。“一个人可以走得很快，但是一群人才能走得很远”，这是我们的口号，在两年的阅读过程中我真切地体会到了这句话的含义。在读书小组中，大家一起成长，一起读书、一起吃饭、一起讨论、一起出游，过去两年的时间，来自不同专业的小伙伴结成了深厚的友谊，这在研究生生活中其实是十分珍贵的。在“四为”读书会，我们有着一帮志同道合的朋友，有彼此间相互的鼓励帮助，在这个集体中我才能日复一日地说服自己，放下心中的畏惧，去克服困难、锻炼意志。

回想起来，图书馆某几个我经常坐的位置至今仍印象深刻，坐在座位上抬头，就能够看到其他同学认真读书的身影，这让我提起精神，不敢懈怠。在读书几个月之后，我们开展了自己的论坛活动，一次十几个人来进行思想的交流碰撞。一开始大家还比较拘谨，然而几次之后大家互相有了进一步的了解，交流和讨论的气氛就变得更加活跃，我也更能够发现书中新的闪光点。不同的同学对于事情的观点有一致也有不同，在共同讨论中，一些观点变得更加成熟，发散的话题也让讨论更加有趣。我们所思所讲的绝不只是对书中内容的梳理与补充，更多的是有关于理论和现实之间的省思和对于不同时代的感悟。在两年的时间里，大家从形式上的集体真正走向了一个共同体，既是学习的共同体，也是情感的共同体，在读书小组和读书会的共同体生活也让我的研究生生活变得充实而有乐趣。

这种沉浸读书的日子即将结束，我对进入下个阶段的经验训练十分期待。但是心中还是存有一些遗憾，遗憾的是读书怠惰与浮躁的时刻，我能做的就是把握当下，继续努力。读书的日子不能做出标准化的评价，能真正审视这段时光的只有自己。所有读过的书必定会随着时间而渐渐隐在记忆深处，当再去触碰经验与理论的时候，它们就会大放异彩。

年少从他爱梨栗，长成须读五车书

何雨竹[①]

“年小从他爱梨栗，长成须读五车书。”出自宋代大家王安石《赠外孙》一诗，在这里我将它作为开头送给自己，也可以说是我从小到大在读书方面的一个成长缩影。正如这句诗前半句所表达的那样：孩子小的时候，可以由着他贪玩贪吃。我作为一个从小土生土长在内蒙古的女生，仿佛草原上的一株小草，顺其自然、无忧无虑地长大，兴趣广泛又奇特，所以小时候在读书方面不太能做到安静地捧着文学书籍认真研读，而是更喜欢看山川地理、怪异杂谈。但是随着成长，我越来越能体会到后半句诗想要传达的思想：想要孩子长大了有出息，必须让他多读书学习。书的种类繁多，其中作为汇思想之精华、聚百家之感悟而永恒不朽的经典著作更是非常有必要去克服困难与烦躁进行大量阅读的，认真钻研、勤于思考最后收为已用。

一、关于读书

清代著名学者王国维在《人间词话》中提出了读书三境界：“古今之成大事业、大学问者，必经过三种之境界：‘昨夜西风凋碧树，独上高楼，望尽天涯路’，此第一境也。‘衣带渐宽终不悔，为伊消得人憔悴’，此第二境也。‘众里寻他千百度，蓦然回首，那人却在灯火阑珊处’，此第三境也。”在我经历了两年的经典阅读训练后才真正切身体会到三种境界

① 何雨竹，2020 级社会学专业硕士研究生，目前待定。

蕴含的深厚含义。

（一）“昨夜西风凋碧树，独上高楼，望尽天涯路”

读书的第一境界是出自宋朝晏殊《蝶恋花》的“昨夜西风凋碧树，独上高楼，望尽天涯路。”词句原意指作者独自登上高楼眺望，眼前所见的是秋风吹散落叶的萧瑟景象，山阔水长，案书何达？而王国维将此句引用为读书的第一境界，意在说明古往今来任何人想要做学问、成大事，必然要高瞻远瞩，确定清晰的目标，然后沿着规划好的方向坚定地追求。读书这件事本身就是安静又孤独的，读经典书籍更是如此，有时甚至是枯燥难懂的，经典书籍之所以能够任时间流逝依然受人捧读，必然是因其内容之丰富、思想之深厚。一本经典著作虽多为一人所写，但其中汇聚的思想绝不仅仅只有一人，而是融合了作者所处时代、所在环境的多家之言，所以往往在阅读了一本经典的书籍之后可以从中了解和扩展的知识面非常广泛。阅读经典的过程中，外界只能引导我们，而不能完全干预，这就要求我们必须沉下心来，耐得住孤独寂寞，跨越时空，进入到书中与作者对话。这一点在我从大四下学期加入经典训练一直到研一中后期，感觉都尤为明显，就像我之前写到的那样，因为从小喜欢读稀奇古怪的闲书杂书，起初让我一头钻进社会学大家付出心血、聚集众多思想的经典著作中是困难与苦恼的，阅读繁杂又深厚的文字时，我最常见的状态就是读不懂和想放弃，作为一个跨专业的学生，与其他本专业的同学相比缺少了本科四年的积累，一开始在读书速度和理解能力上多有落后，故而每天抱着书在图书馆“8107”确实是孤独寂寞的。在做阅读经典这件事上，虽然有独上西楼一般的孤单寂寥，甚至有时往往不被一些人看好和理解，但也正因走到高处才能得到独特的眼光，读书会为我们提供的书单，也不仅仅只有社会学这一类型，还有经济学、历史学和人类学等其他书籍，从而给我们提供了更为广泛的阅读选择，使我们的眼睛不仅看得高，还可以望得广。

（二）“衣带渐宽终不悔，为伊消得人憔悴”

王国维的读书第二境界引用的是北宋柳永《蝶恋花》最后两句词：“衣

带渐宽终不悔，为伊消得人憔悴。”这句词的原意表达的是对爱的艰辛与无悔，但是亦可以把它延伸为求学者在追求学问与理想时，需付出辛苦努力、废寝忘食、勤于思考，以至于变得消瘦也不后悔。这样的坚定决心不正与读书会中常说的一句话意思相符吗？在自己读书时，在与人探讨时，要聚精会神地读，绞尽脑汁地想。读书不只是一件孤独的事情，更是一件要下苦功夫的事情，古往今来，在读书上取得一定成就的人，必然都是付出过很多时间、精力和心血的，且不说头悬梁锥刺股这般狠劲儿，单单只是想达到“读书破万卷，下笔如有神”的境界，那必然也都是基于在读书中边读边思考才能达成的。将不懂的问题打破砂锅问到底，将收获的知识及时记录下来，将读后的心得感想总结梳理，把书中的内容转化为自己所有，渐渐地将读书思考作为自己生活的一部分，做到真正的为读书而衣带渐宽，因思考而使人憔悴，有这样的精神必然会得到相应的收获与读书成就。在经典训练的过程中，努力克服初期读不懂、想放弃的焦虑心理，过了前期的困难阶段，随着系统的读书，逐渐有了一定量的积累，也对书的内容越来越敏感，可以主动联系实际生活，提出自己的疑问与思考，渐渐地感悟到来自不同时期、不同社会背景和各个社会学家经过多年的思考而写出的经典巨著的精彩之处。在这期间，不仅要理解和思考经典著作所处的时代和社会背景，还要思考当今社会是否还存在一样的现象。是否可以在某个领域继续运用到经典著作中提到的一些理论概念。我个人认为这一阶段是我在经典训练中有关读书方面最大的收获，是我在加入读书会之前从来没有想象过枯燥乏味的专业书和复杂难懂的经典著作，可以给我带来如此之大的思想转变和使我终身受益的学术态度。

（三）“众里寻他千百度，蓦然回首，那人却在灯火阑珊处”

王国维引用南宋辛弃疾《青玉案》中最后的三句：“众里寻他千百度，蓦然回首，那人却在灯火阑珊处。”作为读书的第三境界，即最高境界。虽然原词的意思并非和读书有关，但是我们不妨展开想象力，延伸其所具有的意义。不论是读书还是追求学问，首先由上述两个境界作为基础，大量广泛地积累读书量，并且勤于思考、不断追问、反复研究、持之以恒，后期自然会豁然开朗、心领神会地体悟到书中所写内容与所传达的意识，并且真正地为我所用，甚至创作出自己新的想法和观念。我个人认为两年的经典训练，其目的和最好的结果便是如第三境界一般，从量变到质变，并发生质的飞跃，使自己的社会学想象力充满经验质感，达到中国古代传统哲学中所提到的“悟”这一境界。我在经典训练的两年时间中，有对部分经典书籍或者部分大家所提出的思想理论产生过共鸣，但远远不够。此时读书总结写到这里，深深感觉两年的时间真的不多，除去正常吃饭睡觉以及一些繁杂琐事，留给读书的时间还是有限的，而在这有限的时间里，想要读的书、想要涉猎的范围无穷无尽，真希望还可以再多两年，有更多的时间去积累，去领悟贯通，只可惜今后只能利用碎片化的时间来补充自己的知识储备。

两年的经典训练结束时，才真正发现整个训练过程即读书三个境界践行的过程。首先也是最基础的就是博览群书，我们通过快速大量的阅读，储备更多的知识和理论，通过持续不断的阅读让我们可以耐住性子、静下心，逐渐步入第二阶段。读懂和思考书中的时代与社会背景，又与当今的问题和现象进行联系，如果悟性再高一点，经典训练时间再长一点，那么当达到掌握知识、把握规律这种大道至简的体悟时，无疑就是一位非常成功的读者了。

二、关于友谊

关于两年读书总结的第二部分，我想留给在经典训练中与读书同样重要的收获——友谊。茫茫人海中，来自五湖四海的我们相遇在这座静谧朴实的小城中，而比相遇更幸运的是相识与相知。人与人的相识靠志趣，而相知则是一个漫长的过程，我们在两年的小组相处中渐渐打开心扉，并且相互接受，从最初的陌生与距离感到逐渐地相互认可、相互欣赏。

集体吃饭、集体运动、小组论坛、小组日常团建在我的印象中从来都是与欢声笑语相伴的，小组的伙伴们除了一起相伴着前往食堂吃饭外，集体运动更是成为我们读书生活的固定项目，每周在体育馆中都可以发现我们小组的运动健将与运动小白边笑边打球的场景，印象最深的是在一个天气晴朗的下午，所有组员在户外羽毛球场“赌气”：不连续接到十个羽毛球不吃饭，没想到比原定的运动时间延后了半个小时才完成这一目标，当第十个球胜利完成时，所有人都在欢呼，仿佛获得了非常了不起的成就，这种开心的感觉如孩童般简单又纯真，以至于每一次回忆起来都十分怀念。我们小组的集体论坛是从懵懵懂懂的摸索中开展起来的，而且随着时间的不断推移，后期的论坛可以说是唇枪舌剑、脑洞大开，每次预计两小时结束，却每次都会超时。我的小组是一个集欢乐、幽默、活力、精致、仪式感于一身的宝藏小组，每次组织狼人杀、电影等团建时，一群有趣的灵魂边被投喂着小组的有爱零食，边惬意地聊天嬉闹，组员们都志同道合，每次在游玩的过程中所有人都很投入地各种摆造型拍照，何其幸运能够遇到这群可爱的人！

“海内存知己，天涯若比邻。”当春花烂漫时，充满我们春游与庆祝的身影；夏日倾城间，纪念我们的欢送与歌唱；秋风和煦中，留下我们银杏林秋游的脚步；冬日可爱里，保存我们与艾草粉的温度。我依然把我最喜欢的这一段话写在这里赠予伙伴们：我们一路相遇相识相知，希望在未来的人生路中，我们可以相互挡风寒，分忧愁，互为登高时的一把扶梯，受伤时的一剂良药，干渴时的一碗白水，过河时的一叶扁舟。

三、关于收获与遗憾

两年经典阅读带来的收获是很多的，有预料之中的，也有预料之外的。首先在读书方面，阅读经典实际上是以极低的成本，跨越时空、打破社会圈层的差距与大师直接展开攀谈，可以带给我们思想情操的陶冶，给予我们思维空间的沉思，这期间我痛苦并快乐着，痛苦于不断地自我怀疑：我怎么又忘了？我怎么看不懂呢？我怎么这么笨呢？而快乐于某一时刻顿悟了书中某一观点，有惊喜的收获。除此之外，读经典可以让我们卸下浮躁，静下心来拓宽视野与心境，还可以通过完成一本本经典阅读树立我持续行动的信心。而在读书会中收获的友谊则是两年经典训练送给我的宝藏。如今经典训练正式落下帷幕，我感觉充满遗憾，因为我是在训练后期才慢慢摸索清楚了自己的兴趣方向，现在要离开，意味着不能再有专属于读书的大块时间，而要在各种事情中偷取碎片时间进行阅读。但学海无涯，人的一生中必然会有学不完的知识、读不完的书，唯有活在当下，且行且珍惜。

两年经典阅读，一次修心修身

胡书坤[①]

一、对于人生，缘何读书？

客观地讲，人生都是由经历组成的，从一出生，便面临一个与人交流交往的社会要求。从与父母的交流、对亲属群体的观察开始向外扩散，随着年纪增长，逐渐与更多的人打交道。我们始终处于一个交际圈中，总要符合一些要求，总要在交流和行动中不断规划、调整、协调个人态度，以执行下一阶段的行动。在这一过程中，会有很多体验，遭遇很多不可知的态度，由此产生不同的情绪情感，如喜怒哀乐、失望、后悔、无助、失落等。这些情感体验的系统化，使我们能够建立个人情感体系，形成心理协调机制，社会科学称之为社会化，我想，个人的能动性、社会化中的自我在其中是最为关键的。换句话说，在整个社会化过程中我们都应该具有主动性，建立主体性。在无形却有力的社会面前，不管事前是否能够洞悉、是否愿意服从这种结构化的安排，主动适应社会要求，进行自我训练终归是必要的，这便是结构化中的能动。诚如布朗所言“通过这种方式，而且唯有通过这种方式，他才能在这种新得到的体验中训练自己，并使之系统化”，以符合与人交往的要求和整个社会的要求。

自我是若干个他人的组合，建立主体性需要多经历、多体验。自我中的一部分性格来自社会关系、社会环境；越是经历不同环境的磨砺、与许多不同的人相处，就越能使自我的性格复杂、坚毅。这当然不意味着自我

① 胡书坤，陕西师范大学 2021 级民族学专业硕士研究生。

存在的意义是任由外界摆布，相反，是在与外界的博弈乃至斗争中内在成长——在我的身体和头脑里；自我成为自我——有主体性的自我，是自我压制、消解、包容了外界的、与自我相对立的力量，从而确定人格上的胜利。在自我与外界之间，是自我将外界编译，使之符码化，成为我所能接受和理解的信息；在编译、接收外界的过程中，自我是有选择的、有个人偏好的，接收之后，自我也需要理解、吸收、消化，在这一过程中，难免有一个拉锯战。这是我与外界的冲突，更是与自我的较量、斗争。正是在这种以外界为端口和资源，以自我为核心的内在成长中，自我得以建立主体性，真正成为自己的第一责任人，由此建立勇气、自信，去拥抱未来。

那么，一个人该怎么做，才能有“主体性”呢？对我而言，这个答案就是读书，就是“8107”，就是“阅读—运动—作息”三位一体的简单生活方式。当然，紧接着这个答案的是另一个问题——为什么读书？

我认为，所有技巧的使用只有以追求内在成长为前提，才可以锦上添花。如果忽视成长这一最为本真的内容，那么，使用再多的技巧也无济于事，最后主动陷入内卷，成为成长的桎梏。也就是说，我们必须要追求一些最纯粹的东西，不应该让内心中最核心的那一份美好沾染尘世的一粒灰尘！心中有一份高尚的信仰，脚下才有力量！按照这种价值追求，读书是一种方法，是净化心灵、修炼内心的方法。在碎片化的信息时代，在诱惑充斥外界、物欲充斥内心的数字社会中，尤其需要追求内心的成长，充实精神世界。

在这同质化加剧的现代社会，消费主义的浪潮，智能终端的普及，时刻包裹着每一颗晚熟的心灵。生活世界中的所谓丰富多彩，不也是“乱花渐欲迷人眼”吗？借助自媒体，所谓眼见为实、耳听为虚，不也是“假作真时真亦假，无为有处有还无”。这世间纵然更多的是美好，可偏偏那些不美好的最是吸引眼球、最是影响人心、最是引导舆论！现代社会变化万千，你我都深度参与这场百年未有之变局，如何选择，如何鉴别，甚为关键。我们有千百个借口不读书，但是终究有一个理由是会让我们选择读书，那就是不为时代所抛弃。试问，现代社会最缺的是什么？我想应该是创意、创新。说到底，创新是一种思维能力，只有不断训练思维，使思维更敏锐、更缜密、更细致、更创新，才能跟上时代的步伐，做出更好的选择。将读书作为一种方法来训练思维，经过系统的阅读训练，凭借卓越的思维能力，识别时代问题、做出正确的选择，才更有可能跟上时代变化。

二、如何读书，训练思维？

那么，如何读书？什么才是“将读书作为一种方法”？

不知道从何时起，知识越来越多，越来越碎片化，还往往融合精美的视频或图片、动听的音乐旋律，变得更直观、可视化。不可否认，这加快了知识的传播速度，但它同时也消解了知识的系统性和严肃性，甚至可能侵蚀人完整而深刻地思考问题的能力。如果说文字可以直击心灵，到达大脑的核心区域，那么承载碎片知识的图片、视频则会分散这种引发思考的力量。在消费主义浪潮中，知识肤浅化为商品，对真理的象征作用被削弱。这使获取知识更加容易，可其中有价值的知识有多少恐怕还要打上一个问号。尽管知识的数量翻倍增长，可知识的价值总量如何呢？毫无疑问，在我们这个社会，知识与真理的距离扩大了。获取知识或已经远远不足以应对时代变化，尤其在AI诞生以后，获得知识、记忆知识颇显得“机械”。试问，在人工智能面前，人的优势何在？我想，我们终要返璞归真，想一想是什么让我们从自然界脱颖而出呢？毫无疑问，是智力、思维、道德、文明……

将读书作为一种方法，是将个人的内在成长作为终极目的，选择缓慢但扎实的路径做积累，让自己远离尘世喧嚣，培育一颗纯粹真诚的心灵。将读书视为一种方法，读书本身所导向的获取知识这一目的便不再是第一位的，而是选择更上乘的目的——训练思维，具体而言，它是要我们瞄准真理，但真理又是其次，发现真理的过程才是重要的。将读书作为一种方法，在心中树立信念，以“修身、养性、齐家、治国、平天下”的理念培育心灵，也在道德层面进行自我培养、自我管理。

阅读经典书籍，追求调动大脑积极思考，这建立在阅读量和认真与适量精读的阅读基础之上，它不是拒绝知识，而是以知识为工具。就如何读书，以下是几点具体策略。

1. 一个月读 5 本书只是门槛，要达到思维训练的目的就要多读。一个月 5~8 本是很适合的数量，我们说经验质感是靠长时间浸泡在田野里获得的，那么经典质感或者说阅读质感也是靠长时间浸泡在经典书籍中获得的，只有多读、经常读、连续读，才能调动状态，体会到巅峰体验。

2. 要认真读：经典阅读要求我们以知识的获得和积累为手段，关键是要能将作者剖析现象、分析问题的完整逻辑再现出来，要做到这一点就要聚精会神、绞尽脑汁认真地读；读的过程中不怕读了后面的忘了前面的，这是正常的，重要的是读完了一个小节或者一章以后，能够凭借印象大致重现作者的思路，知识帮助我们把握作者的思考逻辑，只要我们把握住了作者的逻辑，就获得了一种思考方式，换句话来说，达到思维训练这一目的就是要学会不同经典作家的多种思考方式、行文逻辑。

3. 适量精读，偶尔一次慢读书，如梳理毛细血管般细致入微地读，尽其所能将一本书中的知识按照作者的思考逻辑，以自己的表达方式书写出来，这能够高效地锻炼总结能力、写作能力，也能反哺经典阅读。不过，这是建立在读了一段时间，有了一定积累的基础之上。

三、两年读书经历回顾

人在回忆往事时，所秉持的态度对经历的性质具有一定的决定作用。我已经逐渐远离经历发生的现场，即时的所思所想已经慢慢被冲淡，在回忆往事时，不可避免地带有我此时此刻的点滴感受。这些感受不能说完全真实，但也不是完全不真实，它即便还原不了百分之百的彼时彼刻的情绪，也足以作为可信度较高的结果概括那段经历。回顾两年读书生活，是一次反思，是一次自我剖析，更是一次成长。

认识到读书的意义所在，是在 2020 年的武汉大学社会学院夏令营。随后加入西农“四为”读书会，彼时即建立认同，并一直持续至今，不断加强。现在回顾总结，当我试着忘记那一套经常在耳边婉转的话语时，我发现这样做是必然失败的，因为那些话语督促我成长，随着我的耳朵进入我的血液，化作我成长的动力。但在某种意义上，又是成功的，因为我已经全然忘记那些具体的字词句，忘记了话语中的情绪，而一直内化、深化其中的价值。

在读书会的两年里我逐渐意识到，成长过程中最根本的是心灵的成长，即非要经过一段为难自己的时光，方能获得心灵成长。或早或晚，它总会来临，然而，是主动选择为难自己、和自己作对，还是被动地让生活的琐碎消磨，由此将人分为很多类别。幸运的是，在导师组老师的关心和支持下，我能够充分享受这两年的美好时光。两年的阅读训练不仅使我的知识有所积累，还磨砺了我的耐性、提升了我的能力，更让我认识到，如果真的有志于学术，就应该先做好积累，尽可能让自己的学术生命延长。如果在尚未积累充足的情况下就进入学术环境，可能很难保持一颗不功利的心，也很难让自己总是充满学术热情以及社会学的想象力，并持续地增强创新能力等，很可能过早陷入内卷之中。

我在读书一年之后的一段时间内才认识到这一点。也就是说，如果只是读一年书，其实所获十分有限，所获得的成长也是不完全的。因为第一年读书，一来是在适应研究生生活，寻找日常生活的节奏，二来是在适应经典阅读的节奏，可能更多的是跟着读书会的安排走，没有真正形成自己，不是在自觉状态下的自我驱使。因此，就个人所投入的精神状态、身体状态而言，还远远达不到参透经典阅读对整个人生的意义这一境界。以我为例，在第一年读书的时候，我的整个状态逐渐由自信读向自负，由开放读向封闭，将自己读成了一座孤岛，几乎完全生存在由自己一手建立的片面认同的围城中。整个人是自大的，徒有一身傲气而妄加品头论足，明明鼠目寸光却自以为是，俨然一副不知天高地厚、乳臭未干的毛头小子的模样。可是，进入到第二年读书后，整个人的心态慢慢发生变化，开始变得冷静、沉着，回归到正常的自信状态，以理解他者代替评价，开始逐渐发挥经典阅读训练得来的思维优势去认识、分析社会现象，去重新观察和理解周遭事物，慢慢地，养成了全新的身体感。这一转变，就像重生一样。正是两年的读书经历带给了我变化。

当然，也应该认识到，读书并不是万能的，读了两年书、接受了严格训练的我们，和同龄人一样，还是会面对同样的问题，如负面情绪、交际问题、日常的不确定性等。不过，与同龄人相比，我们的思维优势、身体优势、心态优势却因为两年读书而有不同程度的扩大，至于多大程度地扩大则因人而异。这些优势终会在我们做选择的时候显现出来。当然，这一优势的获得需要有一段沉淀期，或者说，在优势最终显现之前，需要我们收缩视野、定向聚焦。而这一点是我在今年“五一”期间体悟到的。

在此之前，我的生活并不像我想的那样快乐，反而如没有读书之前一样，会出现周期性精神内耗。如读书一个月左右，虽然每天很充实，读书过程也很享受，但总会不知怎的陷入一种特别敏感、偏执的内耗中，随之而来的就是自我中心主义思想，虽然不至于走向极端，但总感觉所思所想与所做之间有一道很深的鸿沟！当那个阶段过去，我每每会想，明明已经读了两年书，为什么还会出现这种情况？为什么读书时很快乐，读完以后面对现实生活时却依然难以承受痛苦，依然无法掌控自己的情绪？由此出发，我会一再告诉自己，一定是读书读得不够多，投入不够，否则还能有什么理由呢？！“五一”从家里回来后，我尝试变换了一种阅读方式，即阅读—思考—运动，将自己的生活节奏慢下来。我终于发现，不是读书读得不够，而是我逼自己太紧，没有留下时间消化和沉淀，那些知识，那些优势没有得到应有的发挥作用的空间。于是，我重新出发，以一种快乐生活的心理确定两年读书的意义所在，这种确定不是两年前、一年前那种比较稚嫩地追求一种读书的有用性，而是之于人在现实生活中的成长以及读书的影响何在。

对我来说，两年的阅读极大地强化了我的理性思考能力，我也暂时将自己从现实中隔离出来。虽然一直说心和大家在一起，但是一个人读书终归是一个人读书，或者说，读书必然要经历自我斗争、自我较量的过程，因为成长说到底是一个人孤独的心理成熟和思想蜕变的过程，纵然有集体相伴，但集体作为外在力量，是一种引导和矫正，是作为友善的力量辅助我们成长。在这两年里，我始终有一种“孤独感”。现在，当两年阅读结束之后，我终于认识到，这是一种与自己作对、和自己较量后的“高处不胜寒”“一览众山小”，是重新认识到自己的渺小、无知后的羞愧或谦卑。这简直与一年前读完书的心理状态有天壤之别！一年前读完书，心中满是倨傲、自负。第二年读书却是一个重新出发的过程，它是你自以为自己读完一年书有了些许积累之后的当头一棒，也是更深刻的自我修行。由此可见，读书会、团队设置“两年读书”是具有前瞻性的！

读书，一定要体会到心理上的痛苦才能成长，因为在这个过程中，你要不断地抛弃自己从前的想法、做法，引入一些甚至你自己以前会反对的做法，建立一种全新的身体感，从生活习惯、性格态度到思维范式、待人处事等，都会经历一种崩塌和重建的过程，而以上所说的孤独感、周期性内耗也都是这种再塑造的表现。我们的读书训练也着实足够考验人的耐性、磨砺人的品性。换个角度看，才能看到这种训练方式的“魔鬼特性”：别人吃吃喝喝时，我们在读书；别人玩玩乐乐时，我们在读书；别人放假回家时，我们在读书；别人获得外在荣誉符号时，我们在读书……个中滋味只有我们知道，那些被我们放弃的只是暂时的，那些被别人放弃的则是永久的！正是因为坐得住冷板凳，耐住了生理本能，突破了身体耐受力，所以才能有这一次的幡然醒悟。两年的读书生活结束后，我知道自己会以全新的体感重新进入现实生活，我肯定会不以物喜、不以己悲，肯定更具创新也更踏实，肯定更自信也更谦逊，肯定生活得更丰富多彩也更充实有意义……美好的未来只是时间问题！

如果你问我，两年阅读对我的影响是什么？我的答案是，让我更自信、更谦逊、更稳重、更明智、更简单、更友善、更创新、更勇敢；所谓“修身、养性、齐家、治国、平天下”，所谓“知行合一”，所谓“四为”，所谓“本心”，所谓“大道至简”，所谓“人不知而不愠，不亦君子乎”等都是答案！因为读书就是修心修身，心和身是一个人根本的依托，修好心、修好身，剩下的且待时间中慢慢展现！

寻找向日葵花的流浪旅途

杨宇昭[①]

两年的读书时光，是一束活跃且变幻莫测的光芒，它拉伸、延长，收束、凝集、爆炸，成为研究生生涯中一段独特的时光，因为它有着这样一种精彩：“形式”正密集地发生着一次次紧张缠斗，或骤然，或激烈，或静悄悄，不断进行着我们难以预知的变动。

这种变动虽直接源于我们阅读、理解、思考、认识等理性层面上的思想与思维的不断吸收、加工和交锋，但更直接的是由于我们所直观感受和体验到的内容的丰富、多元、交杂、冲突、相融与鲜活饱满，能够极为生动、深刻地打动我们的“直观”与“理性”、“内容”与“形式”。

最为难能可贵的是，阅读带来的变化是未知的，即使我们仍旧是在种种过去和当下的形式之内发生着持续性的变化。关键即在于，不断主动、被动的阅读过程，正是对自身“感”与“知”、“内容”与“形式”的“相对性”，它在被多多少少逐渐稳定、强健地编入我们的存在之中，并成为我们的存在中最为低沉、浑厚的基调，哪怕它有时难以被识别，但这个过程中发生的变化却绝不会踏错它命运的每一个拍子，因而已有的、当下的、未来的，在变幻之中，我们的脚步也会比过去更为轻快。

读书会最大的魅力即是，它具有一种能够集中地刺激我们自身或被动，或主动的变化，同时还给予了我们这种变化以原生性、作品性和未知性的充分空间。某一刻，我们可以不再是以“资本”作为筹码的“赌客”，而是将“形式”作为玩具的“孩童”，二者虽同样是令人可疑和伤脑筋的游

① 杨宇昭，我校 2021 级社会学专业硕士研究生。

戏幻象，但后一种多少有些许闲适趣味容许我们在现实中抬起下巴使劲盯着那轮暖融融的耀阳，乎乎然地摇摆着感知不一样的世界。

思想和思维有时候是具有欺骗性的,所以要留意阅读过程中直接的“直观”。而直观之内容与形式也是值得进一步意识、自觉的形式，这部分有赖于我们耐心、谨慎、持久的在理性上的积累。因而阅读时细致地进行梳理与小结，这种结果往往叫人难以满意而略显难堪的笨拙是值得的，同时试图沉浸入文字背后同作者相通的尝试若是错过了也是很可惜的。

对于内容的承载，我们终究会在时间、数量面前叹息自己能力有限，虽然“直观之内容”相比“理性之内容”要来得更为深远一些。而更可能长久，也远为深刻地伴随着我们的是形式。所以虽然遗憾，我们很难再记起自己当初在阅读过程中所理解、思考、认识到了什么，甚至彼时彼刻的体验都早已模糊，但以往所形塑的我们对理性、直观所接收、生发的形式不会轻易被时光所磨灭。

就此，相比于理性，我们也要学着摸索直观，相较于内容，我们也要看到形式，而在直观与理性之形式的身体化过程中，也须凭借所积淀的理性对此有所意识与自觉，警醒自己其相对性。因而，烦恼过去、忧心未来是不必的，耐心、仔细、珍惜地体验于阅读过程中是明智的。也正是因为我们意识、自觉着形式的相对性，所以才会试图在被耀阳刺花了双眼的混沌、黑暗中探索、体验，同时又俯下身来拥抱这结实的大地。

回望两年的阅读时光，它是以相对性始，以相对性终，从现实中来，到现实中去。阅读中，我们还能感知到自己身体的变化，阅读因此也“身体化”为一种自觉行为。身体是奇妙的，与其说保护健康，不如在意、利用、开发、调动身体。因而，阅读生活中留意、调试自己的状态和节奏是很有必要的。

赞美真诚的团队伙伴们，感谢你们的友善与相伴，既让我卸下一众负担，也令前述读书会的形式之魅力在一定程度上得以实现。或许我们难以在众多内容、形式上达成一致、完美相通，但在无论怎样赞美都不过分的可贵真诚下，观念论之主体间性下的我们得以难得地为自己的孤寂照一照除主体、作品外的暖阳，可以获得少有的无忧无虑和把相对性情感抛诸脑后的肆意，放下对于形式的纠结，只愿这约定好一同前往寻找大家心目中向日葵花的流浪旅途能够更远、更久。伙伴们也是及时分割、拉扯、促推着自己状态、节奏、生活发生变换的小闹铃，一个又一个章节表现我们生活的影片，戏剧性十足。望自己渐渐成长、充盈以能尽情、尽兴地给予伙伴们相对的回应，再次感谢你们。

感激、敬服读书会导师组的老师们，你们开辟了一片田园，呵护着我们相对未知的各种生长可能。饱含敬意地向每一位老师们的辛劳、付出，真诚、和善，耐心、认真，致以最衷心的感谢，送上来自学生的祝福。

那年夏天，宁静的海。

漫漫长路，永不停歇

宋以若[①]

2022—2023 年，对我来说是带有一些魔幻现实主义色彩的。从 1000 多公里外的仫佬山乡回到熟悉又陌生的杨凌小镇，从基层工作者转变为学生，仿佛都只在弹指一挥间。重返校园的日子，我倍感珍惜。

秋季学期伊始，虽已短暂离别却也充满大学回忆的西农校园带给我更多的是一种无所适从。是什么让我变得五味杂陈呢？是从教师到学生身份的转变？是从语言到人文学科的转变？抑或是从工作状态到校园生活的转变？我说不上来，却也很难沉得进去。唯一不变的，是离校前关于读书的选择。在春季学期尾声，回首近一年的读书时光，虽然期间伴着数不尽的诱惑和机遇，但在功利为王的现实裹挟下，我仍然笃信着当初那个选择，仍然清晰地记得第一次旁听读书汇报分享会时的炽热滚烫。

真正进入读书会，让我过上了曾经羡慕也期待的痛并快乐着的纯粹校园生活。

一、读书是慢工出细活

我喜欢读书，也深感自己以前对很多知识都是浅尝辄止，这是我想要加入读书会的初心和原动力。支教保研后，大四以及之后一年繁杂的工作使我始终没有进入较好的读书状态。成为 2022 级新生像是一个契机，让我终于可以试着沉下心来，排除万难，尝试从未进行过的经典阅读。

① 宋以若，2022 级农村发展专业硕士研究生。

读书刚刚起步时，我读得很认真，能真正吸收的却少得可怜。读书遇到困难时，我常常囫囵吞枣或者进展缓慢，总是分心，也容易被许多杂事所干扰。于是，我开始通过梳理书籍脉络和做笔记的方式加深对书籍内容的理解，提高专注度。后来，我渐渐发现这样做比较浪费时间，且不容易抓住书中重点，便尝试从真正的静心做起，并且告诫自己不要过分纠结对部分词句的理解，而是放眼整个章节甚至全书的思路和脉络。过了一个多月的时间，我的读书状态才有了些许改观，能够静下心读进去的时候多了一些。渐渐地，我适应了“8107”的作息，初步找到了自己读书和思考的节奏，并能够在读书笔记中加入更多自己的总结和理解内容，也在思考社会学与政治学、经济学、史学等多学科交织的过程中体悟到了众多乐趣。我还尝试将纸质书和电子书结合起来进行阅读，这样一来，书籍资源更加丰富，阅读时更好勾画，提高了阅读效率。

能够静心之后，读书也仍然存在着诸多困难。还记得进入韦伯的阅读之后，我顿感难度较大，在脑中并没有形成系统化的知识结构，时常是云里雾里地读，只能把自己有感悟的片段摘录下来，反复思考。这个阶段的我稍显急躁，容易读不进去，读书的进度较慢，效率也比较低。后面的时日虽然在按照计划阅读，但总有一种恍恍惚惚的拉扯感。研一上学期末尾，或许是因为多变的天气、逐渐繁重的课程、多次的发烧感冒等因素，感觉自己的状态并不稳定，情绪起伏比较大，也会不时地有焦虑感和无力感。我发现自己还没有真正将读书与生活融合起来，一个人读书的时候容易产生懈怠，也容易急于求成。但闲暇时与伙伴们的交流以及大家在两次读书检查汇报会的分享使我渐渐安下心来，原来大家有着相似的困惑和不安，也都在彷徨焦灼中努力向前。想到在进入读书会之前，我自小到大都习惯一个人的学习状态，也曾对这样的集体模式心存怀疑，但不得不说，一群人有着共同目标以及相似状态的感觉真的很棒。在这一过程中，我也渐渐领悟了读书会所言“一个人能走得快，但一群人才能走得远”。

进入齐美尔的阅读后，大多数时间都像是在和一个有趣的灵魂对话，其随笔式的记叙风格、轻松简约的写作方式、奇特有趣的关注视角，使我不由得在阅读之余反复回味那些精美且耐人寻味的文字。齐美尔对现代社会的观察和思考是细致入微的，更是富有逻辑却不失趣味的，他对于个人与社会的关系、现代生活美学以及性别关系等方面的分析，拓宽了我对社会学的认知，也引发了我对生活琐碎的进一步思考。

对于现阶段的我来说，“读不懂”并不是一个值得长期焦虑和自我怀疑的事情。如果合上一本书，在我的脑海中还存留一些东西，在撰写读书报告时能够提炼和串联一些较为清晰的观点，在看到形形色色的社会弊病时能够更加冷静地思考和提问，已然是一种进步。

二、思维与写作是相辅相成的

时常听老师们提及输入与输出的相辅相成作用，在自己写作的过程中，确实体悟着每一个环节的不可替代性。刚开始阅读时，我的读书进度较为缓慢，积累较少，思考的程度也较为浅显，还不能对各时期的作者及其作品有横向、纵向的总结和对比，更没有形成批判性的思维，故写作时只能简单罗列一些读书过程中颇有启发的点。在写作语言方面，由于没有形成较为完整的知识体系，知识的关联性也并未完全建立，我的语言风格还是偏向叙事化和文学化，没有较好地把握学术语言的运用方式。但总体而言，自己算是初步摆脱了跨学科后一无所知的状态，能够提取出书中的关键观点，也能联系当今的社会热点对经典书籍进行延展。在后期的读书报告中，我尝试着跳出舒适圈，将同一作者或者同一类型的多本书籍进行联系对比，深入思考，形成能够自洽的逻辑，最后展开进行论述。虽有进步，却也时感困惑，时常觉得自己在“读进去”和“读出来”之间还没有形成较好的平衡。或许，在后面的阅读和写作中，需要不断地尝试与碰壁，方能拨云见日。

在思考与写作的过程中，我渐渐体悟到读书并不能盲目地读、随心所欲地读，而是需要不停地回头看、向外爬，不停思考、不断提问。而写作更是一个慢慢积累的过程，需要在读懂与读通的基础上形成自己的思维逻辑，心急不得。读书和写作没有任何捷径，唯有高度的自律和坚持，方能有所收获。

三、生活是未知的方程式

在大学期间，我的学习和生活都比较规律，但时常也会感到迷茫和困惑，不知未来的路该如何走。于是，我做了很多不同类型的尝试和实践，在不断的试错中忙乱又坚定地度过了四年时光。很庆幸，在这一过程中我形成了更进一步的自我认知，也做出了清晰的选择。唯有一点对我来说较为遗憾——我对自己的学术边界值并不清晰。在毕业后一年的基层工作中，我也进一步认识到，自己关于人生和社会的很多理想化设想在现实中也许并不完全可行，个人的力量也是微乎其微的。正如同我的导师赵晓峰老师所言：能力越大，责任越大，散发的光和热才能辐射到更多的人。回到校园后，我努力调整状态，充分融入读书会的生活和学习氛围，体验着与本科时期截然不同且更为纯粹的校园生活，渴盼着更为彻底地破茧成长。

“8107”督促着我的作息、学习和生活。在读书之余，我还结识了很多很好的朋友，我们在日复一日地读书、吃饭、运动与小组建设中，创造出许多缤纷多彩的快乐时光。虽然完全属于我们的休闲时间很少，但似乎那些“偷来的”闲暇更值得珍惜和记录。我也渐渐能够在读书之余放慢脚步，感受生活的悲喜，看云卷云舒，听清晨鸟啼，赏晚霞余晖。这样的生活方式让我充满了幸福感、充实感以及对生命的感知力。原来读书也不只是为了读书。

关于小组生活记忆最为深刻的是秋季学期的“批评与自我批评”会。原本在脑海中设想过无数个尴尬又别扭的场景，却未曾料到，这是我此生参加过最为真诚的会议。那时候刚刚开学一个月，大家对彼此还不熟悉，但因为每天的读书生活会有很多接触。在会上，除了深刻反思自己的问题，有同学回忆了与小组每个成员的相识经历以及初印象；有同学敞开心扉说出了最近的困难和困惑；有同学畅聊了彼此之间的心结，并对于同伴的性格和行为等方面的缺点给予真诚的意见；有同学分享了自己之前的经历，回顾了这一段读书生活的感受。来自五湖四海、有着全然不同经历的 11 个人，仿佛在这一刹那成为一个独特的联结体。整个会议没有走流程式的佯装和敷衍，没有充满攻击意味的诡辩和争执，而是袒露内心所想，了解彼此心声。我不由得想，或许这里会是人生中最后一个可以真诚如斯，宛若伊甸园一般纯净的地方。恰遇良师益友，何其有幸。

2022 年底到 2023 年中，我依次经历了新冠、甲流，退烧后其他的症状依然较为严重，身体也受到很大影响。回想自己平日的运动状态，确实是时好时坏，并没有完全养成良好的运动习惯。而较长一段时间内不算好的睡眠质量，也使得我的生活和读书状态受到影响。近来时常在思考该如何做调整，除了自律与健体，终是落在“取舍”二字上。万事万物都有其两面性，有机遇也有弊端，有失去也有收获，学会取舍，学会放过，就能避免很多不必要的烦恼和忧思。读书、运动、作息都是生活的要素，纵然生活充满了不确定性，也应当将可控的要素调整得更好，以增添生命的厚度。在知悟中，我更加深刻地认识到读书与健体的不可替代性，这将是我受益一生的良药。

一旦动起来，哪怕走得慢，也会减少很多没必要的内耗和困扰。未来一年的时光仍将是闪耀而纯粹的、充满机遇和挑战的，希望自己能提高专注度、少想多做，增强能力、强健体魄，满怀成长激情、充满生命张力，拥有自由、自在、自得的身体和灵魂。

漫漫长路，永不停歇！

却顾所来径，苍苍横翠微

姜晴 ①

回顾过去一年的读书生活，我仿佛看到了自己在那幽静的小路上前行，又仿佛看到了身边那些陪伴我的书籍，如同温柔的阳光和清新的微风一般，给予我智慧和力量。这一年来，阅读成为我生活中的一部分，不再是简单的娱乐和消遣，而是成为我成长和启发自我的重要途径。当然，阅读不是一条平坦的旅途，路上有坎坷、有沉寂、有疲惫。但正是这些艰辛，让我更加懂得欣赏文字的魅力，更加懂得感恩生命的缤纷。而在这条阅读之路上，蕴含了我和书籍的情感，也磨炼了我对自己和世界的认识。

寻找一张安静的书桌

或许是出身高考大省的缘故，我在上大学的时候总想追求一种闲适的生活。宋代陆游的《临安春雨初霁》有云："矮纸斜行闲作草，晴窗细乳戏分茶。"其中的"闲作草""戏分茶"我很喜欢，一度作为自己的个性签名，认为自己平生所求就是一种闲云野鹤的生活状态，这种心理一直持续到决心考研。回忆起来，那段时间我应该在经历着年轻的迷茫，如王小波的《黄金时代》所言："那一天我二十一岁，在我一生的黄金时代，我有好多奢望。我想爱，想吃，还想在一瞬间变成天上半明半暗的云。"

之所以选择继续读书深造，而不是简单地"被生活磨平棱角"，是

① 姜晴，2022 级社会学专业硕士研究生。

认真思考后的结果。或许是骨子里仍存在一些文人般的浪漫情怀，和心怀家国天下的理想，所以我选择在社会学的海洋里继续畅游，此外也是认为需要给自己一些压力，人生需要有追求的目标与挑战，否则就会像一只失去方向的飞鸟漫无目的地飞来飞去，难以找到人生的真正价值和意义。或许是年轻人的迷失和无助，但是我始终坚信，在这个多元化、竞争激烈、变化迅速的社会，只有不断学习和进步才能保持活力，才能实现自己的人生价值。既能像陶渊明的"采菊东篱下，悠然见南山"，领略着山水田园的美丽和文化的气息，又能面对现实的挑战和压力，这是一种面对生活的中庸之道。

在我的世界里，闲是一种美好的状态，但是闲品尝尽之后，迈向前才是人生必须面对的现实。正如李白《将进酒》中所说："人生得意须尽欢，莫使金樽空对月，天生我才必有用，千金散尽还复来。"胸怀大志，勇攀高峰，不断学习才能拥有更丰富的阅历和更深刻的人生体悟，借此才能完成自己的人生使命，成为内心渴望的那个人。

人生的分水岭

考研失利后，我面临着人生中重要的抉择。真诚地说，我的内心充满迷茫和痛苦，无尽的焦虑和无力感让我不断地自我怀疑，甚至对未来充满了恐惧。分数的压力和家庭的期望让我逐渐迷失了自我，不知道未来该怎样走下去，感觉自己像是一只无头苍蝇在空中飞舞，毫无目的和方向。然而，我并没有放弃。我知道自己需要一个机会来证明自己，需要一个契机来重新出发。于是我做好了调剂的准备，在此期间我不断地努力学习，同时也积极地寻找工作机会，给自己多一个选择的机会。直到机缘巧合下，我得到了西农的录取通知，成为一名研究生，我的内心重获信心，也重新找到了方向。

毫不夸张地说，我至今仍感谢西农能给我成为研究生的机会，我当时下决心一定要好好学习，珍惜这个来之不易的机会。尽管困难重重，但我坚信只要不放弃，就一定会有所突破和成功。只有不断地尝试和坚持，才能在人生的路上不断前行。现在，我依旧保持着这种坚定的信念和态度，继续努力追求我的梦想，对未来充满了信心和期待。

加入读书会

怀着对努力学习和与同学在一起拼搏的向往，我加入了读书会。虽然最初还没有完全理解阅读和读书会的内涵，但是我内心一直有着追求新知识和成长的渴望。第一次参加读书会时，我充满了兴奋和期待，同时也做了很多豪言壮语的承诺。虽然最终没有完全实现当初的承诺，但是加入读书会这个决定却改变了我的人生轨迹。在这里，我结识了许多志趣相投的朋友，他们积极向上的态度和优秀的阅读习惯深深地影响了我。每一次的共同学习和讨论，让我逐渐深入地了解到阅读的内涵和意义，真正意义上地向往阅读，享受知识的沉淀。在朋友们的影响下，我逐渐放下了之前的自我设限，开始真正地投身于学习中，不断追求自我提升和完善。

现在回想起来，加入读书会是开启我人生新篇章的一个重要契机。尽管有些承诺没有兑现，但是它带给我的，是那些和志同道合的人结缘带来的喜悦和希望，是逐渐披荆斩棘、不断自我提升的自豪和信心。

阅读经典

当我获知研究生学习需要进行大量的经典阅读时，我更加确定了经典阅读的必要性。回顾本科阶段的学习，我才猛然意识到，尽管学校图书馆资源丰富，但我并未充分利用这些宝贵资源。我只借阅数十本小说类书籍，对于专业类经典著作却浅尝辄止，给自身的专业学习造成了不小的影响。在备考研究生考试时，我深感自己所掌握的专业知识有限，因而阅读经典著作成为我的必修课。这些经典著作恰恰是我加深和掌握专业知识的重要来源。经过一番刻苦钻研和挥汗如雨的阅读，我逐渐理解到，只有在经典著作的指引下深入思考和理解，才能真正地造就出一个优秀的学者。

我深刻认识到，经典著作的阅读对于我的学业和成长是至关重要的。

在大学本科期间，我曾陷入一个错误认知——认为学生的学习应该像高中时期那样由老师灌输，而我们只需要记笔记和背诵。但是随着成长和阅读的深入，我逐渐领悟到，教师们的职责是激发学生的独立思考和自主学习的能力，同时知识的获取也并非仅靠简单记忆和机械背诵。

我记得大一的时候，一位老师告诉我们，他在课堂上所传授的只是他自己和前人的理解，而我们可以有自己的想法和见解。这种“自由放养”的学习方式为我带来了挑战自我的机会，同时也是一种宝贵的机遇，让我明白了学习中主动性和创造性的重要。

经典著作的阅读让我逐渐领悟到，专业知识的深度和广度远超我的想象。在研究生阶段，我需要更加勤奋地深入阅读，继续加深我的学识储备，努力提高我的思考水平。通过对经典著作的深入思考和探索，我渐渐地形成了自己的创新观点和做事风格。我逐渐意识到，学习应该是因为兴趣而进行的事情，它能够促使我更快成长，给我带来更多的满足感。

通过阅读经典著作，我的人生追求和方向更加清晰。我也逐渐发现，学习是一个与众不同且充满意义的过程，它不仅仅是为了实现人生的成功，更是赋予了我了解、探索和塑造自己的机会。因此，我对未来充满着希望和信心。

集体生活

“四为”读书会建立的初衷和宗旨还原了集体学习、集体进步的意义，可以让我们在共同努力中感受到成长的喜悦。在这里，我们倾听和分享、互相扶持和鼓励，不断提高个人的阅读能力和知识水平，同时也能够更好地融入学校和社会。

集体生活的重要性是无法忽视的，特别是在大学这个共同学习的环境中，大家可以通过共同生活、共同学习来交流思想、分享经验、相互激励和促进成长。自从进入大学以来，我一直希望能有一群志同道合的朋友，我们能够一起努力，共同学习和进步，然而我在大学四年中却没有好好利用时间，大多数时候我都在宿舍里无所事事，或者简单地为了应付考试而学习。现在想起来还是有点遗憾，当时没能更加努力一点。我在了解了读书会的发展历程后，突然感受到，这就是我理想中的阅读和学习，可以在一个集体中为了共同的目标而努力。

“恰同学少年，风华正茂。”我们一起学习、一起进步、一起面对挑战和困难，在这个过程中，我们建立了深厚的情感纽带。当我们在学习上遇到瓶颈，同学们可以提供建议和支持，让我们更加轻松地渡过难关，这种帮助不仅是学习上的，也包括生活上的。

之前的一次集体登山活动，读书会的同学们相互鼓励和支持，一步步地前行，努力克服重重困难，最终登顶成功。在这个过程，同学们互帮互助，让彼此的意志和毅力更加坚定，也让集体生活的意义更加深刻地体现出来。登山之后，我获得的不仅是最终登顶的喜悦和成就感，也拥有了更多宝贵的回忆和同学之间共同的故事，这些回忆和故事变成照片留在了我的相册里，也成为我珍贵的人生财富。

责任与担当

中国社会正处于巨大变革时期，作为社会学学子，我们应该承担起自己的责任。在这个过程中，阅读经典书籍就显得尤为重要。通过阅读经典，我们不仅可以提升自己的基础知识，更能够扩展自己的视野，掌握社会规律和发展趋势，以此来为我们未来的职业规划和个人成长奠定基础。我希望通过“两经”训练，能够在阅读经典的时候学会阅读中国社会这本“大书”，阅读不仅仅是涉及对书本内容的理解和欣赏，更蕴含了对于周遭社会及人性之认识。

阅读经典书籍是希望能够完善自己的基础知识，并且可以帮助我们拓宽视野，能够站在前人的肩膀上看问题，帮助我们全面、客观地了解中国社会，学会全面地看待问题，关注人民、社会和国家的发展。虽然现实是复杂多变的，但是我们可以学会深入分析和思考，这就需要我们沉下心去探究和发现，具备更强的分析和判断能力。

阅读方式

通过之前很长一段时间的读书训练，我才开始了真正意义上的阅读，我认为“看书”与“阅读”之间是存在区别的。在我看来，“看书”往往是没什么思考、浅尝辄止的行为，而真正的“阅读”则需要我们将自己投入一本书的世界之中，以思考和领会为目的，深入地理解书中的内容，提升自己的记忆力和思考能力。单纯地看书并不能起到很大的作用，因为看是走马观花，一目十行，意味着看完之后并不能留下太深的印象，书上的内容是需要思考和领会的，而阅读则是要锻炼自己的记忆力和思考能力。书上的内容太多太复杂，需要我们灵活运用自己的思维和逻辑能力，将书中的内容进行筛选、分析和总结。

因此，笔记是一种非常好的辅助工具，它们可以帮助我们在阅读的过程中更好地理解和记忆书中的内容，引导我们深入思考，并最终提升我们的阅读水平。阅读的目的不是自己在书的基础上另外写一本阅读笔记，如金圣叹读《水浒传》一样，最后写出一本自己的著作。我认为最好的方式是一边阅读一边做笔记——只要自己能看懂，有逻辑就行。现在我主要是将书上的内容进行摘抄，并且加入一些自己的感想和思考，后来慢慢地对书上的内容进行概括总结并进行逻辑梳理和归纳，这样的好处是可以进行深入思考，但是阅读的速度会也有所降低，总体来说还是有很大收获的。

在不同书籍中，我们会遇到不同写作风格的作者以及多样化的世界观，这也是阅读过程中最有趣的层面之一。通过对比作者的不同观点，辩证思考，我们能够更加深入地理解书籍中所表达的主题和背后的思想。譬如可以把齐美尔的货币思想与马克思的经济学和阶级思想进行比较，把齐美尔和韦伯关于社会发展的趋势进行比较。

成长与收获

在“四为”读书会中，我不仅学到了更多的知识，还在与老师和同学的互动中感悟到友情的真谛。和他们一起努力，一起交流，终于摆脱了考研时期的孤独，同时也拥有了一个集体，一个共同的目标。即使是在家里，我们也可以通过在线交流，分享阅读心得和生活经历，让人心情舒畅愉快。

通过参加读书会，我得到了更多的收获和成长。经典阅读，不仅加深了我对文学作品的理解和分析能力，还培养了我更为扎实的阅读习惯。同时，在与老师和同学的互动中，我学习到了更为高效的思考和表达方式，让我对自己的成长有了更为深刻的认识。

除此之外，我还从老师和同学们身上学到了很多人生道理。他们的勤奋、担当、乐观和正义感，都让我深深地感受到了什么叫作真正的成长和进步。而这些，不仅拓宽了我的生活背景，也拓展了我的人生视野。

最重要的是，与老师和同学的情谊让我感觉十分温暖。我们一起努力、一起交流、一起分享愉悦，这种人与人之间的情感纽带，让我更深刻地感受到了友情和团结。即使是在居家隔离的时期，我们依然可以通过网络交流，拉近彼此的距离，令人感觉身心愉悦。这些，都是读书会给我带来的宝贵财富。

阅读方法　感悟摘编

刘秋文①

在当今整体的社会氛围下，人们做任何事情前总喜欢追问做这件事情有什么用。如果没有能够带来的明显好处，很多人就会放弃，去追求那些眼前可见的利益或去贪图享受。我觉得读书带给我最大的收获是保持思考、保持前行。

除了要让自己保持思考状态之外，读书还教会我一句话：板凳要坐十年冷，其实就是踏踏实实做事。不论今后是从事学术研究还是在社会上工作，踏实做好自己的本职工作，踏实做人是一种难能可贵的品质，在当今社会，因为投机取巧而获得成功的例子让许多人喜欢去寻找这条捷径，但这多数时候只是新闻媒体的宣传而已，因为投机取巧的成功案例刺激着人们敏感的神经，而真正做出卓越贡献、取得成功的人都是踏踏实实做事的人，这种默默无闻的付出因为难以挑动人们的神经反而被人们所忽视。

刘洁②

社会学经典书籍读完后，我开始进入政治学学科的阅读。第一本政治学经典读的是《乌托邦》，读这本书，我感觉自己一下进入了从未有过的积极状态。如果说读社会学经典是为了完成任务，那读政治学，更多的就是感觉自己主动想去了解学习。虽然当时老师跟我说政治学学科很分散，不好建框架，但这并没有妨碍我对它的喜欢。也是在这个阶段，我发现读

① 刘秋文，2017 级社会工作专业硕士研究生，现为东南大学 2020 级博士研究生。

② 刘洁，2018 级农村发展专业硕士研究生，现为中国农业科学院农业经济与发展研究所 2021 级农业经济专业博士研究生。

书已经不再是一种任务，不再是被动地看书里的文字，而是变成了一种兴趣，并且会变成一种主动的行为。

回首我的研究生生活，不再像本科阶段那样一无所获，至少自己读了社会学方面的经典书籍，虽然与读书会其他同学相比仍有差距，但与过去的自己相比，有了较大的蜕变与成长，这足以让我感觉光阴没有虚度。同时，在每个月的读书会汇报过程中所养成的逻辑思维能力和归纳总结能力，是我在其他地方无法学到的，我也相信这种能力会给我以后的工作和生活带来很大的帮助。另外，加入读书会，认识了这么多同年级不同专业的同学和其他年级的学弟学妹，让我的生活不再局限于宿舍和班级的小范围。

邢帆[①]

依稀记得我去年写的总结，通过改编林清玄的名句将我第一年读书生活总结为：以清净心读经典，以欢喜心融集体，以平常心看成绩，以勇敢心除挂碍。而今年我的读书总结却只想简单地分为两类：一类是我与书，另一类是我与人，看似简单，却是我经典训练期间最重要的收获。

七天就能养成一个好习惯，不知不觉已经过了两年，刚开始非常的不适应。本科四年很少能见到早晨七八点钟的太阳，而现在已经是很少见不到七八点钟的西农。本科四年去图书馆的次数一只手就能数过来，而现在每天三次已经成了平常。鲁迅说过：“要在文化上有成绩，则非韧不可。”

史凯[②]

一句话，读书好，读经典更好，集体读经典好上加好。这已被每一位走完征程的同学的实践所证实。只要我们不为短期的功利目标所障碍，内心都能认同这一观念。

一个人或许走得更快，但一群人一定走得更远。两年里，有老师们的坚定支持和同学间的鼓励帮助、相互学习，个人才能更快地扫清思想障碍，克服重重困难，突破自我局限，以越来越好、越来越稳定的状态投入读书

① 邢帆，2020 级社会学专业硕士研究生，目前待定。

② 史凯，2019 级农村发展专业硕士研究生，现为天津大学马克思学院 2022 级博士研究生。

当中去。同门曰朋，同志曰友，读书会大家庭不仅师出同门，而且志同道合，是真正意义上的好朋友。

唐伟杰①

在“四为”读书会里最难能可贵的收获是“四个集体”，即集体读书，集体吃饭，集体运动，集体交流，这也让我在异乡偌大的校园里找到家一般的归属感。

一年来的读书经历，我最大的收获是关于阅读方法的改变。既往的认知里读书往往是知识的汲取，然而在读书会读书，让我明白了一个道理，读书过程中知识的汲取是基础，更重要的是对思维的训练，我们应该站到作者的角度思考，作者为什么会这样说？他是站在什么立场写的书？对于现实问题是站在什么视角进行分析的？逐步地形成了我思考问题的维度，我认为这比单纯汲取知识更加重要。

魏晓丽②

在组织的力量和自我成长渴望的不断逼迫下，我渐渐习惯了每日定时定点坐下读书，虽然这期间，当看到别人考证、实习、发文章时，自己也会焦虑，甚至会觉得自己一无是处。但现在回过头去看，这些都是很正常的事情。读书是不断积累的过程，是练功的过程，人生是一条很长的道路，不能急于一时。《桃花扇》有句唱词：“眼看他起高楼，眼看他宴宾客，眼看他楼塌了。”面对世间种种诱惑，坚守本心，努力积累，才能走得更远。为了提升自己的认知高度，好好读书的时光也许就只有上学的这几年，如果不抓住这些时光好好利用，以后恐怕再难有这样的机会了。所以我很庆幸自己能加入这个组织，跟大家一起读书、一起成长、一起进步。

吴娜③

社会学想象力的培养过程从本质上来说是一个从常识到知识再到质感

① 唐伟杰，2020 级农村发展专业硕士研究生，现为西南大学 2023 级教育学博士研究生。

② 魏晓丽，2019 级社会学专业硕士研究生，现为南京农业大学公共管理专业 2022 级社会学博士研究生。

③ 吴娜，2020 级社会学专业硕士研究生，现为湖州市城市集团员工。

的心智培养过程，如何获得这种能力？如何培养“社会学的想象力”？米尔斯给出了一个宏观答案——个人需要置身于自己所处的时代，才能理解和把握自己的处境。可以看出，米尔斯本人非常关注个人所处的时代，关注个人生活历程与社会历史的结合。米尔斯给出的是一个方向性的答案，而我们读书会给出的是实际操作的具体答案——“两经一专”。从阅读经典书籍中获得知识，获得联想，获得逻辑思维能力，从经验调查中获得共情，形成直觉，形成经验质感，最后，这种社会学的想象力成为我们的本能的反应。

通过阅读获得知识与视野，通过论坛讨论与撰写读书报告获得深度的思考。而这些都是在集体中进行的，集体对我来说意味着什么呢？是压力也是动力，是手段也是目的，是逐渐靠近又即将远离。在这个从共同体逐渐走向个体化的时代，有这么一段纯粹的集体经历，我们一起读书、一起讨论，一起吃饭、一起运动、一起游玩。我们从陌生人逐渐形成学习共同体与生活共同体，乃至于情感共同体。

孙倩①

读书不是一件容易的事情，读经典更没有看起来那么简单。很多人认为读书就是坐在那里舒舒服服地翻翻书而已，实际上读经典是集动脑、动眼、动手于一体的高精专的行为，如果不能保持大脑飞速运转，那么读书就是走马观花、囫囵吞枣。通过两年的读书，我也有了自己的一些反思和思考。首先，读书要勇于开始。在阅读中，我意识到读书最难的就是去打开书开始读，一旦开始阅读就会沉浸进去。所以完整的读书时间有利于进入和保持良好的读书状态。另外，不能读死书，要善于动脑，大量的思考是必不可少的。将书里的内容和现实生活实际经历相联系，往往会有更多的感悟。还要勇于批判，而不是一股脑地接受书中作者的观点，长此以往才能建立自己的思想观点和思维体系。最后，要相信自己。无论在读书过程中有多崩溃，多想放弃，一定要给自己更多的鼓励，相信自己能够渡过难关并坚持到底。

① 孙倩，2021 级社会学专业硕士研究生。

体悟篇

TIWU PIAN

读书，一直在路上

赵祥云[①]

思考读书总结的标题时，“在路上”这个词突然闪现出来，觉得很是贴切，“在路上”表明一种动作状态，代表事情结束了一个阶段，还要继续进行下去；更表明一种精神状态，即个人对该事物的认同与笃定。西农的硕士培养有三年时间，所以于我而言，无论接下来的一年是什么情况，我总还是有些读书时间的，所以我依旧可以在读书路上前行。然而算下来，读书也有两年了，是时候来个总结，一方面是与大家对比，找准自己的定位，另一方面也是给自己一个交代，停下来理一理思绪。

初识读书会

谈到与读书会的结缘，我需要从考研说起。报考学校时一根筋地要考人大，复习的那段时间就依靠着对人大学习生活的幻想寻求精神支撑。3月到北京参加人大复试，从火车站出来是早上七点多，阳光洒在脸上就像直接照进心里那样明媚亮堂，也许是心情太好的缘故吧，当时还特别酸、特别装地在日记上写下一首小诗，大意是北京用它的第一缕阳光迎接我这个失散多年的孩子，为我庆贺……进入人大校园，看到青春活力、留学生遍地的景象，强烈的归属感油然而生，我更是坚信这就是我的大学，我就要在这里开始新的人生，大步走向未来，大有洗心革面，重新做人的豪情壮志。可是希望有多大，失望就有多大，我无比倾心的人大

① 赵祥云，2014 级社会学专业硕士研究生，现为我校人文社会发展学院副教授。

居然狠心地将我拒之门外，几番纠结后我只好落寞地接受了调剂，到西北农林科技大学读研。被西农接收后我依旧沉浸在被人大拒绝的悲痛中，无法自由思考，对未来三年的西农生活和研究生学习更是没有想法。然而也许真的是失望中隐藏着希望吧，我在西农的导师赵晓峰老师建议我回家调整一周后就到校读书，那时，我对此还没有任何概念，只是遵从导师的安排，而且读书也不是什么坏事，那就去吧。现在看来，我甚至还要感谢当初人大不要我，才成就了我接下来两年因读书而发生的蜕变，拥有的无比自足自信的内心。上天为你关上了一扇门，必定也为你打开了一扇窗，读书会老师常说，人的一生是由无数偶然性造就的，关键的偶然性就那么几个，就看你是否能够抓住。真的感谢这一切偶然，读书会给我抓住偶然性的机会。

融入读书会

首先是从涂尔干开始阅读社会学经典大家的著作，这也是“两经一专”人才培养模式的重点之一。书单是参照论坛上前人的总结经验来的，这都是几届人经过亲自阅读筛选确定的最有价值的经典著作，因而其参考性是毋庸置疑的。大多数同学首先从社会学着手，从古典三大家到后现代四大家，经过差不多一年的思维训练，每个人都可以对社会学形成自己的认识，而且绝不是教科书式的教条性认识，之后可根据自己的兴趣爱好转战经济学、人类学、政治学等学科，这种读书模式培养的是通识性人才，且充分发挥各自的主体性，既让我们浸泡在社会学经典中，使其学科精髓渗透入我们的肌体，又使我们不囿于社会学学科，从而培养了我们多学科的大视野。这一过程，由于反复在“阅读—困惑—思考—释然”的循环圈中打转，我们的思维能力得到训练、提升，也在客观上培养了我们的承压能力。但单就读书来说，它并未让我们脱离现实，我们并不是“书呆子”，并不是“两耳不闻窗外事，一心只读圣贤书”，韦伯对资本主义社会发展的认识，涂尔干对宗教生活的见解，马克思对工人阶级、对经济运行的关注，无不是与社会密切相关的问题，甚至都是事关国家发展、历史走向的大问题，我们在读书中形成了大视野和大情怀。而读书并不只是让我们获得知识，经常听老师说：“如果你只为了获得知识而读书，大可不必，因为信息媒介如此多，你完全可以轻易地在网上搜寻到你所需的一切，而读书最重要的是训练思维。”思维能力不是一朝一夕可以获得的，它需要我们经过长时期的困惑思考，最终于无声无息中形成，量变的过程并不明显，但质变时的长时段比较会让自己兴奋震惊。这种能力是我们以后做研究以及生活的看家本领和技能，与经典大家交流是培养这种能力的最高层次的方法，而阅读经典则是最便捷最有效的手段。贺雪峰教授在《在野之学》中说：在一个阶段就要做一个阶段该做的事，我们在这一阶段就是要读书，要培养思维能力。其次，还要不断提升情商，之前我狭隘地认为情商就是处理人际关系的能力，现在觉得情商其实是自己与自己相处的能力，个人是其所有实践活动的中心，无论你与何人相处，无论你要处理何事，都与个人对自我的认识、对世界的看法有关，知道如何与自己相处，知道何者为重，面对问题时自然可以应对自如。

一个人可以走得很快，但一群人可以走得更远。初步阅读经典，难免有畏难情绪，难以避开琐事干扰，不能坐下来静心读书，即使已经进入阅读状态，还会出现理解上的困惑，或是情绪上的波动，这些问题在团队中都可以很好地得到解决。读书会同学严格遵循“早八晚十”的规定，每天 8 点钟到图书馆后就开始浸泡在书中，午饭时不是各种八卦购物消息，而是交流讨论读书状态、所读内容和个人见解，这哪是吃饭放松，这分明是把读书地点从图书馆换到了餐厅。刚开始时我很不适应，但习惯后发现这是实现时间效用最大化的最好方法，在这里的每分每秒都实现了其价值生产和再生产，我们各自的困难在团队的交流互动中也一一被击破，大家的感情也在相互帮助和磨合中增进，一点点融合。坚固的情感共同体形成后，就如一辆汽车驶入快车道，每个人为其安全行驶贡献力量后也分享了因加速而产生的增益，所有人在“比学赶帮超”的学习氛围中读书势头越来越猛，这种感觉也许只有我们这些在读书会的人才会有更深切的体会。

沉浸读书中

西农还是挺适合读书的，它坐落在一个小镇上，环境清幽，没有大都市的繁华，所受的诱惑自然也会小一些。我们必须感谢张老师，他在我们的读书会上扮演着重要角色，每月雷打不动地召开“读书检查汇报会”，也会在大家读书情况不好时批评我们、督促我们，询问我们的具体情况，给予我们各种建议。在每个人都对读书产生信仰时，我相信读书会自然就会发展起来，我相信西农读书会也会逐渐形成自己的向心力和凝聚力。

我还要对比一下我读书前后的情况，大一大二忙于社团各种活动，大三做各种兼职，大四考研，毕业时自己觉得还不算堕落蹉跎，现在仔细想想自己并未成长，只是低水平地增加所谓的经验。而坚定读书后，于我而言是脱胎换骨的经历，专注于读书使我至今对杨陵这个小镇依旧不熟悉，只知道南北校之间的路线，两年了，我只去过西安两次，一次是去买手机，一次是放寒假要在西安转车就顺便去看望同学。两年来我的生活简单而规律，每天早上第一个起床，早饭后到自习室或图书馆读书，午饭后在短暂午休后又开始下午的读书，晚饭时间跑步，晚上继续读书，研一时每晚十一点才回去，室友已经躺下。室友说我很好地诠释了什么是早出晚归，她们甚至根据我的作息活动来确定时间。而把所有时间都用在读书上也导致我与曾经的同学联系变少，但其实也好，这种生活帮我过滤掉了那些无效的人际关系，而真正的友谊则因彼此理解而愈加牢固。好友们说我变化太大，本科时我们谈论的内容五花八门，而现在只要一通电话，我讲得最多的却是学习以及读书会方面的内容。两年来，我的生活中只有读书和跑步两件事，读书是因内心信仰，是为了快速成长，提升自己的思维能力和情商；跑步是为了有更好的身体素质，更好地读书，每当想到自己真的把这两件听起来很简单的事坚持了两年，都会成就感和自信心爆棚。

不忘初心读好书

黄盼[1]

一、传帮带的力量

在读书会的那些日子，我心无杂念、斗志昂扬、阳光进取。即使要忍受夏日的暴烈晨光，也一如既往地在八点之前赶到图书馆门口排队等候进馆读书。一方面，我很喜欢集体生活的氛围，大家一起在图书馆借阅图书，相互分享阅读经验和体会，彼此都很期待对方的进步。另一方面，每天既能在书海中见证自己的成长，又能够跟同学交流，你的所思、所想和所得都能够被看见、被理解甚至被认同，是一件很幸福的事情。在当时那么热烈、纯粹和舒适的读书环境下，我很难压抑自己内心对读书这件事情的喜爱。

通过那年暑假的集体生活，我慢慢地认识到读书的使命和读书会的担当，看到了新世界，也找到了新的人生意义。作为硕士读书会的第一届学生，我们践行读书会的精神品质，希望能够带动更多的同学加入读书会。事实上，当我们真正建设读书会的时候，涌现了不少现实问题，导致读书会的影响力不大。即使到今天，有了 2015 级师弟师妹们的加入，我们还是无法形成那种学习与生活紧密联系的集体感。两年过去了，尽管读书会的团队建设仍存在一些客观不足，但在各位老师的支持、鼓励之下，我们这几个人还算坚持下来了。

① 黄盼，2014 级社会学专业硕士研究生，现为浙江师范大学国际文化与社会发展学院讲师。

刚开始召开读书汇报会时，同学们都很积极，有十几个人参加。过了三个月，读书会人数骤减，最后只剩下核心成员。读书会发展初期，主要靠学生的自觉性和主体性。从总结汇报的形式到内容，没有过多的限定，学生自主汇报，老师再进行针对性的点拨，但同学之间的“比学赶帮超”氛围还不够浓厚。虽然我们都在认真地阅读经典，但是读书会成员之间看书进度各不相同，又没有坐在一个自习室或者阅览室看书，很多困惑无法及时得到解答。渐渐地，同学们学习交流的积极性减弱，而集体讨论的缺乏很容易导致读书状态的疲软。每当我学习钻研动力不足，思想有所松懈的时候，总是会想起那个暑假的精神劲头。不怕慢、就怕站，要勇于试错，顶天立地……师兄师姐们那一句句颇具鼓舞性的话语，成为我读书困顿和迷茫时期的良药。

二、酸酸甜甜的生活

在西农，每个季节有不同的水果，夏天的桃子、秋天的猕猴桃、冬天的梨、春天的苹果，这些都是我们学习之余最大的生活刺激。吃好了才能学习好，才会有更大的能量攻克读书过程中的一道道关卡。初到西农的那半年，我很有激情，一如既往地保持着在武汉的那股学习劲头，和读书会的其他同学保持一个月两三次的交流。但是，过完研究生阶段的第一个寒假之后，我们的联系就没有那么紧密了。在诸多现实因素的影响之下，我对读书这件事情有了些许动摇和不自信。当身边的同学开始着手写小论文时，我在读书和写作这两者之间开始纠结，不敢表露个人想法，也没有主动去解决自身的思想问题，导致陷入周期性的自我怀疑。

研一的生活相对简单有序，主要是上课和读书，生活充实又有成就感。到了研二，当班里的同学能拿出成果证明自己的时候，我对读书的态度有点变了。除了阅读书单和读书报告，我好像没有其他能够被大家认可的成绩，比较之下暴露出来的不足，让我觉得读书缺了社会的认同，开始陷入过度的自我反思与否定当中内心有点拧巴。特别是回家面对父母的关切，我就变得很不自信。在父母看来，我连基本的生活常识都不知道，总被质疑研究生的能力。我知道，父母的本意是想督促我多多进步，可是却让我觉得自卑，让我产生一种想要证明自己的急切心情。但读书又无法让梦想立马“兑现”，短期目标和长期理想之间的不匹配，导致我陷入反复煎熬之中，读书心态也变得浮躁。再加之研一结束了社会学经典大家的著作阅读，研二转为经济学、政治学等其他学科，我没有做出科学合理的读书计划，导致研二上学期读书书目都很混乱。

到了研二，整个人的状态有点偏离自己想要达到的理想状态。看书的时候，学习动力明显弱于研一。当班级同学不用再因为上课而聚集在一起的时候，我如果不主动，就不知道对方在忙什么、关注什么，我的学习生活陷入了一种懈怠期。正常来说，只有一门课程的研二新阶段，读书生活是很纯粹的。研二新学期刚开始的时候，我还能保持平稳状态。但是，慢慢地开始觉得除了看书就是看书的这种生活，貌似太枯燥了点。研一，我可以拿上课、听课当作一种休息，既能从课堂上听到老师们对专业知识的讲解，还能听到同学们对学习和生活的不同态度和见解，这种学习生活是接地气的，有生命力的。可是，当我完完全全地独自进行经典阅读时，我感受到了学习的孤独感，很多愁绪无处宣泄也使得状态有些浮动。虽然知道西农读书会的成员在图书馆或教室看书，但是因为长期没有与他们进行同步学习讨论，遇到问题后，就习惯自己默默地消化。

当然，正是有了那些独自承受的辛酸，才更能够深刻认识到如何读好书，并不断完善自己的思维方式。凡事就怕认真，千万不要认真地应付。虽然思想开过一段小差，但我始终没有偏离大方向，也有意识地结合自身的特点去强化相关的学术能力。经过经典阅读训练后，我认为写作训练也很关键。不论是研一六七门课程小论文的完成，还是研二上学期开题报告的撰写，我都用心地参与其中。光读不写，很难提升自己的理论分析能力。所以，我选择认真对待，将自己平时所读书目内容和课程作业结合起来，通过报告和论文写作的方式对某个阶段的读书内容进行一个小小的总结，不断增强自己的写作自觉性。

三、有主体性的反思

事实上，学习过程中的状态起伏是常态，当时的我却把它当作天大的难事。经历之后，才懂得很多事情需要用平常心看待，所有的过往都是有意义的。回过头看这些成长困境，感觉自己挺矫情的，竟然没有很积极地找人请教解决问题的具体方法。过于关注自己的内心感受，无形之中削弱了自己的行动力。殊不知，低落时期出现的沮丧和痛苦，将会是让自己变坚强的成长剂，它会告诉你，什么叫作个人的主体性和学习的自觉性。

研一的我，太习惯于来自集体的监督与约束。等到要开读书汇报会了才开始写读书报告，才意识到要加快步伐，后知后觉地发现，之前没有对每天的读书收获和困惑进行整理和评估。当研二拥有纯粹的读书生活时，却无法确定自己的学习节奏，时常出现松弛过度的学习问题。如果感知到来自身边同学的无形鞭策，那几天就跟打了鸡血一样，全身心投入读书当中。此起彼伏的学习状态，是读书归于日常和平淡以后的无意识认知，是不曾经受过思考的行为反应。这些本能的驱使，以及读书的初衷，让我更加彻底地认识该怎样读好书。

阅读、思考和写作等习惯的养成，不是靠一时的热情来推动，而是一颗甘于平静的心以及坐得住冷板凳、下得了苦功夫的态度。学习能力不只在研究生阶段修炼，更应在整个学术生涯持续提升。认清当下的问题，才有可能再创造新高。不钻死胡同，辩证地认识和看待学习过程中的酸甜苦辣，这是我加入读书会以来得到的深刻体悟。如果囿于“小我”，没有“大我”，我的思想境界很难得到提升，格局也难以打开。而这些刻骨铭心的体会，都源于个人与团队的关系分析和反思。这两年的经典阅读生活，正是我从集体生活到自主探索，再到团队精神内化于心的体现，也是初步建立学术使命的时期。很多想法都不太成熟，也希望今后的自己能够继续不忘初心、坚持知行合一。

玉汝于成　一路生花

许珍珍[①]

“粗缯大布裹生涯，腹有诗书气自华。”

（一）初入经典，艰难困苦

读书或许就是一场成长与痛苦并存的事情。初读经典时，每次翻开一本新书时，迎面而来的不是对这深邃思想的喜悦，而是外来译文造成的阅读障碍。我感觉到没有哪一本书读上几页就可以纵览作者的主要观点和思想。他们都会寻找基石慢慢铺垫，当基石铺足了，路也就成了，思维道路所指向的理论大厦就可以呈现在人眼前。但是在一步步地触摸路基的过程中，因为自身的不足和路途的艰难，摩擦和碰撞在所难免。虽然在磨砺的路途中都会寻找同伴，寻找安慰和扶持，然而最终承受这一切的其实是自己。即使良师益友在侧，但是没有人可以代替自己的挣扎和苦闷。这个挣扎的过程也可算是成长的过程。

在读研期间，我大多数时间都把自己沉浸在社会学的经典书籍里，也是在这个苦累交加的过程里喜欢上阅读经典。一开始读经典对我而言仅仅是身外之物般的感觉，经典书籍很好，读经典也很好，但是好归好，与我并没有什么关系，即使以前硬着头皮读过一些书，但是内心认为并不是非它不可。而在这 7 个月里，我不太敢想象如果没有这些书我该如何度过这段让人苦闷的时光。虽然是它们让人厌烦，但也是它们陪伴我走过这段岁

① 许珍珍，2016 级农村发展专业硕士研究生，现为西北农林科技大学人文社会发展学院讲师。

月。有时候我会后悔，后悔自己曾经做过的选择，会担忧，担忧现在和未来我经历的是一些我不想要的东西。然而，我们正在经历的一切都是无法反驳的真实。如果当初我没有参加读书会，不一定就比现在更好，因为现实的洪流里面涌流出来的是我们当下的境遇，生活里或许有其他的可能，但是那些其他的可能性因为我们或看得到或看不到的，或当初意识到或当初没有意识到的因素不可更改地让我们的生活朝着一个方向发展，那就是我们当下的境遇和现在面临的现实。由此我更加明白我究竟想要什么，我适合什么，我喜欢什么，我如何对待身边的人和事才能让一切更加和谐，让自己更美好。我现在无比清醒地意识到，在这个平淡而不平凡的小镇上，我真正想要的是什么，而我又该如何做出取舍，如何付之以实际行动来征服时间和距离。正如齐美尔所言，成功者要获得成功，不得不牺牲别的活动形式，通过否定其他能量的成长来获取既有能量精华。在这个世界上，有人征服了时间，有人却被时间征服，而我不想屈从于荒凉的时间。

虽然这样高强度地阅读经典是一件痛苦的事情，但是斗争本身就是一件极有意义的事情。人无远虑，必有近忧。读书需要的专注和耐力，恰恰将我与别的事情拉开距离，让我远离会损害自己心力和意志力的事情。然后，才是在这个过程中学会如何面对困难，如何做好当下的事情而不是好高骛地的生活。回想研究生复试时我们学校的心理测试题目，里面有一题，大概是问会不会无端端跌入一片恐慌的心理，难以自拔。当时因为复试的压力不仅我有，身边一起备考的小伙伴们都会偶尔有这种情绪。经历了这几个月的纠缠不休，我想我能更加认清心理恐慌究竟是一个什么模样的怪物。我想我能更加坦然地应对下一次的挑战，更加清醒地看清自己和自己脚下的道路。心理恐慌还是因为不自信，当人在不自信的时候做事情就会很混乱，不管是自己的选择还是努力的过程，都无法灵活、平和地与自己相处，与孤独相处。现在我觉得读书可以给我自信，系统地去读书，从读书中陶冶情操，锤炼个人能力的过程也正是一个慢慢培养自信心的过程。

刚开始，阅读经典书籍，我在看前三分之一的时候是看不太懂作者究竟想要说些什么，但是硬着头皮往下看便也能慢慢地看懂了，关键是前期要熬得住，要抛开一切让自己快速进入书中的逻辑场景。有时候，看一遍并不能把握住作者的观点和论证逻辑，那么至少要看上两三遍，笔记应该每一个思维段落做一个总结，这样再看时就可以翻阅笔记摸索出逻辑论证的线条，提高效率，加深理解和思考。读书的最大用处在于引导人思考。我摸索出来的方法就是总结不应该只是简单地串联主要概念，应该加入更多的思考内容，用自己的思考来承载知识和逻辑。或者寻找书中的主要概念，把主要概念阐述清楚；或者寻找作者的思考逻辑线条，把线条从繁杂的叙述里抽离出来并将其清晰地呈现。最重要的是要有一个宏观视野，能够看到经典大家在关注什么问题，他们又是如何对这一问题做出回应的。

（二）玉汝于成，一路生花

在严谨的经典训练中，一年时光已过，我常反思自己是不是足够静心，足够刻苦，但是越反思越对自己感到不满意，不满意就只能继续向前走。不读书，整个人就像是没有思想的芦苇，在周边不读书的大环境的影响下更加放逐自流。我们从小到大读得最多的只有教材，对于书籍尤其是经典读得其实非常少，当自己没有意识到一个东西的价值时，这个东西对我而言就是没有价值的。加入读书会，从内心来讲我是不排斥的，对我这样读书甚少的人就应该有严苛的训练和要求来约束，所以能够加入读书会，我的内心其实是怀着很大喜悦的。借着这次总结的机会，刚好可以对自己一年来的所思所想做一个梳理，相信以后再读到我写下的这些文字时，内心是对青春时代满满的怀恋，是恰同学少年的成长和拼搏。

如布迪厄所说，自小养成的观念是一种深深烙在身体里的习性，先知先觉者能够认识到这个事实，后知后觉者甚至对这些东西视而不见。但是能够认识到和能够改变又是两回事情，真正的问题在于改变世界，改变世界的前提是改变自我。对当下的“寒门再难出贵子”“中国阶层正在趋于固化”等言论，虽然社会事实确是如此，但是，对于我们每个个体而言，需要面对的是如何冲破这种束缚和局限。我并不觉得阶层固化和家庭出身真的能决定哪一个人一生一世的命运，能决定的只有我们对命运的看法。我从文学中走来，走向社会学，文学名著能够让读者体会到生命中的无限可能，而社会学告诉了我究竟是什么在无形中束缚了我们的这些无限可能，这些看不见的黑手又是如何在幕后操作的，社会学家把它们搬到了台前，从此我们的现实就有了被照亮的可能。既然人不是一个个机械的动物，而是拥有了反思能力和改造能力的万物灵长，那么被结构束缚的东西必然需要冲破结构，再来反思结构，重塑结构。

可能是因为经典引起了我的少许思考，给我打开了另一个世界的大门，当我站在门外向里看时，内中的精彩斑斓和忧愁喜乐对我而言如隔岸观火，没有多大的触动。可是当我走进门里和经典大家一起体会现代性的变迁，学习他们对社会问题的精深思考时很多以前我从来没有想过的问题、从来没有过的想法都展现在我的面前。尤其是读福柯和布迪厄的时候，他们一个惯于从权力角度看问题，一个从实践中走来又走回实践中去。加上之前读过的社会学古典四大家的思想，到了福柯和布迪厄，突然就给了我很大的震撼。让人发觉原来竟然有如此有趣的社会学家，他们以灵魂书写的文字最有温度和力量。他们的思想对我思考的启发远远大于我从他们那里得来的知识性内容，读他们时，我相信了一句话：学习的本质在于启发思考。

这一年是对社会学经典的专业训练，在读书会的培养模式下，我们踏在这条路的起点上向前走了一段，这一段路于我的意义不仅仅是学术思维的训练，更是对我心性的磨炼。我并不是沉心静气的人，热闹欢脱是我的常态，但是内心还是非常向往安静的生活。这种安静并不是说每日少言寡语，而是内心的一种状态，内心感觉自己和这个世界在某一点上有了共鸣，有了联系，心里变得很安静。这种状态能让我感到幸福，它的价值千金不换。上了大学以后，我选择了很多实践活动，可是到了大四的时候，内心是非常空虚和焦躁的，那段日子中午没有睡着过，就是我的内心很不踏实，就连考研的时候都睡得很不踏实。其实静心不是一个选择，而是一种状态，考试和学习是外在形式的东西，并不是说我选择了读研，选择了研究生入学考试就能够坐得下来，能够进入一种积极的、活跃的学习状态。这种学习状态需要从内心认识到读书的好处，学习的意义。阅读经典虽然在市场化的今天好像并不具有什么舆论优势，读书、考研、考博也并不能让我们很快地获得尘世中的名利。读书的意义在于对自我的锤炼，这是一场孤独的修行，与整个世界无关。这是一种求知的状态，是一种打开自己的状态，只有达到这种状态，才会有安静和幸福的感觉。

对于大学来讲，安静的环境是非常重要的。我们一直认为建在大城市里的大学才有大学的气度和优质的资源，其实建在乡下的大学，静谧的环境对于学习和科研都是非常有益处的。不过在中国当下这种城乡二元结构里，城乡资源的不协调，导致教育机构和医疗机构很难“下乡”，所以乡村与城市对比而来的荒凉是很自然的现象。西北农林科技大学选址杨凌，可见当年前辈们一心向学和一心为国的精神。在这样的小镇上读书学习，我想这里会是我的起点，一段很美好很安静的岁月。

读书与成长：我的西农追梦路

褚庆宜[①]

来西农已经有两年多的时间了。为什么每次回顾都喜欢强调时间呢？因为，这于我而言，就是在不断地提醒自己要趁着年轻努力去拼一把，不让自己遗憾或者后悔当初，希望自己能够通过每天的坚持与努力去追求一种价值感、一种意义感。在西农这两年多的时间里，能有机会沉下心来读书，过得非常充实，这个过程也让我更加坚定心中对于做好研究的想法。当初自己没有继续沿着本科社会实践的方向走下去，其中非常重要的原因在于，经过很多的社会实践后，让自己意识到只是凭着一腔情怀去做乡村建设，没有形成对社会比较深刻的整体认识，自己很难找到价值感，也很难持续地走下去。本科期间，通过这些社会实践让自己真真切切地接触到中国的基层社会，也令我意识到我们正处于一个社会快速变革的时代，城乡社会都在发生着巨变，特别是对于中国的乡村，是至关重要的转型期。中国的乡村发展将要往何处去？这个问题开始成为我内心的疑惑。作为农村出身的学子，对于农村的发展确实有着更多关切，心中一直希望通过自己的研究去搞清楚这个问题，能够对农村社会的发展转型发挥正向的作用，并在这个过程中去见证社会的变迁，这确实也是一件非常有意思、有意义的事情，这也是自己后来选择做研究的初衷。此外，还要去回顾自己的初心，因为这是我读书、实践的重要力量来源。只有记住自己的初心，才能够清楚地知道自己从何处来，想往何处去，而不至于在纷繁的欲望、选择中迷失。这两年多的西农读书生活，自己总体感受是，这是不断体悟自己人生

① 褚庆宜，2018 级农村发展专业硕士研究生，现为我校 2021 级社会学博士研究生。

价值意义、踏踏实实前进、成长的过程。现在对这两年多的时光进行反思总结，我觉得也是一个做真人真事，对自己成长负责、不断突破的过程。

简单而又充实的读书时光

在西农的读书生活，可以说是非常简单而又非常充实的。在 2018 年 4 月来到西农之后，每天想得最多的事情就是读书，读书思考成为这两年时光的主旋律。每天无论要应付多少事情，一直都不会忘读书，读书能带给我愉快的体验。于我而言，读书就相当于与很多大家进行对话交流，在阅读中了解他们的思想，并在很多时候给自己很大的启发。在与不同大家对话的过程中也让自己意识到社会的多元性，研究视角的多样性，进而也让我意识到面对不同的观点需要包容性和批判性相结合。此外，读书也让自己能够真切地感受到自身的进步与成长。刚开始读书时读不进去、读不懂，内心怀疑自己是否能行，当自己坚持读了一个月、两个月读书之后，就会在某一刻发现自己居然可以读懂，还能够如此投入地读书，而且有了自己的想法，那时的喜悦至今也能让人感到愉悦。现在想想这两年多踏踏实实地去读书、去坚持，自己最大的收获其实并不是学到了多少的知识、掌握了多少理论，而是在这个过程中自己能够保持住初心，真正踏实且耐着性子地走过来了。这个过程也让我意识到何为厚积薄发。

在生活中，我们总能看到许多非常优秀的前辈或者同辈，当我们向他们表示赞叹时，也应当去想想他们一天天的坚持。我觉得他们大部分都不是什么神童，他们能够有所成就，也少不了一点点的积累。在相同的地方、同样的平台，之后的成长会出现很大的差距，其中缘由就是在于日常积累的差异。对这两年的读书生活进行整体性的反思，有一种后知后觉之感。读书会上老师和同学们都会分享很多经验和道理，但更深的体悟却是需要自己去经历之后才能够获得的。

就这两年读书的整体状态而言，我觉得自己的读书生活是简单而又充实的。同时，我也能够深刻地意识到自身在读书的总结与反思方面确实存在不足。为什么会对自己有这样的评价呢？首先，我虽然很清楚读经典书籍是为了锻炼思维，但在读书过程中却很容易偷懒。读书时只是做了一大堆的摘抄，而没有太多的思考，思维是发散、跳跃的。这一点我其实一直都很清楚，却没能实现真正的突破；其次，自己有时会在意量，总希望读更多的书，去了解更多大家的思想，然后补充自己某些知识盲点。但在后期，我发现当今社会知识的生产是巨大的，作为一个个体不可能将方方面面的书都读到，什么知识都清楚。而且各个学科，特别是人文社科的知识具有比较强的共通性，这也是老师们经常会给我们强调“读通”的意思，也是读书会坚持让我们读经典的原因。再次，自己刚开始追求读书的速度、读书的量，希望读得更多，其实就是内心的不自信。在内心深处总认为自己读书的量太少，自己需要抓紧时间去补，读更多的书之后自己才能够有更强的底气。但后期自己也慢慢意识到，读书需要把握一定的节奏感，并不是快就好。自己也在告诫自己“慢就是快”，成长需要一个过程，自己需要把握其中的度。这一点也是在读书的过程中自己慢慢体悟到的，把握好自己的节奏，慢中有快，把事情做实做精，成长自然会到来。这两年多的读书时光，虽有不足，但通过反思总结去清楚地认清自己，于我而言也不失为一件幸事。结束了读书会的经典阅读后，真正的考验或者更大的考验才刚刚开始。为了做更好的研究，读书也仍旧需要继续。

呼朋唤友，寻找一起分享人生意义的伙伴

在参加读书会的过程中，自己意外地收获了很多师友们的情谊，也深深地被团队的正能量所吸引，做真人真事，以做有中国主体性的社会科学研究为目标，确实让我内心感到充满能量。因为在这个高速发展变迁的时代，一切向“钱”看，功利主义成为主流，和周围同学交流时感受到更多的是关于“现实”“现实就是如此”的妥协，似乎追求理想或者追求非金钱意义衡量的目标已成为一种稀有现象，在团队中自己却能深深地感受到正能量。我觉得自己是幸运的，能够参加读书会结交到一群有意思的伙伴。这两年多的读书会时光，也是自己呼朋唤友，开始寻找和自己一同分享人生价值意义的伙伴的过程。

亦师亦友，无限热爱学生的老师们

在这两年多的西农读研生活中，自己真的遇到能够真心诚意地关心、引导学生的老师们，内心一直也十分感激。与老师们的交流，他们的真诚相待让自己收获颇多。在自己产生困惑与苦恼时，老师就像朋友一般去开导、鼓励自己前行，这让我觉得非常温暖。老师们对学生们的关心，与网络上所言的“老板”很不一样。与自己的其他同学相比，遇到这样的老师是我的幸运，这也让我意识到要更加努力。老师们对学生的热忱、对学术的认真，给我们做了很好的榜样，老师们的付出与努力也一直在影响着我们。我觉得导师组的老师们像是教育被产业化的阴暗夜空中散发出的一道亮光，我们便是那能够受到照耀的幸运儿，我非常感恩遇见这些热爱学生们的老师。

希望我们的读书会越来越好，希望大家都能找到自己人生的价值意义，希望自己保持一颗热忱的心，真正地成“人”。

书香常伴　浸润心灵

康宇兰[①]

一、知无涯

从 2019 年开始正式接受系统化的社会学经典训练至今已经有两年时光了。犹记得第一次参加读书会，听着学长学姐们关于社会学经典的侃侃而谈，我为自己在社会学理论学习方面功底的浅薄而感到羞愧。我也曾在本科期间将一部分时间用来阅读，充实自我，但相比碎片化的阅读，学长学姐的系统化、体系化的阅读更加能让人从阅读中有所提升。

刚刚开始阅读，我信心满满，为自己规划了阅读顺序，我以人物作为阅读内容展开点，以社会学理论发展顺序作为自我学习的顺序展开阅读，第一位社会学大家是涂尔干，记得我读的第一本书是《社会分工论》，这本书内容并不复杂，但是在似懂非懂的阅读过程中，我执着于搞清楚涂尔干在书中所说的每一句话的含义，导致我的阅读速度比较慢，对于书的内容理解也不到位。当时正值大四，我跟着考研的同学一起作息生活，从早晨到晚上，花了四天多的时间将整本书从头看到尾，却不能完整地概述和理解整本书说了什么，于是我又花费一两天的时间对整本书进行梳理，终于对整本书的内容有一个自己的理解框架。这样的阅读速度，让我感觉自己难以完成每个月五本书的阅读任务，阅读的信心受到了一次小小的的打击。

幸运的是，在阅读的道路上，老师一直陪伴着我们，对我们阅读的困

① 康宇兰，2019 级社会学专业硕士研究生，现为我校 2022 级社会学博士研究生。

惑及时答疑解惑。当我花费近两月的时间阅读完涂尔干的时候，我发现，社会学大家之所以成为大家，是因为他围绕一个宏大的学术问题给出自己的学术解答。当我们对于一本书的内容或者一本书的部分内容感到十分困惑不解，不要过分地纠缠于这些疑问。有时候将这些问题记在本子上，暂时搁置在一边，在接下来的阅读中，这些疑问也会随之解决。

在经历过第一位大家的洗礼之后，我有了应对阅读困难的方法，之后还遇见一些困难，我已感觉不到困扰。

万事开头难，阅读如是，阅读经典更如是，刚开始我们踌躇满志，但是很多困难也迎面而来，这时候需要与有经验的师长进行沟通交流，调整自己，找到适合自己的方法。

二、上下求索

毫无疑问，刚开始，阅读是一件令人感到枯燥的事情，我们每天从早到晚，一天天坚持，一周、两周，生活的单调总是让我难以坚持。尤其是大四保研的时候，周围其他保研同学丰富多彩的生活与自己单调的生活形成鲜明对比，这时候自己坚持读书的信心会动摇。他人旅游，享受美食，看电影，自己的生活却只有读书，这使原本坚定的阅读信心不断被周遭的诱惑所动摇。

现在看来，这种不坚定其实是自己刚开始的阅读态度有问题。作为成年人，我们内心明白，读书其实是在为自己读，但是很多时候坚持阅读，却是为了完成任务，潜意识里是迫于压力。加之社会学的书籍确实晦涩难懂，在周遭的大环境下花大量时间阅读经典的人也不多，种种因素导致我们内心深处对于学习是被动的。

这时候就需要坚持，无论刚开始是出于什么原因，我们开始阅读，最为重要的是坚持。坚持会帮助我们养成习惯，当阅读这种习惯成为我们生活的一部分，完全融入我们日常生活的时候，你会发现，当你拥有大量时光去休闲娱乐时，时光其实是被浪费了的，于是曾经的被动也会在不知不觉中变成主动。

读书对自我的提升是一个缓慢、不知不觉的过程。当我们偶然从某一次阅读中顿悟，或者对一个社会问题得出一种与周遭不一样的见解的时候，我们发现自己思考问题的方式改变了。这些收获和改变，足以让我们从阅读中发现自己的提升与改变，更加坚定地明白，读书是为自己而读。

三、蓦然回首

在读书期间，老师一直强调读书能够改变和提升我们的思维方式，对于这一点我一直没有明确的认识。读书时间长了，很多以前阅读过的内容也逐渐被遗忘，当被别人偶然问起，也说不出所以然来。这些记忆的遗忘让我有时候也会心生怀疑，既然读过的书都被忘了，那自己花费大量时间去阅读，相较那些早早开始调研，写作发文章的人，又有什么收获？

这个疑问，在一次阅读中得到了解答。刚刚开始读书的时候，“四为”读书会的藏书只有零星几本，好多书籍需要自己购买或去图书馆借阅，因此在我没有找到涂尔干相关书籍的时候，我手边有一本福柯的《疯癫与文明》。我阅读这本书时内心充斥着各种疑惑，愚人船、歇斯底里疯人院、非理性，这些词语在我的脑子里胡乱飘散，不成体系，我不懂福柯阐述这些到底是为什么，也不懂这些变化到底深刻地蕴含些什么。直到我阅读到后现代社会学经典的时候，我再次系统地围绕福柯文集进行阅读，发现《疯癫与文明》这本书的内容不再晦涩难懂。因为前期的阅读对思维的训练，我对于这本书已经有了一定理解，我了解福柯是通过这些意象的历史性变化讲述权力与身体的关系。

那一刻从曾经的一点也不懂到有所理解。这些自我的变化被发现，发现自己向优秀的方向逐渐迈进，这种收获及其给阅读者带来的欣喜大概就是阅读带给我们的一部分意义。

四、豁然开朗

两年的读书，让我学会脚踏实地坚持去干一件事情，我们身处的社会充斥着太多的观念、很多的想法，新奇的事物层出不穷，不断吸引着我们的眼光，让我们不断去追随，导致目标不断变换、兴趣不断转变，常常忘了自己要去坚持什么、要做些什么。浮躁充斥心头，空虚、迷茫经常在人生关卡充斥心间，对于过去的日子，蓦然回首，发现自己一无是处。通过两年多的经典训练，我从一个浮躁的人变成一个能够安心踏实、认真去做一件事情的学生。如今我可以自豪地告诉过去的自己，我的时间没有浪费，我的生活十分充实、我的头脑也被武装。读书的经历、同伴的友情、老师的关注不断塑造一个逐渐成长的我。

随着我逐渐进入经验训练，我发现曾经的读书经历对我大有帮助。刚开始在经验训练小组中作为一个初学者，既有对师兄师姐侃侃而谈的羡慕与敬佩，也有对自己能力欠缺的羞愧。在一天天的调研中，我发现自己也能对一些琐碎繁杂的经验现象做出自己的梳理，这种快速的成长也让同队的师兄师姐对我赞叹不已。我认为相对以前的自己，能够有更快地进步和更加灵活的思考,既要归功于经验相对丰富的师兄师姐给予我不断的引导、鼓励与支持，也要归功于两年多的经典训练，一百多本专业书籍对我不断地磨炼。

希望在今后的日子里，我能够将自己的所学运用起来，使自己的生活更加丰富多彩。

读书两载不自知　回首已成参天树

汪子策[①]

在写两年读书总结时，我曾犹豫很久：我该怎样认识这两年？如何理解这两年？从表面来看，这两年我似乎什么也没做，日复一日地读书、学习，在外人看来是如此枯燥乏味，似乎没有什么精彩可言；然而仔细品悟却发现，同两年之前的我相比，我如同脱胎换骨一般，早已不是原来那个懵懵懂懂、空有理想且不成熟的毛头小伙，逐渐成长为了一个既冷静、谦虚、博学、敏锐，又热诚、无私、坚定、自信的人。这种变化，归根到底是我作为一个人，在两年的闷头苦读里滴水穿石、不断进取的结果；这种变化，说到底是在读书会这个大家庭中，我被不断鞭策、激励、推动着向前走的过程；这种变化，说到底是我在阅读中逐渐明白我想成为怎样的人、我如何成为这样的人的过程。在这两年里，我真正找到了自己的人生方向和志趣，真正找到了奋斗一生的目标，从而真正有力量去克服自己身上的彷徨和犹豫，坚定不移地朝着自己的道路走下去。而这恰恰是我们这一代年轻人最缺乏的品质。正是因为如此，将这两年我的心得感悟写下来尤为重要。本文从如下三个问题展开：1. 经过两年社会学训练，在我看来，一个理想的人生应该是怎样的？2. 在读书中，我成为怎样的人？我得到了怎样的成长？3. 经过两年训练后，我想成为怎样的人？我的人生方向是怎样的？

① 汪子策，2020 级社会学专业硕士研究生，现为同济大学 2023 级政治学博士研究生。

一、什么才是理想的人生？

“什么才能称之为人？”从唯物的自然科学角度来说，其定义无可置疑。但是从唯心的角度而言，恐怕就没有结论了，很多人都觉得自己的人生既无理想，也不快乐，更谈不上有什么意义，极端一点甚至认为自己“不是人”，许多人嘲笑自己是牲畜、牛马，不就是这种心态的反应吗？在现代社会中，生活水平提高了，人们的精神世界却恶化了，负面情绪和自我意义的缺失是每个人都面临的问题，“我是谁”的问题从没有如此迫切地需要被解答。从社会学角度而言，每个人都是社会环境的产物，受社会结构的制约，有怎样的社会存在就会有怎样的社会意识。为什么现在的人缺乏自我价值？根本源于现代社会中的人虽然吃得好、喝得好，娱乐生活看似丰富多彩，但本质上都是对粗浅欲望的满足，而没有内心对自己真正的认同。在个人被不断异化的今天，每个人脱离了集体，脱离了理想，被迫成为一个螺丝钉，孤独、重复地做着不喜欢的事。娱乐就跟毒品一样，用粗浅的生物欲望不断刺激人的五官，使每个人陷入空虚—刺激—空虚的“死”循环，不断地被安排，这怎么可能产生意义感呢？

那么什么是有价值、有意义的人？人最伟大的能力在于改变环境的能动性。他或许能力有限，无法改变大环境，一步登天；但是他如果百折不挠，通过努力，让环境一点点变好，一点点充满希望，最后品鉴努力后所获得的喜悦，这样的意义是任何粗浅的感官刺激都无法比拟的。任何一个人，只要他心里装着他人，装着希望，并为之努力获得收获，他就可以说是一个幸福的人。小到成家立业，大到治国平天下，只要他在奋斗，他的人生就是如此充实。外在符号的衡量只是消费符号的陷阱，追求外在符号的过程就跟吸烟一样不断追求外部的刺激，这跟内心真正获得价值带来的快感是完全不同的。

因此，一个有价值的人必定是不断成长的人。而所谓成长，并非指他具体的能力、技术、学识的提高，而在于他通过克服困难、改变环境，让周围的人一起变好的过程，在这个过程中，能力的提高只是结果。克服的困难越大，能力提升得越快，其结果给人带来的快乐也就越多，自我满足感也就越强烈。当然，这样的成长难度肯定比单纯的感官刺激要大，失败的风险也更大。每个人怎么生活是个人的选择，有的人愿意一辈子浑浑噩噩、被动追求各种符号而精疲力竭；有的人愿意得过且过，找到一个舒适区平稳度过；有的人愿意不断攀登高峰，努力实现自我成长和环境改善，这些都没有错。但是现在青年人的问题在于：想追求符号，内卷卷不赢，筋疲力尽；想躺平躺不平，经济压力摆在这儿，没地方让你躺；卷不赢、躺不平，那为什么不拼一把，即使日后要躺，也躺得舒服一点呢？

这跟读书会有什么关系呢？源于：读书会告诉我们，人生不仅仅只有“内卷”和“躺平”，还有第三条路，就是通过奋斗、成长实现自我价值这一条路可以选择，并且老师们为了我们能够踏踏实实走好这条路耗费了不少心血。刚开始读书的时候，我以为读书是一种竞赛，谁读书读得好谁就厉害，以后拿的资源就越多，于是使劲读；后来我觉得读书是一种日常，一种工作，该读多少读多少，适应了就好；到现在我已经完全没有这两种感觉，我的生活状态发生了改变，读书是一种体悟，是一种感触，是一种修身，是一种成长，它没有目的，而是沉浸在读书中，通过读书感受到克服书本困难以后带给自身的成长，不断建立自信和自我意义的过程。我打过工，“躺平”过，这两种生活我都难以接受，但是在我脑海里从没有其他生活状态的概念。在读书会的两年里，我逐渐感受到人生未必是被动选择的，人可以通过不计较得失的奋斗获得真正精神的力量。总体而言，读书只是人生道路的一个起点。

二、我获得了怎样的成长?

“成长”并非是一个空词，恰恰相反，这是一个实实在在、踏踏实实的词，背后蕴含着无数实实在在的努力和劳动。只不过，这些滴水穿石的努力往往太过微小，难以体会得到；每个人成长的感受也会由于生活经历的不同有所不同，这使得成长仿佛成为一个虚无缥缈的词。如何踏踏实实总结这种收获，在此基础上思考自己的未来，让成长这个词不是一个空词，而是坚如磐石成为前进的基础，回答读完书以后“我为何人”的问题，就是这一部分要反思的：读完两年书，我究竟有了怎样的成长？

一个人的成长，应当是才思敏捷，求知若渴。

要问读书以来最显著、感触最深的成长，当属我思维和眼界上的进步。这两年来，哪一日考虑的事情，不是“修身、齐家、治国平、天下”；哪一天思索的东西，不是鞭辟入里、振聋发聩的道理。所读之物，或许既不能帮助我们写成精美的文章，也不能帮助我们侃侃而谈，却在实实在在地帮助我们开阔自身的视野和心胸，将理解自己、解释自己的钥匙第一次握在了自己手中。不是盲目地根据别人的评价来判断自己，而是通过读书，不断培养自己的思维能力，帮助我们去认识社会，进而认识自己。在这个过程中，书读得越多，眼界越开阔，逻辑思维越丰富，对自我的认识也更客观，迷茫也就越来越少，自身遇到的困境不再可怜巴巴地希望有外人来帮助，自己就能通过思考和行动加以解决。这进一步加剧了我的求知欲，不断刺激我去阅读新的书籍，新的知识，新的领域，使自己的思维能力不断得到增强，这是一个源源不断的正向反馈过程，也是最直接的进步。

一个人的成长，应当心平气和，心无外物，不被自我所束缚。

读书给我带来的第二重变化，一定是心里的净化。如何做情绪的主人、如何处世不惊，是读书带给我的更重要的收获。

读书的过程中，人往往会遇到一个瓶颈期。读书带来的理解能力、领悟能力的提升，导致自己在不知不觉中变得盲目自大，这个理论，那个道理，仿佛自己知晓一切天地真理，对任何事都能说得头头是道。在这种妄自尊大的心理驱使下，看任何事物都容易脱离实际而空谈理论，似乎只要理论能够自圆其说，事实是怎样根本无所谓。这种思维是极其有害的，但是又是自己无法察觉的，谁会轻易否定自己呢？于是乎，看书时人变得飘了，觉得自己轻松就能指出文章的缺陷，而忽略了其本身的优点；对待他人也开始飘了，觉得自己天资聪颖，同他人交流毫无必要，闭门造车即可。

这样的心态怎么可能学好呢？很快我便被老师劈头盖脸地骂了一顿，老师指出：“如果每个人都把自己的心装得满满的，觉得自己了不起，那怎么能装进去新的东西？这个社会变化是很快的，一个先入为主的人怎么做得好研究？”这让我重新开始审视自己，我到底要做一个脱离实际、沉迷于自我想象的狂傲之人，还是做一个能意识到人外有人，甘愿做真理虔诚的仆人的人？答案不言而喻。当意识到了这一问题后，我时刻警醒自己，谦虚、谨慎、客观、踏实，不能想当然，不要被情绪所主导。这个过程无疑是漫长且痛苦的，不断否定、克制自己的情绪实在是一件难事，但是在读书中我逐渐做到了。我开始不带着目的性去读书，不再追求“批判”书本，而是考虑“对话”书本；我不再抱着从读书获得收获这种功利性的心态去阅读，而是一头扎进去，扎扎实实地去思考：作者是怎么推理的？他为什么持这种观点？他的观点同其他人有何异同，为什么？现实的社会背景对他的观点有怎样的作用？当心无旁骛，情绪被彻底排解以后，我终于将思维工具牢牢掌握在自己的手中。

没错，读书带来的思维进步，只是一种工具，去解释、改变世界的工具。但是要用好这一工具，前提之一在于内心足够平静，不会被外部世界带来的情绪波动所干扰，这一工具才能发挥最大的效果。在读书会，我有好的老师，可以告诉我自己无法发现的问题；有老师营造的环境，可以让我沉下心来，打磨我的心性；可以通过读书，不断让我的心性愈发平稳。我逐渐不再被俗世所困扰，不再考虑闲言碎语，别人的言行不再能挑动我的神经。我不再慌乱，不再追求利益，我的眼睛里只有冷静，冷静地分析事物，冷静地看待事物。

一个人的成长，应当是独乐乐不如众乐乐。

读书给我带来了思维工具的进步，给我打造了使用思维工具的方法心境，然而要想做一个有价值、有意义的人，还差一个环节：我要如何使用我的思维工具，我成长的动力和目标是什么？

是为了自己有个好出路，好前途吗？这个答案很直接，很现实，但是这倒回了对目标的追求，对感官的被动刺激。这种感官的刺激是基于欲望的、边跑边吐血的马拉松。在欲望的驱使下，一个目标满足了，下一个目标就会产生，永无止境，直至无法坚持。更不用说这种高度的功利心是不可能使人心平气和，客观冷静地去看待周围的事物的。

那是为了治国安邦，为了人类社会进步的理想吗？这难免脱离实际，违背人性。更别提在如今这个充满浮躁的社会，就算真有这个心，也会被不停地否认，连自己的生存都维持不了，更不要说理想了。理想实现的前提是不仅要生存下去，还要生存得好，大家看了都有奔头，才能实现。

那么不断进步、成长的目的是什么呢？可以说在当下，简单得不能再简单：独乐乐不如众乐乐。将自己成长的快乐分享给他人，获得他人的认同，在与众人的交流中进一步成长，在一群良师益友的环绕下，共同推动社会国家的进步，明明如此简单，却又如此难以实现。而读书会的集体给出了不同的回答：为什么不能既融入集体，拥有理想，又能够实现名利呢？读书会导师都在反复强调一件事：不要在乎名利，只要融入集体，推动环境变好，名利自然会涌入。在外人看来，这不过是一群有名有利的人去忽悠下属干活的托词，但是如果认真体会这个集体，认真品悟这些话，才能知晓此言非虚。在读书会里，最需要的就是坦诚相待，最宝贵的就是真情实感，社会上的诸多生存技巧在这儿不仅多余，甚至有害。读书会的老师是真的在为读书会打造一个纯粹的交流空间，每个人在里面有福同享，有难同当，换来的是一群志同道合、共同致力于让环境越来越好的朋友，大家一起众乐乐，一起利人利己，既让自己的利益不受损，又让团体和国家、社会不断前进，这是多有意义的事啊！

三、我想成为怎样的人？

说来惭愧，我尽管理清楚了自己在读书会的进步和成长，但我想成为怎样的人，我却难以回答。

其一在于，越是成长，越能看到自己的缺陷。不得不说，我身上的缺点很多很多。我身上有惰性，往往做事得过且过，办事能干好但是不愿精进；我心有傲气，还不能真正做到“心平气和”，看到一些言行本能地会发火；我缺乏沟通技巧，饶是在读书会生活学习了这么久，怎么与人友善相处还是会让我焦头烂额；我比较单纯，虽然上过班，但是人生历练依然不够。诸如此类不胜枚举。自己究竟能不能成为理想中的人，还需要进一步考验。

其二在于，我不认为人生道路就会被限制死。虽然现在对读博做学术有浓厚的兴趣，是一条可行道路，但是未来如何，怎么走，并不完全由我说了算。或许这也是导师经常说的“多元化成才”的含义，未来之路不知道有多少变数坎坷，确实不能依靠“想”来揣度。

但是跟以往不同的是，在经历了读书会两年读书后，要做怎样的人，我心里逐渐明朗。还是那句话，读书会只是起点，而不是人生的终点。成长之路一望无尽，“朝闻道，夕死可矣”，直到无法追逐成长进步之前，自己的人生都可谓不荒废、有价值、有意义。

那么究竟要做怎样的人呢？所谓大道至简，不外乎：踏踏实实做事，老老实实做人。心存善念，待人友善，有乐大家分享，有痛大家倾诉。一起努力，胸怀天下，为了自己，也为了他人。让自己一点点变好，让生活一点点变得充实，让未来越来越有盼头，让国家和社会越来越和谐美好。实在累了，走不动了，也不要强求，在大家的帮助下解决困难，提升自己。每个人都踏踏实实有奔头，国家就一定会兴旺发达。

简单吗？太简单了。老师、长辈、国家反复讲，反复说，耳朵都听出茧了。难吗？仔细一想，真的太难了，光做其中一点似乎都不可能。但是能吗？能。所谓条条大路通罗马，自古以来自我成就之人，没有不“读万卷书，行万里路”的，而我何其幸运，居然在浮躁的社会里有时间、有精力、有环境被人指导着去“读万卷书，行万里路”。哪怕未来有一天，初心已忘，那也是未来的事，至少读书两年能有此心境，足矣。

田野上读书的人

万月龙[①]

我写两年读书总结的时候，脑子里总是时不时想起那个坐在田野上读书的人。那个人是个成绩常年倒数的高中生，彷徨、迷茫、无所适从，但从不惹是生非，只是喜欢一个人待着，尤其喜欢一个人骑车到郊区的水库旁，坐在田野上看书冥想。绿色的稻浪与傍晚的蜻蜓，黑色的文字与无边的遐想，总能平息一个少年轻浮而又沉重的痛苦。

在那个孤独且静谧的世界，田野与书的融合给了少年一种极其美妙的心灵体验，但那种体验中总包藏着某种不协调感，尤其是当牵着牛或摘菱角的老农走过来的时候，愈发的明显。这种强烈的不适感促使少年慌张地合起书，把它紧紧地藏在身后，仿佛刚才书与田野的融合只是虚假的幻影，书不应该属于田野，田野也不应该属于书。至于将两者结合的人只是一个形单影只，喜欢越界的“中二”少年罢了。

时间如白驹过隙，八年过后，当时间洗尽铅华，尽褪年少的轻狂与浮夸后，那个田野上读书的人怎么样了？要想回答这个问题，不得不从两年前那个闷热的暑假说起。

一、稻子不是一天长成的

当时考研刚调剂完，他就被老师拉到读书会的群里，虽然他早有心理

① 万月龙，2020级社会学专业硕士研究生，现为华南理工大学2023级公共管理博士研究生。

准备，但一开始还是有些不适应。之所以如此，不是因为集体阅读的方式，而是因为集体阅读的内容。他之前阅读的都是文学名著，生动的故事情节、精致唯美的场景描写以及立体生动的人物角色，总是让他如痴如醉，不能自已，然而现在的阅读书目却转变成了学术经典。之前的他认为此类书籍佶屈聱牙，适合在图书馆“吃灰”。因此，他在刚开始阅读的时候只觉得这些经典文字冰冷，说理晦涩，读得似懂非懂，似通非通，仿佛那些篇章变成了曹操碗中的鸡肋，“食之无味，弃之可惜。”

于是乎，读书对于他来说似乎不再是一种享受，而变成了一件苦差事。他有时莫名地想起了水库旁的田地里耕作的牛，拉着犁耙，晃动着牛角，呼哧呼哧地喘着气。他之前只是以一种局外人的眼光看着，觉得这是一派和谐的田园风光。现在的他似乎能理解那头牛的辛苦了，因为他也变成了牛，一样呼哧呼哧地耕作，唯一的区别是牛在田里，而他在思维中。

在第一个月的末尾，他有一点懈怠了。因为他觉得自己在稀里糊涂地耕作，地耕好了还是耕坏了，不得而知。那这样半懂不懂的耕法能带来好收成吗？他表示怀疑。幸好孙新华老师及时召开了第一个月的读书总结会。在会议上大家敞开心扉，真诚交流，这时他才发现自己的问题不是个例，大家普遍存在着不适应、读不懂的情况。对于这种情况，老师给予了精辟的分析，刚开始读不懂很正常，经典本就艰深，不过正因其艰深，才适合作“磨刀石”，磨得越久，思维才会变得越通透，到那时读起来就会顺手得多。

听完这一席话，他才醍醐灌顶，刚开始读不懂很正常，自己就是太心急。稻子不是一天长成的，思维训练也不是几周就能完成的。要沉潜下来，保持耐性，一步一个脚印，踏踏实实地训练自己。

二、野地上的高谈阔论

在9月来西农之前，他从未进行过真正的集体读书训练，他之前习惯的读书方式是私密式的个人阅读，那种方式是一个人孤独的精神之旅，是“躲在小楼成一统，管他春夏与秋冬”的个人修行。除此之外，集体读书还要过集体生活，一起吃饭，一起运动。他对于这种生活十分陌生，依稀记得初三之前似乎过过这种大集体生活。所以刚开始他并不是十分理解，觉得自由的生活是最好的，就像本科阶段那样，跟室友的吃饭、运动节奏不必强求统一，有机会就一起吃，没机会就单独行动，自由自在，乐得逍遥。

因此，在刚开学的前两周，他在心里是有些怀疑这种读书方式的，不过因为负责人的职责，他还是组织并参与了这种集体生活。渐渐地，他发现这种生活不仅没有想得那么拘束，相反，还收获到了许多意想不到的惊喜与快乐。集体读书第一次让他觉得读书是可以敞开心扉交流的，之前的他读得太封闭，与其说是喜欢，不如说是被迫。在这个浮躁而又喧哗的时代，读书变成了一件稀缺以至另类的事，人们不仅视其如敝屣，还会以他者的眼光区隔、鄙视。因此，第一次拥有如此多的志同道合者，可以在路上，或在看电影后在小组论坛中进行交流，使得他惊喜不已。除此之外，一起打球，一起狼人杀，一起游玩，一起聚餐的集体生活，使他拥有了家一般的归属感。这样的一种融洽氛围，使他们在漫长的阅读之旅中彼此支持，相互鼓励。

他有时会不自觉地设想，如果高中的时候也拥有如此多的志同道合者，那种田野上的不协调感是否就不会存在？他是不是可以在老农走过来的时候，大大方方地拿起书，和同伴在野地上无所顾忌地高谈阔论？他给出的答案是极其肯定的，这样一种阅读方式会极大地增强他的信心，他不必顾忌什么，也不必害臊什么，一切可以按着心来走，极其自然地进行。

三、像水稻那般

如果人是机器，只要提前设定好程序，便始终如一按照编码指令运作下去，不知疲倦，也不会偏离。很遗憾，这只能是个假设，他高昂的读书状态没能一直持续下去。到了 11 月，课程作业越来越多，他的念头也开始杂乱起来，因为课程作业的完成情况会影响奖学金的评定，他想争取一个好的分数，就不得不在课程作业上花费更多的时间与精力，这不免冲击到他的经典阅读规划。他想平衡两者，但发现根本做不到。于是他牺牲了一部分经典阅读的时间，将课程作业进行形式上的“包装”，使其看起来像那么回事，试图蒙骗过关。殊不知，这样做，只是白白地浪费自己的时间，耽误成长。幸好导师组老师们及时发现了这种情况，并且深挖了这种现象的本质——追求符号，滞缓成长。对于这种现象，导师组老师进行了极为深刻的剖析，并且让他们每个小组召开反思检讨会。经过这个过程，他深刻地意识到了自己的问题。他错误理解符号，片面追求符号，他不知道符号只不过是个人价值的评价表格，它不是本质，只是工具，真正重要的是个人价值、个人能力，也可以说是个人成长，没有这些，符号只是一个虚无的名称与头衔。

可这错误认知背后的驱使力是什么呢？他却没有深入地想，直到来年初的一场小手术才让他彻底明白。术后的前两天是不准进食的，一直靠挂葡萄糖来补充身体所需的基本能量。因对食物的渴望以及麻药的副作用（术后的前两天会影响神经），他在术后的第二天下午产生了幻听，他听到医院走廊的尽头有人在炒菜，让他想起了高三傍晚教学楼旁边的小饭馆，热油吱吱地响着，铲子翻动碰到锅底，发出“当当”的声音，真实无比。这样的幻听在他术后第三天的中午消失。这是因为他终于可以进食了，他吃了一碗青菜豆腐白面条，母亲心疼他，特地嘱咐师傅在青菜豆腐中滴了点油，当他嘬到那一点油的时候，他觉得幸福无比，这一点油比他之前吃过的任何东西都好吃。这样的“幸福”时刻不断来临，比如拆掉腹下管子直腰走路等。现在回头看，他觉得那时的自己特别容易满足。身体的状况剥夺了他欲望的“自由”，将他的选择限制在了最为狭窄的几项，这看似是一件非常沮丧的事，却让他获得了身体健康时常常体会不到的满足。因为术后身体并未完全康复，他还必须遵从医嘱，要早睡早起，要吃清淡，忌油腻辛辣，因此他还能像在医院那般保持一种“低欲望”的状态。

这种状态对于返校后的读书产生了非常好的影响。返校后的第一个月，他几乎都是等图书馆开门的那一批人，而且他的阅读状态非常集中，根本没有杂念，完全地沉浸在书中。那时的他感觉自己进入了另一种境界，他没有其他欲望的干扰，只想安安静静地读书，他很快乐，也很满足。这种状态让他想起了在田野上读书的自己，那时的自己就是如此纯粹，读书仅仅是出于喜欢与热爱。他不是为了名，也不是为了利，保持的是一种最为简单的欲望。那时的他可以轻松地跟随自己的本心，然而现在不断生长的各种欲望迷失了他的本心，扰乱他的判断力，使得他有时会在分叉的花园走上错误的小径。明白这点之后，他知道必须不断地消除自己的欲望，使自己变得就像田野的水稻一般，保持着最纯粹的原始动力，为了生长而拼命地汲取阳光雨露，心无旁骛，韧性十足，才能在十月的风中翻腾出金色的海洋。

四、走向田野

他第一次感觉到自己需要某种超越性的东西，这种东西应该成为他清醒而自觉的行动理念。他明白这种超越性的东西不仅需要情感的触动，更需要理性的支撑。因此，他在研二上学期进行了更深层次的阅读。他不再仅仅追求读懂与理解，更重要的是共情与思索。他想知道作者写这本书为了什么和为什么这样写？他想探寻作者的人文关怀、真理精神与思想力量，总之，他努力去理解真学者的真学术。通过这样一种阅读过程，他更深刻地体悟到，真学者是将自己的身体与灵魂作为工具，努力去探讨从大地上生长出来的真学术，而不是囿于象牙塔进行自认高妙的概念游戏。

明白这一点后，那个在田野上读书的少年，不再会为老农的走近感到慌乱，而是大大方方地拿着书，走向他，热情地与其进行交谈，了解他的田，了解他的牛，了解他的父母与孩子，了解他的村庄与未来。总之，少年想去了解老农生活中的每一个细节。上述是他在寒假做的事，这样的接触，使得他最后半年的读书生活，是真切地融合了书与田野，因而他所做的探讨也变成了带着泥土味的深入思索。

时至今日，他终于能确切体悟书与田野。两者根本不是背离的，书属于田野，田野也属于书，或者更具体地说，书是从田野生长出的逻辑智慧，田野是孕育书的实践土壤。两者互相融合，共促发展。至于那个在田野上读书的少年，已抛掉了年少浮夸的感伤，努力转变成真正在田野上读书的人。

那个人是我，可在某种意义上，何尝不是读书会中的你呢？无论如何，我们都将凭借着“两经”训练呼啸着走向田野，真正融入田野。

宁静致远　砥砺前行

刘妍[①]

时光在流逝，从不停歇；万物在更新，而我们也在成长。转眼间，研究生两年的经典阅读即将结束，提笔准备写下两年的读书总结，是总结，也是反思，回顾两年的读书生活，再次感叹时间之快，刚加入读书会的情境仿佛仍浮现在眼前。两年来，涉猎的书籍从涂尔干、韦伯、齐美尔到吉登斯、布迪厄、哈贝马斯、福柯，一步一步与社会学大家相识，也逐渐认识到自己的无知浅薄与渺小，所以更是加倍从他们的著作中汲取知识，充实精神。两年来，读书已然成为一种习惯，已成为我生活的一部分，一心一意，专心致志地读书，现在看来就好比隐居山林，避开世俗的纷争，避开凡尘的喧嚣，独享那一份精神的愉悦与充实。这样想来，读书也是人生阅历中无比悠闲的时光了。两年来，通过读书，我收获的不仅有社会学专业知识，还有逻辑思维、主体性思考。正所谓读书磨炼人的心智，读书亦教会我许多人生道理，磨炼了我的脾性，增强了我的斗志，使我遇见最出色的自己。

一、初识——误打误撞入“四为”

第一次了解读书会，是在考研结束确定导师后，应老师要求加入读书会。刚开始，以为读书会只是简简单单读书，如同课外兴趣一般，随性阅读，也没有意识到已经到研究生阶段的体系化专业知识需求和思维的高要

① 刘妍，2019 级社会学专业研究生，现为我校 2021 级博士研究生。

求阶段，甚至还认为研究生生活还可以如本科期间一般“肆意妄为”。直到 2019 年 4 月，第一次作为旁听者参加了读书交流会，从而初步认识了读书会。听着已经参加读书会一段时间的同学汇报着自己一个月读书的内容、数量、状态，侃侃而谈自己对于书的理解与认识，内心十分惊讶并充满了羡慕和赞赏。他们的汇报打破了我对读书会的刻板认识，也第一次对“四为”读书会产生了好奇的心理，听完导师组老师们对于读书会的介绍，更是对读书会充满了憧憬。首先，读书会遵循三个原则：读经典，系统化，集体性；其次，以培养社会学逻辑思维，培养学生的主体性为目标。这个不随波逐流的读书会于我，就像是懵懂小孩打开了认识世界的大门，好奇、激动促使着我想深入去了解它，去感受它的魅力，同时，伴随着不解与怀疑，一方面是对读书会的怀疑，读书会真如其所说一般，不是空有其表？读经典书相比读文献，直接接触实践真的会让人受益匪浅？另一方面是对自我的怀疑，几乎没有阅读过社会学经典的我能否读懂？对于读书会的高要求、高目标，我能否达到？能否如其他优秀的同学一般让人叹服？青春是短暂的，不拼搏总觉得缺少些什么，我们正处于这个可以肆意拼搏、无悔青春的时期，对自我、对未来的期待或许有些异想天开，但之后回想起来又何尝不是一份珍贵的回忆，由于这份对自我的期待、对读书会的好奇，我想看看自己能通过这两年读书获得什么，同时也想证明自己，证明自己并不普通，也可以在两年后告诉自己：“恭喜你，成为最出色的自己。”正是如此，带着这份好奇、怀疑、期待、憧憬等复杂的心情开始了我的读书生活。如今回首，当时的一切犹如命中注定，误打误撞进入读书会，这却成为我青春最灿烂的光阴，最珍贵的记忆。

二、相知——砥砺前行践“四为”

有人读书是为了消磨时光，有人读书是为了荡气回肠，有人读书是为了黄金万两，有人读书是为了救死扶伤，有人读书是为了事业辉煌，而我们读书是为了家国两旺。随着读书的深入，我越来越理解读书会的宗旨，读书会被命名为“四为”读书会，取自张载的“为天地立心，为生民立命，为往圣继绝学，为万世开太平”的“四为”，而这也是读书会的最高精神信仰，我们读书是为了家国，为了民族，为了深入基层，用所学奉献社会，而这也体现了读书会的理想之“大”，为“公”的无私境界。

刚开始进入读书会，不可避免地的会遇到各种各样的问题、困惑。首先，初接触社会学经典，必然会被书中枯涩、拗口的语言所折磨，导致读不懂、难读懂的问题。其次，常常纠结于如何做笔记，既想提高速度，又要保证质量，往往陷于苦恼之中。最后，“比学赶帮超”的氛围虽然会激励自己不断进步，但有时也会带来对自己的怀疑，等等，这些问题一直存在于读书的过程，但是随着意识的转变，老师的答疑解惑，同学们的互相帮助，很多问题也都迎刃而解。读社会学经典著作，有如读硬书，读不懂就越要硬读，用读硬书的方法来读经典，这就是培养我们的意志力，遇到难啃的书，更不应该放弃，必须坚持不懈，排除一切干扰去啃书，同时也是培养我们主体性的时候，读书要自主地去读，将主动性还给学生，要令学生自己在最原始的理论著作中绞尽脑汁地思考并形成理解，最终转化为社会学思维，只有当学生真正有了主体性，才能发掘出自己惊人的潜能，才能持续而迅猛地成长。当然这种自主性的阅读也要系统性、体系化地进行，专业性的阅读必须是成体系地逐个击破。这种自主性、体系化读经典的最重要的收获就是逻辑思维的改变，抑或是社会学想象力的形成，进而在经验中获得经验质感。

随着读书的深入，慢慢地，读书已成为一种习惯，成为生活中的一部分，“8107”成为一种常态，习惯每日自发去图书馆读书，习惯与同学交流讨论，习惯这种枯燥的按部就班的生活。即使在疫情防控期间，我们也没有懈怠，在外界纷纷扰扰的状况下，仍然能够坚定读书，追求卓越。两年来，除了读书就是读书。也会有人替我们抱怨：你们好辛苦啊！读书能有什么用？能获得什么？每天都是读书，怕要读傻了！但是这些质疑无法撼动我们心中分毫，我们必须清楚地认识到，“少壮不努力，老大徒伤悲”。我们现在的不负韶华，终会获得璀璨光辉，在他人看来的“愚蠢”行为，才是真正的大智，两年静下心来的阅读、沉思、磨炼是值得的，更是难得的。岁月的流逝可以改变人的容颜，可以消磨人的意志，可以抹除人的记忆，不变的是对知识的积淀、思维的锻炼。读书增长的知识，所培养的逻辑思维是我们一生的财富，即使会忘却书中的具体内容，但是那份思考，那份思维，那些时光是永不消逝的。

“一个人走得快，但一群人走得远”，我们并不是孤独的个体，而是“比学赶帮超”的共同体。读书是集体阅读，不仅是在同一空间内进行阅读探讨，而且要集体生活，如集体吃饭、集体运动、集体团建等，自己本身是一个不喜欢集体生活的人，听到导师组老师们的要求，第一反应是有点抗拒，也在心里抱怨，老师为什么会要求我们做这些，我们只需要读好书就可以了啊！但是随着时间的推移，我逐渐理解了老师们的良苦用心。读书让我们收获的不仅仅是专业知识，还有一群志同道合的知己。在这两年中，我们从相识到相知再到相惜，一路走来，有快乐，有感动，也有争论、摩擦，从陌生的个体到团结的集体，我们共同度过了美好的时光，而这些必定永久贮存在我们的记忆中。犹记得暑假留校读书时大家拘谨的第一次见面，第一次论坛交流，第一次聚餐，第一次秋游，第一次一起运动，第一次四点半会议，也正是这一次又一次的活动将我们组织起来，更是将我们彼此的心拉近。在论坛中，我们各抒己见，侃侃而谈；在读书过程中，我们比学赶帮超，向优秀的同学学习，共同成长进步；在团建中，我们相谈甚欢，以游戏会友，也会相互打趣八卦；在有人遇到困难时，我们也会挺身而出，携手共度，畅谈未来。总之，在这个集体中，我们获得了久违的归属感，获得了一群志同道合的朋友，在青葱年华中砥砺前行，携手共进，为同一个目标、同一种信仰而奋斗，这样优秀的集体何愁不会野蛮成长，这样建立起来的深厚情感何愁不会永存。也正是由于当今社会的个体化、原子化趋势，才使得这份情感弥足珍贵。

三、相惜——共同成长，遇见最出色的自己

蓦然回首，两年来，我一共阅读了 110 本社会学经典著作，撰写了 20 余篇读书报告，这成果是我之前不敢想象的。现在读书生活就要停止，回想起来，两年时间转瞬即逝，充实的时光就这样所剩无几，同时这两年

也是最轻松的两年，之后就要进入经验训练，要深入基层，用所学去分析、去思考，也是对自我的更大考验。所以，在我看来，经典训练是结束也是开始，是开启新一征程的号角，经典训练所带给我的思维、视角以及理论知识是进入经验训练的基础，是必不可少的前提，只有经过两年经典训练，我们的头脑才能布满知识的印记，我们的精神才能成熟，才能焕然一新。读书并没有结束，思考也没有结束，它们伴随我们左右，无论是经典，还是经验阶段，抑或人生，我们要继续与其共同成长，在书中，在实践中充实自我，最终才能遇见最出色的自己。

两年的读书生活真可谓百利而无一害，受益颇深的就是对有关社会学的逻辑思维的锻炼，也有一段时间，总是怀疑自己是否获得这种思维，怎么感受不到变化，现在看来都是杞人忧天。最明显的变化就是以前对于生活周围的现象总是习以为常，并没有特别的问题意识，而现在，经常性地会跟朋友探讨某一社会问题或现象，并且尝试用所学去分析，自然而然地流露，这不就是成果吗？读书要精，并不是说必须记住书中的具体内容，而是要精读，将书中知识化于自身，用自己的思考来理解，从而潜移默化培养自己的逻辑思维能力。书读得多了，一个人的思想逻辑和思维方式才会自然发生改变，这就是我们的目标。读书的过程，尤其是读经典的过程可能很艰难，但是其收获却是其他无可比拟的。

余秋雨说：“读书的最大理由，是摆脱平庸。”初入读书会，是为了证明自己可以坚持下来，是为了成长的考验；而后则是为了不平庸，做一个大智若愚的人。在读书中，磨炼自己的心境，只有平稳沉着、专心致志，才能厚积薄发、有所作为。最后我想说，其实人生就如同读书，开始的时候懵懵懂懂，读到中间的时候一知半解，到最后终于明白，不管酸甜苦辣，都是我们最珍贵的记忆。一心一意、专心致志的两年读书时光教会我许多，使我遇见更美好的自己，最后，愿每个人心灵如书，宁静致远。愿每个人都能珍惜现在的读书时间，并能在读书中遇见优秀的自己！

始于“四为”　大有可为

吴楠[①]

步履匆匆，不觉间已经走到了两年读书生涯的最后旅程，诸多思绪一时涌上心头，提笔时，却不知该从何开始。

印象中，和“四为”读书会结识于2019年的4月，和那个炙热的夏天一样，我们怀着一颗炽热的心懵懵懂懂地敲开了“四为”读书会的大门，也因此铺垫了两年读书的序章。“为天地立心，为生民立命，为往圣继绝学，为万世开太平”，第一次在读书会听张载的横渠四句是在2019年的9月，我们读书会第一次的见面会上。见面会的好多内容随着时间的流逝都已慢慢忘记了，只记得老师们借用了这四句，将读书会命名为“四为”读书会，希望我们读书会的同学可以志存高远，勇于担当。当时懵懂，并未领会到老师寄予我们“四为”读书会更高层次的厚望，就只是傻乎乎觉得“四为”读书会是一个有组织、有纪律、有人管也带有情怀的地方，让我们可以安安静静地读书，沉淀自己。现在回想，发现我们做的不仅仅是读书，而是沉浸在经典书籍中，进而去得到思维的锻炼和提升。

两年的读书时光，我们真正做到了只读书这一件事，收获的成长自然是不言而喻的。其中当然也会有无聊、有乏味，但是更多的是知识的累积、心智的磨炼、集体的情谊、意义感的找寻。真走过正这一段沉浸式读书的旅程，会发现自己的收获是沉甸甸。就像老师们说的，我们在做的是一件和其他人不一样的事情，这注定是一个少数人走的路，也注定是一段孤独

① 吴楠，2019级社会工作专业硕士研究生，现任职于山西省临汾市翼城县中共翼城县委党校（还未定级）。

的旅程。对于读书——它一定是无用之大用，耐得住寂寞方能守得住繁华，熬得住孤独才能结出收获的果实。总而言之，读书会两年的沉浸式读书带给我四个维度的体验和收获。

第一，对自身而言。两年的读书经历，是一个找到自己、定位自己、提升自己到突破自己的心路历程。最开始的读书阶段，自己是不知道想要什么的，只是在被动地完成读书会的任务，是一种应付的心理，大家怎么做我就怎么做，不掉队就好，也没有读书的主体性，按部就班地按照书单进行阅读。可想而知，这样的收获是微乎其微的，相同的时间投入，所收获的和进步的却和别人差好多，差距的出现也会引发自己心理的波动，让自己对读书产生了质疑，经历了一个自我否定的阶段，渐渐迷失了自己。得益于问题的及时暴露，使我感受到了集体的力量、同学们的帮助、老师们的辅导，我可以正视自己的状态，也渐渐知道了自己想要什么，从迷失的路途中找到了自己想要走的路。一步慢，步步慢，最开始的懈怠也使得自己落下了很多，在这种客观的差距下，我从自己的状态出发去定位自己，既然现在还做不到优秀，那就从努力开始，把自己落下的及时补回来，珍惜时间，迎头追赶。随着时间的投入，对阅读经典书籍的坚持，会发现读书带给我的润物是无声般的改变，对简单的现象可以从多种角度思考，对一些社会现象尝试着用学术化语言来表达，也可以从日常的生活去还原现象……你会发现，当自己踏实地走过这段读书旅程，有些进步是真的可以从时间中彰显出来的，渐渐地理解了老师们所说的无用之大用的用意，也理解到了读书对于我们思维的帮助。读书帮我们拓宽了思维的口径，这种帮助对于我们的影响是深远的，两年的基本功是我们渐渐累积下来的财富。而突破往往是厚积薄发的结果，到了读书的最后阶段，我的这种感觉愈发强烈。自己可以坐得住了，心性也沉稳多了，在读书过程中也渐渐形成了自己的脉络，对大家的思想也能融会贯通，读书不再是任务，而是一种享受，是一种舒适。这些都是这两年的读书历程带给我的，尽管还是有很多进步的空间，但是和两年前的自己相比，这种改变和突破对我来说是惊喜的，也是我十分珍惜的。

第二，对于集体，有了更深的感触和不一样的解读。集体建设也是我们两年读书生涯沉甸甸的收获。最开始那个阶段，对于集体的理解很简单，就是一种机械的物理的归类，大家是读书会的，仅此而已，没有意识到集体更丰富的意义。之后在老师们的集体读书、集体吃饭、集体开会的倡导下，我们一起春游秋游，一起约着打羽毛球、玩游戏，我也从一个羽毛球新手渐渐地成为一个羽毛球的初级爱好者。总之，我们每个人都为这个大家庭倾注了更多的东西，集体的存在也为我们每个人创造了交集，学习上的抑或生活上的，使我们独立的个体在日常生活中相遇、相交、相融，成为我们两年求学生涯的重要组成部分。朝夕相处渐渐地融到了日常，也习惯了日常，时间积累下的熟悉让彼此产生了一种踏实感，让彼此成为这段旅途的同路人，互相陪伴，一起经历，共同成长。

第三，就是读书论坛了。我们见证了论坛的起步与完善，陆陆续续也进行了好几期，这个传统也渐渐得以延续下来。就像老师说的，我们这个年级是具有开创性的，读书论坛也算是我们可以拿得出手的勋章了。还记得当时我们踉踉跄跄筹备的模样，进而一步步完善，主讲人、主持人、评论员的确定，还要尽可能地保证大家的参与度和积极性，真的是煞费苦心，大家都在为论坛的举办贡献着自己的力量。现在再看看读书论坛有组织有纪律、有章法地开展，心里还是很满足的。论坛的氛围比较轻松，彼此之间也没有那么多的拘束，大家集思广益，畅所欲言，有时候也会带给我们更多的视角，更多的惊喜，大家相互借鉴，共同启发。

第四，也最重要，是得到了读书会里每一位导师的悉心帮助和辅导。导师组是我们两年读书生涯的领路人，给予我们读书会的平台，为我们创设了很好的读书条件，帮助我们塑造集体、营造读书氛围。导师们对于我们来说，不仅仅是知识的传播者，也是我们学习的榜样和模范。两年时间，老师在我们身上投入了很多心血，记得一次读书报告会上，老师说这个集体可以一直坚持做下去是因为在找寻这份教书育人的意义感，充分相信学生，帮助学生建立学习自主性，激发学生的学习热情。他们所传授的不仅仅是知识，更多的是一种思维、一种格局和一种学术志向。我们很感恩，通过读书会这个大家庭，收获了老师们这么悉心的关爱。可能在最开始，我们的确不理解集体的这些付出，如今回头去看，才后知后觉，感受到了这个集体一直的追求和坚持。

读书阶段马上就要落下帷幕，在这个阶段，相信认真经历过的人都可以感受到读书对我们的塑造，集体对我们的影响，导师们对我们的付出，也留下了属于我们这两年该有的模样。我们的读书生涯始于“四为”读书会，但并不会止步于“四为”，深层次的读书带给我们的将会是更长远的影响。当然，这段读书旅程的结束意味着新的征途即将启程，不知道接下来我们将经历怎样的洗礼，但我坚信，读书阶段所赋予我们的，将促使我们扬帆起航，伴我们展翅翱翔。

青春的姿态有很多种，很庆幸我的青春里有这两年读书的充盈，这段读书旅程，始于“四为”，在未来，也必将大有可为！

不负时代　不负韶华

任雨薇[①]

兜兜转转，已然三年。每一个认真面对自己的日子，都消逝在了漫长的时间流中，构成了一个个身体化的行为。翻看之前的总结和日常反思，缝缝补补，编织了这三年。倍感幸运，漫长的时日里，在记忆的深处，留下了些许印记。

一

每当翻到大学期间所有获得的荣誉证书和考取的资格证书时，都会得到一种很平静的力量，这种力量似乎在说：你可以的。回顾大学生活，感触最深的一点是：所有经历的，终将不会辜负你。没有任何一件事情会白做，包括吃饭和睡觉，没有任何一步路会白走，包括跌倒和爬起。只管努力向前奔跑，无问西东，无畏结局！

——2019.5.12

这一段截自本科期间的一份申请材料，原来那个时候认为最重要的事情只有吃饭和睡觉。本科的时候有过一个文件袋和一个档案袋，分别装了一些比较重要的材料，每次申请新的材料时都会打开它核对一遍资料信息，每每翻完材料，心都会变得特别平静，像获得了一种力量，安安静静往前走。研究生报到结束后，我将这些资料全部带回了家，此后再也

① 任雨薇，2019 级农村发展专业硕士研究生，现为我校 2022 级社会学博士研究生。

没有材料可翻，甚至文件袋和档案袋都不需要准备了。但这样的生活，才真正舒适且平静，没有争夺，也没有赶着时间考各种试的压力，只有平静地看书、总结、看文献、写东西。慢慢习惯并享受这种生活，就像暂时远离了周遭的嘈杂与繁忙，让人感觉分外惬意。就这样做一个无名小卒，认真面对自我，认真成长，足矣。

二

时光很快，快到在还未来得及展望就已经到达未来；时光很慢，慢到可以慢慢去沉淀自己，去寻求关于未来的无限可能。读书训练转眼间已完成一半，接下来的一年，可以和大家在一起做同样的一件事了。未来的一年，好的坏的，都将继续坚持与调整，珍惜短暂的读书时光，去积累，去蜕变。

——2019.9.4

这应该是研究生开学第一天报到的日子，晚上舍友们都在各自收拾，而我看着群里大家写好的总结，再看看自己空空如也的文档，不由得开始认真码字。那个时候面对的还是一伙“陌生人”，大家都在小心翼翼地探索。之后的一年里，不断调整与前行，和一伙一样的伙伴，坚持着一样的事情，大家都有了一种更好的状态，这个集体，也有了一种更好的样子。诚然，个人能力有限，但前行的路上，这个小集体永远都在尽力而为。

三

七月的某个夜晚，得知我们可以去调研的时候，恐慌，也有期待。那一个晚上，想了很多。当突然被告知可以结束读书的时候，我问自己：可以问心无愧地结束吗……

半年之后，再次突然结束的时候，应该可以很坦然地面对这两年半。写到这里，突然发觉，读书这段时间，真的是在无条件成长自己，纯粹一些，静下心来，尽力成长，足矣。

希望半年以后的自己，可以对这段时光问心无愧。

——2020.9.15

从去年七月到今年七月，又沉淀了一整年的时间，这大概是一年前始料未及的。这篇总结是在去年从家到学校的车上码完的，从八月初开始，之后的半年里，一直在很用力地思考一些事情，也在竭尽全力调整状态，不断尝试读书的方式、总结的思路，好像回到了大四最初的时候：怎样才算读完一本书？这个答案从本科追逐到了读研，一直都有答案，但也一直在更新答案。本科毕业的时候，给自己的本科生活评了一个满分，而半年前结束读书的时候，也很不谦虚地给了自己 A++ 的评价，因为在自己的能力范围之内尽力了，之后的日子里，也希望可以做到问心无愧。

回顾这段读书生活，最大的收获是一次次的惊喜与热爱。读完涂尔干，这是我第一次尝试系统读书，会发现很多书中贯通着的思想，看到某个细节的时候，会惊喜自己的猜想是正确的，也会惊喜关于这一思想又有了新的认识。读韦伯的时候，我会惊喜于一位大家竟然各个方面都可以涉猎如此广泛、如此深入，简直是全才。读马克思的时候，我竟然可以找到一些自认为的不足，并且在之后的大家那里得到了验证……有必要单列布劳，一本小书，神奇地涵盖了宏观、中观和微观现象。胡塞尔的现象学虽然读着头大，但本着以现象学视角探索社会学的想法，还是坚持读了下来，收获到了读“硬书”该有的思维收获，也收获到了坚持读完的欣喜。读过的布迪厄，从活的场域、静态的场域，时间、空间等各个角度对社会生活中遇到的各类事件进行了解释，虽然有不认同的地方，但某个时刻，当你发现热搜上挂着的事件早都可以在布迪厄的论述中找到答案的时候，你会发现社会学的魅力所在，也会有一种社会学的骄傲所在，何不美哉。

在集体方面，我最大的收获是一种真实的情谊，一种满足和诧异，短短两年半的时间，可以从陌生人变为半熟人，再变为熟人，可以互相包容、理解和妥协。我们都在尝试学习别人身上的闪光之处，也都在尝试一起进步、互相成就。每一刻都是这个集体最好的样子，每一刻这个集体也会有新的突破和改进。未来的半年、一年、很多年，我们都会一起提升，共同成长。

四

希望两年以后的自己，敢冲，也敢闯。毕业的时候，定义自我、定义自由、定义生活，前提是，我们没有那么强的社会可替代性。为了这份不可替代性，尽力去做。我们都是自己的自己，也会成为可替代性不那么强的社会人。

——2020.9.15

去年写两年总结，因为两年刚好是一个中点，匆匆忙忙过完了之前的两年，之后的两年应该也会飞速结束。结束读书的半年里，看了很多篇文献，整理了很多手写的笔记，也在纸上像推演算术题一样一遍遍建立、推翻、再建立、再推翻一个个框架，这个过程是极其容易在自我怀疑后获得自我满足的过程，无意间又掌握了很多新的知识。只要不轻易浪费时间，应该是会慢慢变好的。而此刻写下这篇总结，又过去了一年，这一年里，自己又在做着什么样的事情？变成了怎样的自己？研三，应该也是一个不断向前追逐的过程，追着追着，就毕业了，中点抑或终点，都要努力去做些什么，不负这个时代，不负韶华。

最后，以一句话结束：落地而非空谈，自觉而非强迫。关于读书，关于处世，关于个人，也关于集体。

新火试新茶，诗书趁年华

杨轩宇[①]

亲爱的经典训练：

你好！

顾盼回首，从2019年4月到2021年7月，我们已相识两年有余，在这两年时光里，我的生活都和你息息相关。我曾疑惑和彷徨，有笑有泪，有苦有甜。当真正要和你告别之时，依然有种难以置信的虚幻感。

时间：沉淀自己

读书听起来是件风雅的事情，但当真正阅读专业或者有深度思想的书籍时，融入书籍前要爬过枯燥乏味的阅读山丘。我是一个静不下心的人，刚开始我对自己能否做到一整天静心阅读是抱有疑问的。然而读书让我不断安抚自己躁动的内心，挑战懒惰的自我。回想读书过程，韦伯对于我是座大山。在阅读韦伯作品的过程中，我不能从晦涩的文字中了解其中的深刻含义。相较于韦伯的经典著作而言，其他书籍部分章节可以意会。因为读不懂，所以要花很长的时间咬文嚼字去思考，往往一本书读下来已经令人头晕脑胀，更不要说整理书里的内容了。此外，在读书报告的写作和汇报中我也面临着挑战。刚开始我执着对书里感兴趣内容的粘贴，与其说是读书报告，其实更像是读书笔记或者抄录。注重"划与抄"的学习方式淡化了"懂与讲"，所以在每个月的读书报告会上，我是紧张和不自信的。

① 杨轩宇，2019级农村发展专业硕士研究生，现工作地点定为甘肃省平凉市泾川县农村能源工作站。

读书一段时间后，我发现有的主题我可以串联出自己的思路，也能联想到自己的其他方面，明显感觉到思维理解能力在提升。曾经我也对“一个月读五本书”“每天都要有固定的数目”这些要求存在质疑，我想：什么都读不懂，囫囵吞枣式的读书方法真的是对的吗？对规则从抗拒到积极认同，这是需要时间慢慢改变的。规则只是让你适应的工具，它是阅读新手的入门手册，当你不断读书，并且逐渐转向认同时，这是一个被动转向主动的过程，规则已经让你内化为读书人。实践是检验真理的唯一标准，相信时间会解答疑问。

同行：独善其身

如果读书是关于自我的革命，那么集体就是武器。在读书过程中，我需要监督和鼓励。如果让我自己阅读，就算有着一腔热情也很难完成。集体阅读正是一种软性的监督约束机制，如果没有集体，我做不到每天早八晚十的读书作息，更不能日复一日如此。读书会的集体作用和涂尔干笔下的法人团体有些相似，除了读书会制定的规则外，集体内部制定的行为规范和道德守则也可以作为规则的补充，对每个人都起到内生性的约束。读书会内部形成的“比学赶帮超”的学习氛围，有效地调动起我的积极性。也正是“找到了组织，就找到了方向”，团体坚定的信念激励我坚持和探索。

读书会的“集体”范围不仅是学习和阅读，也承载着我的生活和情感。在本科阶段，也有学习小组，但组织规模和影响力远远没有读书会深刻。读书会是按照集体成员来分配宿舍，不管是学习还是日常生活，大家一起吃饭、一起读书、一起运动，潜移默化地强化了成员对整个读书会的归属感和使命感。我很喜欢和小伙伴晚上一起走在路上，就一个话题进行辩论，在轻松的氛围里回顾读过的内容，宣泄一下学习的烦恼。集体让我的生活充满了乐趣，不是“我”而是“我们”去完成同一个目标，“我们”有着多重身份，是努力奋斗的学友，是有着同样理想的战友和亲密无间的朋友。

迷途：直面错误

读书过程中我也曾松懈和不认真过，欠下的“债”迟早要还，当从读书会退出的那段时间，我原本以为会是终于不用读书的窃喜、开心和轻松，实际上我的生活就像是被抽去了动力，幡然悔悟间原来集体和读书早已成为了我生活的一部分。我对自己辜负老师和集体的信任感到羞愧，那段时间，我经常在夜深人静时辗转反侧。当然事情已经发生，那么就需要我用真诚的态度面对错误，进行自我剖析，深刻分析原因并积极改变，在错误中吸取教训，才能从中进步。

我感谢这次错误，让我有了一次特别的成长机会。好好反省，再次出发是错误的意义。在一个月的思考中，我更加坚定自己想要重新向读书会靠拢的决心，也有过集体不再接受我的恐惧。在研二的实习中，我坚持看书，不断积累并恶补自己落下的缺漏。幸运的是读书会重新接纳了我，我将继续扬帆起航，共同和伙伴们踏上书海征程。

探索：坚持自我

读书有用是所有人都模糊明白的事情，为什么是模糊明白？因为从小我们就被灌输读书对人的发展有益的观点，但我对读书的体会不深。在本科阶段，我羡慕博览群书的人，常常钦佩他们对事物有不同的见解和想法。我读过小说和散文类的书籍，对于经典书籍勉强也只有费孝通先生的《乡土中国》。刚刚加入读书会时，我常问自己："阅读这些几百年前的著作真的有用吗？"我找不到答案，听师兄师姐的解答也并不能完全消除我的疑惑。这些经验终究是出自他人经历，读者很难与他们产生强烈的共鸣。读书一段时间后，在看《八佰》电影时，其中有一幕：中日决战之前，日军指挥官和四行仓库指挥官谢晋元骑马会晤，两人进行交谈，日军指挥官决定为荣誉而战，而谢晋元则为守住仓库，用战争唤醒身后四亿中国人民觉醒而战。看着日本军官的电影形象和台词，我脑子里一下子出现了《菊与刀》中对日本人温婉柔弱和崇武善斗的形象分析的片段，我不断根据书里的内容揣摩电影中日本军官的心理活动，根据电影情节和语言进行自己的编码，更深刻地捕捉到电影中的暗喻。

"决定人与人之间差距的不是天赋和努力，而是习惯霸权。"读书就是不断帮助我们建立知识框架和理论逻辑的过程。在积累后，面对新的知识也就越容易触类旁通、举一反三。无数的习惯就像是一道道坚固的墙，而两年的读书生活则是在建筑一道道属于自己的逻辑堡垒。在这个过程中要打破自己的习惯，这是枯燥的，甚至是痛苦的。和集体一起坚持的两年里，我收获了特殊的成长。

新火配新茶，诗书趁年华。感谢读书会带给我不一样的经历，也感谢指导我们读书的老师们和集体伙伴。

漫漫人生路，悠悠读书情

王斌书[①]

初识读书会恍若还在昨天，两年多的经典阅读时光却已悄然流逝。两年多的时间不长不短，足够成为我们漫漫人生路的重要组成部分。其间，欢快、低落等多种复杂心绪交织，犹如坐过山车，起起落落，终归于平稳，一路向前，此间种种，受益终身。

一、于忐忑中坚持

2019 年 9 月 18 日，我第一次在老师的介绍中认识了读书会，并尝试了解“两经一专”的培养模式，心中对此充满了好奇和向往；第一次拜读学长学姐们的读书总结和长长的书单，敬佩之情油然而生，但对自己的能力有些许质疑，对于是否加入读书会有了迟疑。经过几天的思考，默默做了一个决定：要以学长学姐为榜样，向他们看齐，不能当一个逃兵，由此开启了我的读书之旅。同年 10 月初，第一次参加读书检查汇报会，高年级学员侃侃而谈、自信满满，而自己由于在本科期间缺乏积累，不太能听懂他们汇报的内容，理解吃力的同时，深感自己的成长空间还很大。读完《社会学方法的准则》，过程并不顺利，之后按人物分类，陆陆续续读了几本书，产生了各种各样的疑惑：书籍某些部分与书名好像不一致，是不是我的理解有问题？名家提到的这位学者是谁？那位学者又是谁？多家观点杂糅，如何辨别……由此众多的问题堆积使我产生了深深的挫败感，有

① 王斌书，2020 级社会学专业硕士研究生，目前就业待定。

时坐立难安，心情烦躁，难以真正读进去。意识到自己状态不对，我立马请教了师姐，师姐以亲身经历开导我、鼓励我，让我慢慢冷静下来，平复了心绪。一段时间内刻意放慢阅读速度，尽量做到思维随文字而动，认真做笔记，逐渐进入状态，每读完一本书都会增加一点成就感和自豪感。

开始总是艰难的，因为新事物不在我们的掌控范围内，具有不确定性，而我们害怕失败，羞于直面自身的不足，担心外界对我们评头论足。很多人不敢踏出第一步，放弃即意味着不战而败，一次又一次地错过成长的机会，或许短期内避开了预设的窘境，却极有可能让自己留下遗憾，未来某一天后悔当初的选择。坐在教学楼里我问自己：如果当初优柔寡断，畏惧困难，没有加入读书会，是否能做到"8107"？是否能始终如一地自律？是否能充分利用时间？是否能坚持阅读？虽然无法确定自己一定做不到，但至少此刻难以给出肯定的答案。亲子综艺《爸爸去哪儿》中有这样一句话："我们长大了，反而就没有小时候勇敢了"，引发了我的思考。我们为什么不敢？我们身处社会，容易被社会准则和规范裹挟，时刻惦念自身扮演的社会角色，以他人的评判标准为行动指南，反而忘了在社会规则的基础上发掘个性，坚定自我。不忘初心，坚持个人特色，并不意味着固执己见，顽固不化。世界不是非黑即白，承认别人的优秀和自己的不足并不相悖，关键在于汲取经验和教训，见贤思齐。

二、于跌跌撞撞中成长

成长的过程不可能一帆风顺，随时面临未知的挑战。人作为善于思考、能言善辩的行为主体，更不可能一成不变，这就需要我们不断发现问题并及时解决问题。

除却最初加入读书会的不安，还需要面对经典书籍给读者出的难题：作者与读者生活的年代相差甚远，如何领会当时情境下作者表达的意涵？如何理解晦涩难懂的专业词汇？只能硬着头皮"啃"，降低阅读速度，告诫自己：就算是认字，也得把书读完，不能半途而废。读得多了，也总结出一些经验：同一名家的不同著作、不同名家论述的相似主题之间或多或少存在联系，结合起来就能加深理解。即使不能精准定义专业术语，也能知晓其大概含意，因而学会暂时放过自己也是阅读的一种方法。与名家的时空距离的确难以消除，我们能做的是回忆历史，将著作中提到的时间对应到我们所熟知的历史事件，领悟名家写作的社会背景。

人的身体和精神状态是有限度的，如何保持健康，延续激情？我个人容易认死理，走进死胡同，总想腾出更多的时间阅读，搁置锻炼，保证了阅读时间的投入，却时常感到身体疲乏，颈椎难受，难以保证投入时间的有效性，于是重拾锻炼计划。曾经尝试在图书馆闭馆后夜跑，跑步时间+拉伸时间超过一小时，回宿舍至少在十一点以后，运动完身体亢奋，影响睡眠，遂终止夜跑，探索室内运动。室内运动虽不如室外运动激烈，运动完也能明显感到身体得到舒展，释放了身体的紧绷感，学习时也不易疲惫，更能集中注意力。我的读书激情以每月的读书检查汇报会为节点，大概能维持半个月，之后则需要适度休息，重新整装待发。“磨刀不误砍柴工”，健康的身体以及“在状态”才是提升阅读质量的王道。

走过两年多的阅读时光，一路磕磕绊绊，从焦虑、迷茫到保持平稳的阅读状态,从低效阅读到找到属于自己的方法,从害怕困难到坦然面对……这一系列的转变本身就是一种成长，感谢各个阶段坚持不懈的自己。

三、于集体中发现个体

集体和个人的关系从来都不是二元对立的，辩证看待二者的关系尤为重要。我认为集体分为三种：一种是形散神灭的形式上的集体，只是把多个原子化的个体堆砌在一起，再为其命名，就组成一个集体，而集体中的个体还是按原来的方式生活,所谓的集体并未对个体造成一星半点的影响,这样的集体只是徒有虚名；一种是松散联盟,集体成员可能有共同的目标,但每个人都优先考虑个人利益，只有在外部环境威胁到自身利益的时候，个体才能形成凝聚力，一致对外，集体的力量才能显现，而平时只是维持着表面的运转；最后一种是紧密联系的共同体，大到整个读书会，小到一个读书小组。在这样的集体里，集体为个体提供了一个良好的场域，尊重个性和差异，让个体能以自己的方式成长，能在集体中更好地实现自己；而个体也为能把集体建设得更好而尽心尽力，严格遵守集体达成的共识，努力提升自己的能力，维护集体利益。集体建设包括小组和读书会，既组织组内活动，也倡导小组联合举办活动，每位成员都参与其中，实现“我为人人，人人为我”的价值观。

站在个人角度，集体为我提供了交流的平台，一方面交换阅读收获，另一方面学习交流和与人相处的技巧。对于前者，依托线上线下读书论坛，发表自己的观点，获得其他成员的反馈，在交流中碰撞出新的思考和感悟；也能在日常小组活动中感知他人的状态，勉励自己，养成勤于反思、及时调整状态的好习惯。对于后者，集体大环境使每个成员不得不面对各不相同的多个个体，以令彼此愉悦的方式互动，让每个人既遵守公共规则，又适应集体生活，促使不擅交际的自己踏出舒适圈，主动寻找话题与他人交流。一定意义上，集体已经超出学习共同体的范围，趋近于生活共同体和情感共同体，让个体在集体中迅速成长。集体内部，个体一起学习，共同进步；一起运动，强身健体；一起吃饭，共享生活；一起团建，建立情感。

四、于漫漫时光中绽放未来

两年时光看似短暂，从经典阅读中积蓄的力量却无穷无尽，将伴我们终生。

其一，静坐读写、思考的能力。我们身处快节奏的时代，追求速度，追求快，往往变得浮躁、焦虑，容易在信息社会的洪流中迷失自我，缺乏耐心和恒心，难以静下心来专注地完成一件事。长时间地沉下心来阅读，既磨炼了我们的心性，又锻炼了我们的思维能力和韧性。我们在以“8107”规则严格要求自己时，潜移默化地培养了一种耐性，一种能够坐得住、能够长时间独立思考的耐性，这是一种成长，也是经受时间考验后的积淀。即使转移到其他事情上，也同样实用。读书并非与其他活动脱节，随之产生的还有写作与交流，集读、写、说于一身。因此，阅读训练的不仅是我们的思维能力，还训练了我们的写作能力和表达能力。现今时代，话语表达恰好是非常重要的能力，为我们适应社会，适应环境的变迁奠定了坚实的基础。

其二，不惧困难、坚持不懈的毅力和勇气。困难和挫折是我们前进路上的绊脚石，始终存在。行动之前，最大的困难是直面自己的内心。于个体而言，个人喜好以及个人意愿是个人能否积极行动的重要影响因素，既能推动个人行为，又能转变为个人行为的制约因素。个人不能随心所欲，为所欲为，要在实践中战胜自我，超越自我。行动过程中，不确定性和突发性事件随时可能成为阻碍行为的因素，是积极应对还是消极处理至关重要，积极应对搏得一线生机，消极处理可能直接导致整个行动的意义大打折扣，这既考验个人能力，又磨砺个人心性。行动结束，需要总结和反思，总结可取之处，反思不足之处，于教训中汲取经验。不妨将经典阅读看作一次意义重大的行动，潜在行动者不曾有过“8107”的体验，行动前挣扎、焦虑、迷茫，需要鼓足勇气才能从中挣脱出来，尝试新事物。阅读过程中的不解与困惑变身为拦路虎，使读者面临第二重考验，坚持抑或放弃？幸运的是我们没有急功近利，而是放平心态，一步一个脚印，探索适合自己的阅读方法，直至阅读发展为一种冲动，一种惯性。至今，经典阅读已经结束，但从中储备的能量蓄势待发。

其三，敏锐的洞察力。经典阅读阶段，我们日常打交道的对象包含两类：一类是经典书籍，另一类是读书小组乃至整个读书会的成员。每一本书论述的主题、书籍章节之间的内在逻辑、具体章节与主题的联系以及不同书籍的关联都是读者必须关注的地方，阅读不能仅仅是认字，而是要动态地观察，保持思考的状态，随时调动既有储备。人的重要特点是善变，在不同时刻展现多种面孔，我们与人相处要随机应变，前提是能辨别不同情绪。人与人之间的关系是从陌生到熟悉的循序渐进的过程，相互了解的程度由浅到深，个人特点在相处中慢慢显现，但都需要我们用心观察，善于发现。集体为我们提供了一个交互的平台，集体阅读、集体吃饭、集体运动等多种活动使集体成员释放自己，成为彼此相互了解、相互包容的契机。

回忆了两年多的经历，感慨万千，愈发认为此间种种难能可贵。无论之后的选择如何，恐再难有如此集中的时间和充沛的精力投入阅读，这种经历本身就是一笔宝贵的财富，值得每一个人珍藏。时不我待，希望每个人都能常怀感恩之心，善待自己，善待他人，感谢每一份遇见，珍惜时光，珍惜当下，找准自己的定位，奋力向前！

浸润经典　润物无声

叶子龙[①]

在炎热的六月毕业季里，校园内外处处洋溢着青春的喜悦和毕业的祝福，我又像往常一样，安安静静地来到图书馆，面对电脑屏幕，脑海里浮现出这一年翻过的各种书，十多次的线上线下读书交流会以及跟小伙伴们共同读书、吃饭、打球、玩狼人杀的一幕幕场景。回想这一年来经历的点点滴滴，我收获的绝对不只是一页又一页翻过后不一定完全掌握到位的各种知识，还感受到了我自身所具备并且尚待进一步挖掘的巨大潜能以及学习小组的巨大凝聚力、感染力和行动力。在这一年里，我并没有像以前那样去追逐和获得永远不觉得够的各种外在符号，如各类荣誉证书和奖励，也不再像本科阶段一样投入巨大精力参与所热衷的各类志愿服务、学生工作和社会实践活动，在我们“8107”规则和模式的指导下尽己所能地多读书、读好书。时光匆匆而逝，回首过去点滴，浸润经典的过程仍历历在目。

一、想象中的研究生生活

在谈及当前的研究生生活之前，我想先简要聊聊本科经历。本科阶段的经历在现在的我看来，很幸运也很不幸。先说说幸运吧。自大一入学以来，我就积极参加班级、学院、学校各类学生工作组织成长锻炼，这一干就是四年，有的工作甚至直接干到本科毕业，都还没结束。不过幸运的是，

① 叶子龙，2020 级社会工作专业硕士研究生，方向待定。

很多时候我能乐在其中并且有不少收获，比如认识了很多老师和同学，在与人相处中提升了自己的人际沟通能力和组织协调能力，工作汇报让我的文字写作和表达能力等得到提高。除了积极参加学生工作之外，我还投入了大量时间和精力参加各类社会实践和志愿服务活动，无论校内或是校外，假期或是学期，我都一如既往地积极组织和参与各类活动，其间也有不少的收获。当然，无论是学生工作还是志愿服务活动，又或者是学习成绩，很多时候我就按照认知中家人、老师、同学乃至社会的“理所当然”的评价标准来努力。就比如，学习方面，怎么才算作优秀呢？思来想去总算想到一个，拿到专业奖学金姑且该算吧！于是，我后边努力学习，力争高分，以争取更靠前的名次以及更丰厚的奖学金。换言之，那会儿我个人是否优秀很大程度上并不取决于我，而取决于各种外在符号。因此我开始努力参加各种竞赛和活动，争取各种荣誉和证书，常常熬夜加班，每天忙到不可开交。每当又收获一项荣誉或是证书的时候，自豪之情便溢于言表，我想这样的自己在父母、亲人、老师、同学心目中，应该是一个好学生吧！似乎我一直就是这么认为的，于是更加热衷地投入其中。这一切都是那么幸运和美好，那为何谈到不幸呢？因为这些经历仿佛进一步将我的生活模式化了，我既然沉浸其中，也做出了不少的成绩，获得了不少荣誉，自然也就理所当然地认为这条路也应该就是我未来的成长和发展之路。我一度狭隘且又固执地认为，事实证明了这样的成长路线就是最适合我的成长路线，沿着这条成长之路成长下去的自己一定会成为最好的自己。毕竟父母、亲人、老师、同学的赞许和取得的荣誉证明不必让我为此感到困惑，就这样固执己见又带有丝丝叛逆的我在自己所认为的这条道路上将要越走越远。

大概一年前的这个时候吧，伴随着六月毕业季的风声，我怀揣着对四年学习、生活、记忆中人和事的留恋和不舍之情开始了各种计划和安排，比如筹备一次不算很过分的毕业旅行，再比如抓紧毕业前夕的每一刻与好友诉说离愁别绪，畅聊永远也聊不完的人生和理想等。当然，结束也是开始，毕竟六月毕业的我九月又会回到熟悉的校园开始新的研究生学习生活，因而毕业对我的触动并没有想象中那么大。至于说对学习生活的规划，已经带有些许偏执色彩的我还会考虑抛弃一直以来的成长路径转寻他途吗？

哦，当然了，已经是研究生了，我肯定需要投入足够的时间和精力放在科研上。原谅我当初理解的科研——就是上完课，看文献，参与老师项目和调研，最后，写出一篇满意的能拿得出手的论文。成长路径仿佛也就如此确定下来了，于是我还是计划循着之前的路，学生工作和志愿服务不能落下，另外还得投入足够的精力给科研这块，争取早早找到毕业论文方向并着手准备，哪怕我当时还是毫无头绪。

然而，不久之后，跟导师沟通完，可谓对当时规划好未来蓝图的我造成了巨大的冲击——我需要加入读书会，阅读两年经典，这还不够，每月至少还得保证五本的阅读量，另外每月需要撰写读书报告，并且定期在大会上做汇报……讲真的，我当时第一反应是觉得这在开玩笑，第二反应是对这一培养模式和成长路径发自内心的恐惧，第三反应是认识到了一个所谓的现实——我做不到。毕竟在我的印象中，从小到大经典我也或多或少地浅读过，深知部分经典难度之高，就差直抒“上青天”之意了，一个月五本的要求在当时的我看来仿佛是那样高不可攀，我反问自己一学期能达成这个目标吗？心里久久不能回应。还记得我当时没多想就跟陈老师表达了这些想法以及自己最初的设想和规划，不出所料，在老师略带严厉却又充满关切的劝导之下，我带着一肚子的疑问和对研究生生活前景的悲观情绪开启了自己的经典阅读之旅，也迈入了探索另一条成长之路的奇妙旅程。

二、与经典相伴的内在成长历程

既然已经不可避免地要读经典了，那就读吧！古往今来太多太多劝读书的例子了，就比如我们熟知的“为中华之崛起而读书”“发奋识遍天下字，立志读尽人间书”“黑发不知勤学早，白发方悔读书迟”……想来，朝着名垂青史的伟人们看齐总该不会是个错误的选择吧！何况上了20多年学了，即便我再无知也不至于去质疑读书的意义及其价值，最多也就是保留对自己读书能力的一种怀疑以及对自我主体性受到一定约束的些许不满罢了。

万事开头难，我首选了社会学经典三大家之一的马克斯·韦伯作为我浸润经典的突破口。谈到韦伯，我想不少同学也同我当时一样一度深感头疼，前期读他的书给我最直观的感受——明明一段话正讲得好好的，突然又东拉西扯到另一个方面了。得，上段话还似懂非懂呢，这会，完全给整"蒙圈"了。怎么办呢？那干脆就再重新读一遍吧，读完之后还是似懂非懂，只好借助勾画内容和做的笔记带着一定的猜测和联想尝试做一个概括性梳理。当然就别说追求高效了，一下午读下来不过二三十页的样子，甚至一度令我怀疑到底是自己的理解能力差到难以想象？还是作者的思想深邃到我完全捉摸不透的地步？或者是翻译者水平过于差劲？又到了召开线上交流会的时候了，讲真的我还是比较惭愧的，毕竟对自己的读书表现是相当不满意，想着大家应该表现得比我强得多，让我一度陷入了自我否定。可事实上，随着大家的自我表露和交流，我发现大家在读书过程中出现的问题具有一定的共性，如读不懂、读得慢、不会写总结报告等。导师组老师们在耐心地听取大家的发言之后也结合自身经验给我们提供了一些中肯的意见，帮助我们尝试解决问题。正是基于大家对于出现的共性问题的探讨以及在老师的帮助和鼓励之下，让我重拾信心，继续探索适合自己的读书方法。

读了大概三个月吧，我的读书状态和读书效率明显有了一定的提升，尤其自正式入学以来，起码一天很多时候能够在图书馆坐得住，读书报告也在不断探索中进步着。首先，我之前总是纠结于读书效率以及质量问题，翻一页书恨不得以最快速度翻完，仿佛以此能证明我读得没那么差劲。但事与愿违，经典不像小说，不是那么容易就能够接纳和吸收的，于是追求读书效率与读书内容的晦涩难懂之间的矛盾一度令我头疼不已。后来在老师的建议以及与小组同学的沟通交流之下，我采取了"先速度后质量"的方案，也就是前期哪怕一定程度上先片面追求速度，不求甚解。通过这种方式可以帮助自己先稳定读书心态，培养良好的读书习惯，等到后期可以慢慢缓下来，在沉淀知识的过程中强化思考，提升读经典的质量。其次，读经典逐渐趋于系统性。最初的时候，我读书经常逮住哪本读哪本，有时候经典实在读不进去了就选用其他书来读，想着用来调节读书状态和节奏，结果不自觉地将用于攻读经典的时间和精力又分散出去不少。后来也是在认真听取老师和其他同学意见的基础上进行系统化阅读，尽可能不再分散有限的读经典的时间和精力，逐渐尝试进行体系化的内容梳理，慢慢觉得内容不再那么零散和毫无规律可循。最后，是我当初没有想到过的，读书已经成为我当前生活的一部分。尤其是随着读书小组建设得更加完善，大家一同相约图书馆、一同吃饭，一起锻炼，平时在交流过程中思考的火花碰撞之余，也让我产生了不少灵感，一定程度上也进一步激发了我读书的热情和动力。另外，大家相互监督提醒，也有助于自己克服惰性，保持良好的读书状态和节奏。

其实在过去这一年的读书生活中，我感觉自己更多的是处在一种不温不火的读书状态中。偶尔会感觉自己状态特别好，比如当读到有关偏历史学和教育学的经典时，或许是基于兴趣点更多，读起来也显得很带劲。此外，有时难免也会有状态低落期，比如烦琐的课业压力，会使得本就不充分的读书时间更零碎，自然也不利于一个好的读书状态和节奏的形成。但即便如此，我在读书节奏渐入正轨之后基本还是能够保证每月 5 本的经典阅读量，时而还会超额完成，这在我向前迈出这一步之前是根本没有想到的。我相信，在浸润经典的路途中自己会有条不紊地渐行渐远。

三、总结与展望

总的来说，在这一年的读经典过程中，我获得的不仅仅是一些知识视野的扩展。更重要的一点在于，这是对我心性的磨砺以及惰性克服的过程。读书的过程自然是需要全身心投入的，而我们从当初的“基本不读经典”到现在的“基本在读经典”的状态转变，使得我们在每天与自身的惰性、外在的各种诱惑、来自各方的压力等矛盾斗争中不断寻求突破。正如毛主席所说，“与天斗，与地斗，与人斗，其乐无穷”，在斗争的过程中才能收获成长，才能保持前进的方向和动力。

从孩童阶段就开始上学的我们，已经接受了二十多年教育了，不过曾经成长道路上的每一阶段我们都是按照被规划好的路线前进着。大学之前，我们成长的每一步几乎都离不开家长、老师的关心、指导和规划。换言之，我们的生活方向、节奏和模式是确定性的。然而到了现在这一阶段，我们早就该具备属于自己的世界观、人生观、价值观了，我们得学会并且做到为自己的成长负责。每个人的成长选择和成长路径都是独一无二的，但总归还是有一种具有长效性的成长选择和成长路径，那就是读书。读书的意义不必过多赘述，在我看来，“读书无用论”从来都只是庸者无聊的自我安慰，而事实上，读书最大的理由，就是摆脱平庸。比如，当我们伴随着秋日的余晖漫步河岸，不经意间抬头眺望远方，群鸟飞过之际，我们能吟诵出“落霞与孤鹜齐飞，秋水共长天一色”这样的千古佳句，而非一惊一乍间伴随着粗俗的言语。再比如，当我们面对各种生活现象时，是否会有一些深层次的思考？当我们被生日聚会或其他节日聚会包围时，是否可以有意识地认为这是原始宗教活动的现代化延续形式？为什么会突然冒出这个想法呢？哦，似乎涂尔干《宗教生活的基本形式》里有所提及。还比如，古代封建社会常有，在现代家庭关系中时不时也会出现的男尊女卑现象或男卑女尊现象，是否可以有意识地认为这是隐藏在家庭关系深处的以财产私有为核心形成的一种权力支配关系的表现？……由此，我想至少可以承认“腹有诗书气自华”的道理以及读书对于将非理性的生活理性化的重要意义。

“读书破万卷，下笔如有神。”浸润经典的过程实际上也是提升自我的过程，当阅读经典成为我们的一种生活习惯时，我们方能在自主的状态下读得广、读得深；才能更好地开阔视野，增加积累，体会到阅读中“润物细无声”带来的成功喜悦。

体系化阅读　主动性思考　全方位成长

王彬彬[①]

不知不觉已经读书将近一年了，研究生阶段的三分之一已经接近尾声。最近一次上课的时候，课间听到老师问一些同学一年下来有什么收获？有一些同学表示没什么收获，有一些表示自己很迷茫。但是听到这个问题的时候，我的内心坚定地回答：满满的收获，没有迷茫，并且明确知道自己以后的道路该往哪个方向继续努力。

为什么有些同学会迷茫？如果每天只是机械地去上课，课下又循规蹈矩地完成课堂作业，那么只能说你在一个短暂的时间阶段内不迷茫。因为在这个阶段内，你赋予课程安排以权威，你觉得课程和作业是这段时间内最具有正当性的安排，与此同时，其他的空闲时光你觉得是正当性的休息时光，这样的生活你觉得很充实，没有荒废时光，好像每一个阶段都做了自己该做的事，但是到最后谈起收获这两个字，为什么一些人觉得难以启齿了？每个人对收获都有自己的理解，我认为有一个共通点是收获这两个字牵扯到灵魂的触动，是我们由内而外迸发出来的东西。如果是被动输入，或者循规蹈矩地完成任务，在我个人看来，或许可以称之为知识的汲取，抑或是能力的提升，不能真正称之为收获。

那么为什么一年结束后会迷茫呢？因为在这一年内，你就像一个大机器中的一个小齿轮，上面的齿轮转，你就跟着转一下，上面的齿轮正转，你就跟着正转，下面的齿轮倒转，你就跟着倒转。你不知道为什么转，不

① 王彬彬，2020级社会工作专业硕士研究生，现为河南省定向招录省辖市市直选调生（三门峡市）。

知道往哪个方向转，不知道要以怎样的速度转，不知道什么时候停止。一旦让你脱离这个大机器，你自然就会失去方向，觉得迷茫。

为什么我会觉得自己有满满的收获并且对未来不迷茫呢？这要从陈辉老师和孙新华老师作为领路人带领我进入“四为”读书会说起。

考研之路占据了我学生生涯很长的一段时间。那段时间一直学习的就是专业课知识，反复地学，反复地背，就是认为把以前的那些知识背得更熟练，才会有融会贯通的感觉，但是很少出现耳目一新、醍醐灌顶的感觉。在准备考研复试的时候，我读了《自杀论》和《社会分工论》等一些经典书目，有时读到精彩之处让我豁然开朗，我很享受这种感觉，也慢慢地产生了一个想法，读书或许是自我成长的最好方式。

考研拟录取结果公示后，终于加入了向往已久的“四为”读书会。还记得启动大会时老师和学长们对我们的悉心教导和殷切期望。会议上老师跟我们分享了如何读书以及读什么书。我们走的是体系化经典阅读的路，就是体系化阅读社会学及其他社会科学经典作家著作，这条路的关键有三条。第一，真正确立研究生教育中研究生的主体性，让研究生回到教育的中心，一切教学活动及其他活动都服务于研究生学习的需要，而不是反过来让研究生服务于学制和教学的要求。第二，体系化阅读社会学经典著作。第三，连续两年不间断地经典阅读。这里有一个极为重要的不等式，即一天主动的经典阅读在研究生能力训练上要强过一周被动的课堂学习，这个不等式是进行严格学术训练最为重要的秘密。两年时间不间断地体系化经典阅读，即可以完成社会学或社会科学的思维训练以及知识积累。这种系统、科学、有效、有魄力的研究生培养计划让我深深着迷。因为这个模式全方位和多角度地解决了个人在这个重要的学习阶段应该怎样做才能获得成长的复杂问题，每一步如何操作都讲得很清楚。我们考研的目的之一是为了提高自己，那么具体怎样操作才能让自己获得最大的成长呢？有句话叫作：比没有努力更可怕的也许是努力错了方向。大部分人只是确认这个努力的方向就要几经周折，反复调整，费时费力，而我们就非常幸运了，老师直接给我们指明了系统科学的经典阅读之路。一个正确的方向可以使我们有所收获，至于获得多少就要看我们在这条路上怎么走了。在这个时候我们这个体系化经典阅读的优势又再次显现了，它不仅给我们指明了努力的方向，还告诉我们这条路具体要怎么走。比如我们阅读的书目是从社会学初创时的经典作家如涂尔干、孔德开始，到韦伯、马克思、齐美尔，再到现当代的经典作家如福柯、吉登斯、布迪厄、哈贝马斯等；不要拘泥于具体的知识，最重要的是对自己思维的锻炼；每天要尽量保证10小时的阅读时间，坚持一周七天；每个月至少五本的阅读任务，并且要撰写读书报告，开读书分享汇报会等。这些具体而又细致的要求，无疑使我们事半功倍，我们自信且坚定地读硬书，这就是我苦苦追寻的学习生活，因为我坚信在这样的培养方式下自己一定可以获得真正的成长。

开完读书启动仪式后就正式开始了自己的经典阅读之路，我重新从《自杀论》开始读起，感觉充满干劲，心无旁骛。之后读书会又细化为四个小组，小组成员互相交流，逐渐熟悉，一起阅读经典，共同进步，给每个人源源不断的读书动力。一开始读书的时候当然也会有很多问题，很多困惑，但是在每月的读书检查汇报会上，大家彼此交流，提出问题，导师组老师们答疑解惑，很多问题都能迎刃而解。至今还觉得读书状态的一个小高峰就是在入学前的那个暑假，在疫情还些许紧张的形势下，自己一个人提前来到学校附近租房读书，虽然同学们还未见面，但会在微信群里相互交流，彼此支持。那段时间，我每天的生活只有读书和运动两件事情，不仅读了好多书，而且每天坚持运动，身体状态也越来越好。做出这样的决定真的需要一定的决心和魄力，即认准一件事情只管大刀阔斧地干。这样的决心一方面是自己考研期间感悟出来的，更重要的一方面就是读书会这个充满激情和干劲的氛围带来的。积极向上和不思进取是并存于我们身上的两个特质，这要求我们严予律己，防微杜渐，但人是一个社会性的动物，非常容易受环境的影响，在一个恶劣的环境里，我们很难独善其身。而“四为”读书会这个“比学赶帮超”的氛围就是我们的宝贵财富，创造的学习空间成为我们学习和成长的“圣地”。我们小组成员每天一起读书，一起吃饭，一起运动，回到宿舍后，紧邻的几个宿舍也都是读书会的同学，我们每天都生活在积极向上的氛围中，大家互相帮助，互相激励，由内而外、积极主动去持续阅读这些硬书。

开学之后，虽然有烦琐的课程和作业安排，但是我们依旧没有放松对自己的要求，每个月坚持完成至少五本书的阅读任务。因为我们坚信一个不等式，即一天主动的经典阅读，在研究生能力训练上要强过一周被动的课堂学习。这个不等式是进行严格学术训练最为重要的秘密。在这个不等式的指导下，我们不停地做减法，减少一些外在符号的干扰，我们必须保证大量的阅读时间，这是进行经典阅读训练的基础和前提，如果没有充足的时间作为保障，一切都是空谈。而且这也有一个隐含的假设，每个人要在完成每个月至少五本书的阅读任务的同时还能兼顾相关的课程作业要求等事项，也就是假设了每个人都具有较强的学习能力，这是很重要的一点，因为它可以避免个人进行自我设限。在一些人看来，每个月能认真听课，完成课程作业已经很不容易了，更别提再完成五本书以上的经典阅读任务了，这简直是天方夜谭。他们根本没给自己尝试的机会，更别提做到了，而在我们读书会同学看来，这就是常规操作，每个月必须完成的任务。

回首过去一年，总体感觉还是比较满意的，也有一些心得体会。第一就是处理好速度与质量的关系。我们的经典阅读模式对速度和质量的要求都不低，但是切不可盲目牺牲一方去追求另一方，有时候遇到一些烧脑的部分，会有退缩的心理，容易不求甚解，或者说以不过度地关注具体知识为由来说服自己跳过这一点，这实际上是得不偿失的，因为烧脑的部分实际就是个人容易获得最大成长的部分，我们一定要在这里慢下来，仔细斟酌，反复思考，这样来回梳理两三遍再进行下一步。第二就是处理好读、写和说的关系。读当然是很重要的，这是我们探索求知的最直接的方式，但是我们切不可忽视写和说的重要性。读是我们主动地去理解作者的写作思路和行文内容，而写和说就是我们以自己的想法来重现和加工组织作者的思路和内容，读、写和说合起来就是既输入又输出的过程。所以我们除了认真读书，还要把握好读书报告的撰写，参加每月一次的读书论坛，让自己获得全方位的成长。

一年的读书生涯让我不再迷茫，让我找到了努力的方向，让我收获了成长。在这个有老师护航、有同学陪伴的幸福道路上，我需要做的就是脚踏实地、实事求是，既不妄自菲薄，也不自以为是，坚定地走好每一步，一切美好都会接踵而至。

千川汇海阔，风正好扬帆

卫敬[①]

时光荏苒，转眼之间研究生生活已经画上了句号，正如庄子所言：“人生天地之间，若白驹过隙，忽然而已。”此刻坐在书桌前仔细回忆这三年，所有的记忆都定格在经典阅读的两年时光里，两年间经历了很多，有困惑，有迷茫，但更多的是成长。经过了两年的经典训练，也真切地感受到了读书已经变成生活的一部分，成为自己想要坚持下去的一个习惯。

“物有本末，事有终始，知所先后，则近道矣。”2020 年在入学之前，也简单地想过自己的研究生生活应该要怎么去度过？以怎样的方式去度过？依然清楚记得初试结束、成绩公布、联系导师到复试，可以说一切都出乎意料的顺利，再到后来在孙新华老师的带动下加入读书会，一切都是那么的顺理成章。2020 年的暑期，在孙新华老师的悉心组织下拉开了读书生活的帷幕，开学以前便已经开始了集体读书、打卡、完善总结汇报一天所得，这是一种从未经历过的生活学习方式，那时也从未想过两年后的自己会是怎样的，也未想过提笔写下这两年的点点滴滴会是怎样的感受，如今我知道了，不忘初心，方得始终，做事一定要有始有终。

后来随着读书日益步入正轨，对读书会模糊的认知渐渐清晰起来，以往零碎闲散的读书习惯被匡正，自己能坐下去静心读书的时间越来越长，体会到汲取知识、探索未知的快乐和成就感，在这个过程中，自己也认识到以往浪费了很多读书的时间和机会。刚开始对读书还没有特别深刻的理解，暑期我甚至还想着去找兼职，利用空余时间读书，以为只要保证效率，

① 卫敬，2020 级农村发展专业硕士研究生，目前就业待定。

每天完成计划内的读书量就行了。孙新华老师知道了我的做法之后劝我辞职，在家安心读书。第二天我就辞职了，刚开始没几天的兼职宣告结束。现在想来，真的是再正确不过的决定，特别幸运有这么一个提醒自己去做正确事情的老师，好在为时不晚。感谢读书会重塑了自己的读书态度和读书习惯，用两年的时间去专注做一件有意义的事情，至今我仍觉得自己很幸运，在良师的指引下和一群可爱的人朝夕相处，共赴书海。回首来时路，一步一步都有它独特的价值，共同钩织了平淡又热烈的两年时光，这是成长进步的两年。

“鱼离水则身枯，心离书则神索。”两年间，读书、集体生活占据了我们大部分时光，老师为了我们能安心读书竭力创造条件，排除外界干扰，而作为读书行为的直接受益者，只有心中有书，才能够读好书。读书是一件神圣的事情，不应该同繁杂琐事缠绕在一起，我认为每一本书都是一个需要去探索的无语的生命，用心去读好它，读懂它，用包容的态度让每一部巨著在历史长河中一次又一次散发出光芒，赋予其认同感并注入新鲜血液，方无愧于时代，无愧于作为读书人应承担的责任。书籍也从不会辜负每一个用心去读的人，在这个过程中，我们锻炼了思维，提升了能力，通过书籍同天下学者对话，何其有幸，理应尊重、珍惜这机会。而读书能力和良好的读书习惯，也不是一日可以养成的，心中有书，内化于心，外化于行，只有平时严格要求自己，用心去读，时光会看到每个人的成长，给予我们答案。

认真读书，用心做人做事。虽然两年的生活主旋律是读书，但是又不仅仅是读书。想到刚进入读书会，对其模式并不特别理解，甚至某一阶段还有排斥心态，主要是集体生活和自己以往的生活习惯完全不同。另有自身性格原因，排斥和陌生人之间的亲密交往，以至于对集体生活这种方式很是费解，可也还是坚持了下来。渐渐心态发生了改变，发现每个人都在努力，努力读书，努力让这个集体变得更好，努力让小组多一些情感支撑，这是一群志同道合的伙伴。虽然过程跌跌撞撞，但是大家真的都在努力，到如今的研究生生活宣告结束，我心态已然发生巨变，不再逃避集体生活。相反的，集体已经成为我生活的一部分，就算是性格各异的人也能在集体中找到自己的位置，因为大家有着共同的目标，共同对成长、对进步的渴望，那么就可以克服万难，朝着同一个目标去努力。在这个过程中，不止同学，读书会的老师也在对我们言传身教，用自身行动感化着我们，影响着我们，真真切切地感受到这是真正用心对待学生的老师。老师的悉心教导，耐心解答疑惑，无数次坚定我要把书读下去的想法。一日为师，终身为师，老师的为人处事，对学生、对学术的热情和严谨值得我们认真去学习并传承。

最慢的步伐不是跬步，而是徘徊，最快的脚步不是冲刺，而是坚持。两年的经典阅读，我们坚持了下来，虽然中间的过程有困惑，有焦虑，有过一次次的自我怀疑，但是在老师的一次又一次真诚耐心的开解中、一群可爱的伙伴朝夕相处中，我从未想过放弃。我想，就读书而言，回首来时路，度过了平淡而又热烈的两年，自己应该算得上有始有终吧！同时庆幸自己从未想过放弃，一步步坚持下来，内心也更加坚定和从容。接下来的日子，希望自己可以用更加积极饱满的状态去迎接挑战，做一个坚定的人，扬帆起航，将读书会的精神传承下去。

书中没有颜如玉，却有成长的自己

李碧莹[①]

时光荏苒，日月如梭，2020级读书会的经典训练已然到了收官的阶段。审视这两年阅读经典的自己，不禁感慨万千：这一路经历了很多，收获了很多，好似酸甜苦辣都经历个遍，但回望与你相伴同行的伙伴，又都是熟悉的笑脸，好似一切还在原点。这一路给我带来太多的思考和成长，知识的风景可以忘却，思考的痕迹却铭刻于心。

提起读书，我们经常去思考的问题是为什么读书、怎样读书以及读书带给了我们什么样的收获，这篇总结我想立足于这些话题之上，结合自己研二时期的现状，谈一谈读书的功用、读书的意义以及集体读书的意义。

一、读书的功用

任何一个开始读书的人和读了很多书的人都会思考这样一个问题——读书有什么用？我们通常回答这个问题的落脚点会在“用”这个字上，也就是“功用”，所以这个问题的答案就会有两个方向，一个是读书无用论，另一个便是读书有用论。读书无用论是个人利益为导向的社会背景下兴起的观点，比如阿里巴巴集团的主要创始人马云曾经说过，成功与否跟个人情商有关，跟读多少书没有关系，所以要少读点书，多干点事。而持读书有用论观点的人们又会怎样反驳他呢？不过就是读书能带来怎样的利益，有什么具体的用处，让你在这个社会中立足。所以读书无用论也好，读书

① 李碧莹，2020级社会学专业硕士研究生，现为吉林省选调生。

有用论也好，都陷入了“功用”的陷阱。

我曾陷入过这样的陷阱中，在我对未来感到迷茫的时候或者突然抬起头看看周围的同学为未来奔波的时候，我也产生过这样的疑问，读书真的有用吗？那些立志于进入公务员系统的同学早早就出去挂职了，立志于读博的同学研一就在全身心投入发文章了，那些立志于去企业的同学也都努力挤进大厂实习，而我在做什么？我在读书，我在读经典，这真的有用吗？我也曾经掉入过读书有用论的逻辑里，前几天做公考的试题，有一段题目是在论述读书无用论现象的兴起以及读书无用论的观点。我在心里不知不觉就开始逐条反驳了，开始细数读书带给我们的具体好处都有什么。

后来，我开始反思自己并且思考这个问题，突然觉得挺没意思，我其实一直都在“功用”里面打转。为什么我们会在某个时刻对读书产生怀疑，是因为我们在焦虑未来的时候，把读书当成了获取工作和获取文章的途径，我们看待读书的视角就变成从个人短期利益出发的视角了，自然会掉入读书无用论的陷阱。在读书有用论的逻辑里何尝不是这样呢，我们逐条去反驳读书无用论的观点时，依然还是在“功用”上谈读书，这也就把读书这件事看窄了。我们应该跳出“功用”去看读书，才可能找到读书的意义。

二、读书的意义

《人民日报》在今年的世界读书日当天发布了一篇文章，题目是《人为什么要多读书》，总结了 8 条读书的理由，这些理由都脱离了利益主义，脱离了“功用”，是读书真正的意义。这也是我听过最好的并深以为然的读书的意义，希望借两年读书总结分享给大家并以此共勉。第一，脚步丈量不到的地方，文字可以；第二，读书的意义是使人虚心——较通达，不固陋，不偏执；第三，书中未必有黄金屋，但一定有更好的自己；第四，读书让你哪怕深陷泥泞，也依然可以仰望星空；第五，书或许不能解决眼下的难题，但它会给你冲破困难的力量；第六，读书，就是让自己变得辽阔的过程；第七，当你爱上图书，独处就成为一个人的狂欢；第八，别抱怨读书的苦，那是你去看世界的路。为什么这篇文章所表述的读书的意义对我有很大触动，是因为在这两年多的读书过程中，这篇文章所表述的很多条读书的意义跟我真心感受到的读书的意义不谋而合。

从我这两年的读书经历出发，首先，“脚步丈量不到的地方，文字可以”的确是这样的。我们无法到达的地方，文字可以载我们过去，比如恩格斯的《英国工人阶级状况》带我们去了解了19世纪的英国工人；怀特的《街角社会》带我们去了解了意大利贫民窟的街头巷尾；托克维尔的《论美国的民主》带我们去了解了美国的政治制度。我们无法经历的人生，书籍可以带我们去体会。比如，读福柯的作品，你仿佛能感受到他的精神状态，读托克维尔的作品，你仿佛感受到他对英国政治的关心和为其寻找出路的心情。其次，读书确实是一个使自己变得辽阔，遇见更好的自己的过程。一个人读的书越多，他的积淀也就越厚重，看问题的视角更加多元，也会更加全面。我们在面对一些时事热点和众说纷纭的评论时才能不随波逐流，有自己的看法和见解。读书也会让我们的胸怀更加辽阔，读的书越多越能感觉到自己的无知，越能够包容他人的观点，接受不同的声音和看法。最后，读书确实会让我们变得沉稳通达，也会给我们带来战胜困难的力量。读书让我们更加沉稳，更加踏实，前进的每一步是踩实的每一步。读书也会让我们变得通达，面对抉择的时候要遵从自己的内心，做真实的自己。面对未来的不确定性，读书确实不会给我们带来短期的利益，但是会给我们带来争取有意义生活的力量。

三、集体读书的意义

读书会集体读书的方式跟个人的读书方式有相同的地方，也有不同的地方。读书带给我们的意义，集体读书都能带给我们，但是个人读书不能带给我们的收获，集体读书仍旧可以。

集体读书不仅丰富了我的知识积累，还带给我思维的训练。老师们常说，知识的积累是我们读书最浅层次的收获，因为知识会忘，知识更容易再次查找和运用。但是，对于我来说，知识的积累也是很重要的。我通过阅读经典，可以梳理学科的脉络，了解各大家的观点，发现他们之间的关系，与他们进行互动。最重要的是，知识的积累还可以开阔我们的眼界。比如，在没有开始经典阅读之前，我只知道马克思现代化发展的观点，现代性的发展是资本主义的发展，现代性发展的动力是对剩余价值的获取。但是，当我将大家的作品一个一个读下去，发现是我知道得太少了，我太无知了，涂尔干、韦伯、吉登斯等，他们对现代性的议题都有自己的见解，从某种程度上说都是合理的，应该更加多元地看待现代化问题。我们虽不能走遍山川去寻找真理，却可阅遍书籍来开阔眼界。思维的训练听起来好像虚无缥缈，很难被我们发现，那是因为思维的训练很难有被操作化的衡量标准。但是仔细观察，我们是可以感受到思维训练的。比如，我绞尽脑汁地把各个大家关于一个主题的看法思考清楚，不停地想、不停地思考的过程就是一种思维训练。还比如看问题的角度，我们讨论一些时事热点事件的时候，以前可能就会跟着大众舆论的导向走，现在就会有更多的思考，更多地从不同的角度出发去看待这个问题，尝试透过现象看本质，找到问题的根源。经典阅读的过程中，“绞尽脑汁地想”带给我更多的收获就是这种思维的训练。

集体读书给我带来了自律的生活方式。经典阅读让我的生活变得很简单，读书就是我每天要做的最重要的事情。读书是一个需要长期坚持的过程，自律在这一过程中尤为重要。这种生活状态让我养成了自律的好习惯，不管是读书还是运动，在坚持的过程中都慢慢地融入了我的生活，这种自律的生活方式对我的每一天都是非常有意义的。

集体读书给我带来了一种叫作“集体”的情感。集体读书让我觉得自己与舍友、小组伙伴和读书会的同学早已经不是单纯的同学关系了，我们更像是一种战友的关系。我们同处一样的读书阶段，有着同样的努力和困惑，甚至有着同样的目标，这种感情总是让我觉得他们比我的亲人都理解我的处境，有人一直与我并肩作战，共同进步。这种“集体”的情感也包括我对老师们的感激和敬佩。导师组的老师们为我们的读书和成长付出了很多，无论是物质方面的付出还是精力方面的付出，都让我感动和感激。“师者，传道授业解惑也”，这应该是对导师组老师们最好的形容。

总体来看，集体读书的意义很像当兵的意义，当过兵的人常常会说：

“当兵后悔两年，不当兵后悔一辈子。”集体读书也可以用这样一句话来概括：参加集体读书后悔两年，不参加集体读书后悔一辈子。所谓当兵后悔两年指的也不是真正的后悔，指的是很多人刚开始当兵无法适应部队艰苦的训练，无法适应还没建立起战友感情的人际关系，无法适应令行禁止、纪律严明的生活。其实，参加读书会的集体读书也是这样，一开始我们也要适应个人读书到集体读书的转变，也要去建立小组、年级同学之间并肩前行的关系，也要适应大道至简的读书生活。集体读书的建设过程不是一蹴而就、一帆风顺的，也需要一个过程。不当兵后悔一辈子指的是在适应部队生活，甚至是享受部队生活的过程中带给人们的意义是巨大的。部队生活对个人的精神品质、性格特征，甚至是三观都会有改变。把这段部队生活放在整个人生线里来看，这段经历对个人以后的人生都会不断地产生影响。集体读书对我们的影响何尝不是这样的，两年多的读书生活也会对我们个人的性格品质有所影响，甚至对我们以后的人生也会产生影响，因为集体读书本质上带来的就是自身的成长。当然，当兵比集体读书更高一层的意义可能是当兵的人们已经在做着为人民服务的事情，做着为人民牺牲的准备，他们是有大爱的人，集体读书还没有达到这一高度，但是读书会的“四为”精神——“为天地立心，为生民立命，为往圣继绝学，为万世开太平”也在影响着我们，让我们明白读书也要有情怀，未来也要做个对社会有贡献的人。

经典阅读虽辛苦，吹尽狂沙始到金

薛路遥[①]

曾子曰："吾日三省吾身。"在两年多七百余日的经典阅读训练时光画上句号之时，进行一次全方位的总结，不仅是对以往的回顾，更是对其间功过得失的总结，以图有所增益。

摸着石头过河是中国人的智慧，大胆实践并在其中寻找通往成功的最终法门，让中华儿女能在数千年间傲然屹立在世界民族之林。读书会的培养便是如此，虽然在最开始时并没有明确的理论知识作为指导，但通过一代又一代的摸索，让这套模式愈发成熟，也愈发符合科学。

第一，经典著作才是真正的黄金屋。虽说开卷有益，但将阅读范围局限在通俗作品上，很难实现有效的自我提升，因为这些书籍往往浅显易懂，无法对读者的思维进行锤炼。相比而言，经典著作则是一把上好的"磨刀石"，如果将阅读通俗著作比作在平坦的大道上行走，那么阅读经典则如同在狭窄的洞穴内探险，前者轻轻松松但见识的风景一般无二，后者历经坎坷却能最终找到一片世外桃源。这种豁然开朗的感觉是思路的开阔，只有名家呕心沥血的著作才能促使读者跳出常识，从更高的层次看待世界，思考问题，激发起社会学的想象力，按照美国社会学家米尔斯所说，便是看清世界全貌，理解个人经历，把握个人命运的能力。书中复杂精密的论证过程也使得读者的逻辑推理和阅读理解能力得到了提高，之所以经典阅读聚焦于国外著作便是出于同样原因，异国作家的写作和思考方式比起耳

① 薛路遥，2020级社会学专业硕士研究生，现为国家税务总局西安市新城区税务局一级行政执法员。

熟能详的国内经典更具锻炼效果。

第二，与写作的结合提高了阅读的效率。孔子说“学而不思则罔”，可书本只能单方面输出信息，所以读者很容易对于书中的内容不假思索全盘接受，从而沦为知识的接收器，一座思想的大熔炉，既无法提出自己的见解，也无法灵活地将理论运用于实践当中。写作便是为了激励读者进行思辨，在阅读的过程中记录笔记，并于一定的时间之内将其整理成文。正所谓不动笔墨不读书，写作的过程绝非简单地摘抄记录，个人的疑问与思考都将通过纸笔记录下来，由此使得我们“进入书本”的同时又能“跳出书本”，以自己的观点和立场重新审视经典中的内容，与作者进行跨越时空的对话。在这种对话中，我们不再盲目跟随名家或者书本，而是自主展开反思与批判，从而获得思想上的自由，并且也将书本的内容真正转化为了自身的能力。

第三，集体阅读的方式是对习惯的良好培养。正如法国心理学家勒庞所言——集体具有超强的执行能力，经典阅读想要达到理想的效果，通常要经历一年时间的自我磨炼，“靡不有初，鲜克有终”，离开了同伴的相互鼓励与扶持，这样的磨炼很难坚持下去。而在集体当中，每位成员即使心中有所懈怠，也会积极调整心态重新追上集体的脚步，这也就是为何一个人能走得很快，可一群人才能走得更远。同时，集体也能成为理论与实际相结合的理想场所，“跟风”和“搭便车”是集体中难以根治的顽疾，但阅读与写作所锻炼出的思辨能力，使得每位成员都有意识地调整自身行为，大家乐于投身于读书会的建设中，并大胆提出自己的观点与看法，在此意义上，我们既避免了陷入公共物品的陷阱，也避免了成为勒庞口中的“乌合之众”。

第四，多样化的集体活动激发了同学们的阅读主体性。阅读原本是一场马拉松，是厚积薄发的过程，在这个漫长的阶段中，自我的成长是渐进的，不易察觉的，漫长路途中倦怠与自我怀疑在所难免，穿插在读书过程中的各种活动，则是很好的调节剂。诸多活动中，集体论坛的效用最为突出，它不仅使得大家有机会相互交流、取长补短，更为每位同学提供了展示自己学习成果的舞台，无论是主讲人还是评论者，在其中都能切身感受到自我能力的提升，从而增强信心，以更大的激情投入到之后的阅读当中。不仅如此，成员间的交流还有助于自己远离阅读的舒适圈。做研究未必需要触类旁通，可一旦陷入自己熟悉的领域，便容易失去对他者的包容，躲在自己的一亩三分地中孤芳自赏、不思进取。生活当中，由于算法机制日益进步，我们在网络中也往往只会接收到自己赞同的信息内容，这进一步抑制了个人的成长。而在集体论坛的开展过程中，每个人都将聆听到不同的声音，甚至遭遇针锋相对的意见，正所谓“良药苦口利于病”，观点的碰撞所带来的实际是自我的完善，闻听他人的真知灼见，也会时刻提醒我们谨记他山之石可以攻玉的道理。

第五，读书会所带来的这种完善还体现在其他方面，其一便是运动。两年来我们从打羽毛球这一单一集体运动形式，扩展到篮球、健身、长跑、暴走。青年毛泽东曾提出“文明其精神，野蛮其体魄”，读书会深刻地贯彻了这点。体育运动的意义不仅在于身体机能的提升，同样在于个人精神风貌的改变。经常从事各项体育活动，人的体姿体态都能得到调整，男生更具气势而女生更显优雅，在与人交往时能给对方留下良好的观感，自己也能从中获益。其二是坚持。“士不可不弘毅，任重而道远。”这个世界上既不缺乏有天赋的人，也不缺乏努力的人，恰恰缺乏能够坚持的人。生活中的一件小事，比如晚上没睡好、头有点疼、天气太热，都能成为偷懒的借口。然而早八点晚十点，每周七日的学习状态，是每位同学在两年时间内始终如一坚持的，它成为了每位同学生活的一部分。即便是休假的日子，放纵也不会被自律的自己所容许。这种坚持，不仅能够让我们在经典训练中获得成功，更能为人生道路上的成功奠定基础。其三则是理想。“君子挟才以为善，小人挟才以为恶。”并非所有的人在获取到能力之后都能将其用到正途，比如有些人只顾着钻营取巧，费尽心思只为让自己飞黄腾达，更有甚者，会将自身的才能用于邪道，为祸一方。因此，没有远大的理想与崇高的价值观作为引领，人才的培养便会有害无益。而西农读书会以关中理学大师张载的“四为”为纲：“为天地立心，为生民立命，为往圣继绝学，为万世开太平！”立意不可谓不高远，当然，我辈尚且难以达到如此境界，但它始终是每一位读书会成员所奋力追求的目标，也是需要“时时勤拂拭，勿使染尘埃”的坚定信念。

虽然经典阅读有着浓厚的学术气息，但在这一模式下培养出来的学生却绝不只有学术能力，实际上多元化成才才是读书会的宗旨。不管以后走向怎样的岗位，面对怎样的未来，经典阅读的经历、读书会的经历都会是我们一生宝贵的财富，它既是一次自我的修行，也无时无刻不在提醒每位成员，要将这种修行继续贯彻下去。自我能力的提高是没有止境的，但人比山高，脚比路长，只要树立起崇高的志向，不断沿着正确的道路奋进，在此过程中我们必将创造属于自己的辉煌！

与阅读相伴，与成长为伍

周悦[①]

两年的经典阅读生活已经告一段落，但它带给我的影响仍然在持续。在经典阅读进展一年的节点上，“吹灭读书灯，一身都是月”是我产生的最为强烈的感知；到了第二年，我更熟悉和习惯这样的阅读生活，更洞悉其中深意，以此为契机，我由衷地希望阅读与思考会悄然发展为我此后生活的常态，“读而不已，阖棺而止”，始终保持学习和成长，成为我对未来自己的期许。

一、一年读书总结

从 2020 年 6 月初开始阅读经典，至今已过去一年时间。也许是这段时光足够的简单纯粹，回想起来，仅用一串数字便足以概括。读书的本数，读书的页数，读书会召开的次数，读书报告的撰写篇数，小组团建的次数，读书论坛召开的次数，还应加上途中我心绪起伏的次数，以及仍说不好能打上几分的我的投入与专注，它们一齐组成了我过去一年的时光。缓缓地追溯它们，就像以书香忆年华。

（一）何不做飞鸟，见树又见林

苏格拉底曾有一句广为流传的名言，“没有经过审视的人生，是不值得过的。”仔细想来，我绝大部分时间里，都没有体会到它的所指。回顾

① 周悦，2020 级社会学专业硕士研究生，现为四川泸州事业编。

自己二十多年的人生，大多数时候，我好像都想不清楚很多事或者想得太少，只是一味地凭感觉，只要一直在前进就是正确的。生活马不停蹄，未来扑面而来，停下来片刻，好像都会造成过错。但随着年岁增长，接受的教育也好，还是拥有的经历也罢，它们都在默默发酵，在某些生活的瞬间我开始恍惚，逐渐意识到驻足审视的价值。停下来的时候，发现我对同我朝夕相伴的“生活”本身，有太多忽略且尤为无知，我好像也很少将个体的经历与社会大时代背景关联起来。

仔细想想，在我的亲戚中，有好几家娶了外地媳妇，但婚后媳妇跑掉的占大半；老家村子里的幺祖祖确实在我大二那年，在他的家中上吊自杀；一些从事建筑行业的亲戚，也遭受过结不了工资的光景；老家很多人都不约而同地去到县城谋生路，家里的土地不是撂荒，就是只有老人在耕种……这些零散的个体经历，确实没有被之前的我投以过多目光，而只视作平常之事，我并不明白它们背后存有的一套社会逻辑。但接触社会学以后，以经典阅读为首，它好像在潜移默化地推动着我将视线回溯到这些经历过的以及正在经历的事情之上。

如果说生活中充满着系起来的结，我们大部分人只是想着怎样最快地穿过去，但仍然还有一群人在执着于解开这些结，还原生活的真相。这便是阅读经典给我的最为深刻的感受，也是我在阅读中共鸣尤为强烈的点。原来世间大多数事情都是可以被解释的，自有它的逻辑可循，且也值得我们去投以理解与关注。任何个体在生活中产生的微小困惑，都会有这样一群社会科学家们花费了大半辈子在思考、审视和研究。并且他们真正做到了将个人与社会关联起来，高瞻远瞩，不拘泥于特定时空，其真知灼见历久弥新。

比方说，社会学家齐美尔，在 19 世纪就曾告诫我们，“金钱只是通向最终价值的桥梁，而人是无法栖居在桥上的。”他早早就看到人们会陷入主客体文化分离，货币由手段成为目的的悲剧之中，21 世纪的我们依然如此。同样地，资本家的剥削仍然没有脱离马克思的揭露，年轻人对进大厂的渴望就像父母辈想要进单位，“996”文化盛行的情形下，主动剥削式内卷异常活跃。正如马克思所言，“资本是死的劳动，它像一只吸血鬼，必须吸收活的劳动，才能有生命；所吸收的血愈多，其生命也愈活跃。”劳动者的主动献身，只能造就资本家的时代，甚至两极分化更加严重的时代，这也意味着资本作为社会权力核心的情况将愈演愈烈。

我们果然成为米尔斯口中“快活的机器人”，被合理的组织机构异化，身处其中却浑然不觉，甚或甘之如饴，心向往之。“我得到了工作，工作也得到了我”式心酸每天都在上演。而对此，米尔斯则试图直接以“工作自我”和“休闲自我”来诠释人。在他看来，我们不是痛苦地陷于水深火热的工作之中，就是整个人沉浸在消费主义的狂潮之中，为物质、符号而疯狂。全然被消费主义侵占的“休闲自我”则成了我们生命唯一的出口。

因此，阅读经典的过程，就像化身飞鸟，栖息人间枝头，见树又见林。在社会科学家们的引导下，我才更加懂得个体与社会的关联共振。

（二）牵一发而动全身，一发而不可收

人总是追求安逸的，相比经典阅读，我的确更爱进行消遣式阅读。阅读散文、随笔或是小说等文学作品时，我会感觉到放松愉快，开始集体阅读社科经典前，我则很自然地产生了畏难、忐忑的心理。那种感觉像是挑上了沉甸甸的包袱，我也不知道什么时候可能会撂下挑子。

所幸，事情还算比较顺利。因为读书会形成的组织，集体建设的力量，老师悉心的指导与督促，使得经典阅读较为顺畅地融入了我的生活。我想，正因为有了这样一种来自外界的强制力，才有力地推动着我对抗人性的弱点；也正因为有了紧密的集体，才让我感觉所做之事有所支撑。在此培养体系之下，时间在我眼中也渐渐被赋予了社会意义，比如 8 点是坐在图书馆开始读书的时间，这便是 8 点的意义。当经典阅读成为日常化的事情后，我便对此产生了熟悉感和亲近感，也由此拥有了除开前面提到的，其他的与之关联的众多收获。

在读书的顺序上，读书会讲究体系化阅读，这是针对平常我们自己阅读时零散碎片，难以条理清晰地发现问题而提出的解决方案。当尝试一整段时间按学科，如社会学、政治学、经济学、哲学，或者按人物，

如社会学古典四大家，当代四大家，又或者按专题，如资本主义、教育等展开阅读时，的确能更好地对其进行对比，加深理解，强化记忆。这种阅读思路，重在进行一种比较性、历史性阅读，以此来帮助个人逐步搭建自身的知识体系。

在阅读的过程中，我亦经历了一个思考、探索并明确一套适合自身的读书记录方式的过程。在阅读批注上，我会用字母代替中文意涵，如Q代表此处存有困惑，I表示个人想法，且用不同小符号标示书籍内容中不同层次的重点。这种简化的方式有效地帮助了我进行阅读记录，且在后期的检索与回顾中起到作用。而在阅读经典的初期，我也曾走入摘录书摘的误区，并花费不少时间，后来经老师指正与自身的摸索之后，才开始舍弃这些次要的细节，并将重心回移阅读文本本身。这些有关形式和细节的摸索与调整，也有效地帮助我改善了读书效果。

读书报告的定期撰写，首先很自然地推动着我去思考什么是读书报告，它与读书笔记、读后感、书评之间存在哪些区别。一份还算合格的读书报告应该具备哪些要素。在这个过程中，我对于读与写、输入与输出、生产与消费的认识更为深刻，意识到应逐步由消费者思维，转换到生产者思维，让自己的思想更成熟些。而要实现这种转变，更需要在平日下苦功，磨炼思维，勤于下笔，因此阅读经典确是不可或缺之事。

而读书论坛的召开，让我看到不同思维模式的碰撞，学会站在其他角度看待问题，同时也让我深刻地感受到一些同学具备深厚的文史哲积淀，不仅执笔写作时文采斐然，脱稿主讲时亦风采奕奕。接触踏实上进的同辈群体，也让自己受益颇丰。

总之，以经典阅读为契机，它打开了更为广阔的世界，带来了一场声势浩大的成长，一发而不可收。

（三）牢骚太盛防肠断，风物长宜放眼量

再说这一年时间的经典阅读，问题仍然很多，但我想经典阅读的确并非易事，灰心丧气该是常有之事。我愿将之视为常态，以期获得更多的成长。

按照读书会“两经一专”的培养模式，在经典阅读方面，要求我们遵循“8107”规划，即大家需要8点到图书馆读书，晚上10点结束读书，一周阅读7天，还提倡“绞尽脑汁地想，聚精会神地读”。但实操下来，每一点实践起来都会不时遇到阻碍。

比如，读书会只想让你扮演读书人这一种角色。但实际上，就像戈夫曼的拟剧理论所讲，我们就像演员，总是需要扮演不同的社会角色，赶不同的场子，有不同的“明确的”无法拒绝的通告。这个时间明明可以去图书馆继续看书，却不得不去听讲座或者进行政治理论学习，满足诸如此类的号召以完成在校学生角色的扮演。在这些情形下，内心的焦虑、冲突感是强烈的。割舍与平衡，的确是很难完全做好的事。

在我个人的阅读过程中，出现的很大一个问题则是具备“思维惰性”。这表现在一些时候看书过眼不入心，如此下来有效阅读时间不长，并且读完后无法做到更多地思考，及时地总结，从而令读书效果不佳。这些我都将之归咎为思维惰性。直面难题，会收到一定反响，但对抗人性的弱点，又确有反复。

另外，刚开始读书时，我容易追求勾画哲理性的句子或段落，联想太多太发散，在文本本身内涵的理解上总是很片面，对文章的结构脉络掌握得不佳。后来留意到这一点后，开始少一些在意语言字句，却仍改进不多，反而越读越感觉自己的思维逻辑性薄弱。大家们的思维缜密又宏大，他们搭建的分析框架看上去缠缠绕绕，但又步步为营。简单地打比方，自己的思维仍是很直线式的ABC，但是他们是由A出发到D,D到了G,G到了X,X又与A联系，再经历一些其他程序，最终到Z。在思维逻辑上，自己虽不能与大家们对比，但也着实令人灰心气馁。而思维的提升，自然不是一天两天的事，我只能寄些许希望于长年累月地啃最难的书，做更多的思维锻炼。

越读书越觉自身的不足与欠缺，需要补足的越多，压力也自然地越大。就像一位积淀深厚，上课讲学从来都是脱稿的老师，有一次课上他由衷地感慨，“我越来越觉得，社会学这门学问是真的不好做。要做好，实在是很难啊！”这也是我随着经典阅读的推进，而愈发强烈和深刻地感受到的。

社会学需要调动多学科的知识，所需广泛，但最基础的部分自己还未充分掌握。

在读书报告的撰写上，我总要花不少时间，且有些时候会遇上完成读书进度与及时撰写报告的冲突，然而时间是有限的，花在这里多了，那里就少了，由于我难以高效率地做事，同时要做两件事，其中一样的质量就会受到影响。每每这时候就会让我对自身产生不少怀疑。另外，印象深刻的是，某些阶段看某本较难的书籍时，晚上看完书从图书馆走回宿舍的路上还会感觉格外寂寞。整个白天似乎只是在认字，对内容不知所云，好像白白地坐了一天，什么也没有获得。这些输入与输出时的无力感，不时令我困惑。

如此看来，经典阅读并非易事。只希望我长期保持“道阻且长，行则将至”的信念，不为眼下困扰与烦恼所动，做到“风物长宜放眼量”，始终前行，始终成长。

最后，还记得在涂尔干《原始分类》英译本导言中，罗德尼·尼达姆表达过这样一段话，“意识到身处一个知识传统，感受到与伟大前辈发生思想上的联系而油然产生一种惬意和满足，也是十分令人向往的事情。”以此共勉之。

二、两年读书总结

在一年读书总结里，我较具体地回顾了阅读经典带给我的感受，带给我的各方面的成长，以及我在阅读过程中存在的问题。一晃它们已成为过去式，成为我当下进行对比的参照物。实际上，相比开始阅读的第一年，我的感受或是变化并没有格外明显的差异，我同样是感觉到充实、有收获，也同样感觉到有较大的进步空间。这也许是因为阅读本来就是一件慢节奏的事，与它相关的事情也都变得缓慢悠长起来。与此同时，如果跳出来，再以整体的视角回看这两年的阅读时光，将之视为生命历程中的一段来看的话，它的节奏是强烈迅猛的，意义是独特而巨大的。

（一）经典阅读作为人生中一次不可或缺的补课

回顾自己的成长历程，大部分时间里我都欠缺沉浸式阅读的体验。在童年及中学阶段，或是难以接触到丰富的书籍资源，或是年幼缺乏阅读的意识，或是屈从于繁忙的课业压力，这使得我没有打下良好的阅读基础。到了本科阶段，延续了中学时的思维习惯，分数导向，且仍旧被动局狭，自我设限，觉得专业书难读懂，不如省下读不懂的时间做别的更容易有成效的事，或者只读容易的消遣类的书。在这种前提下，到了研究生阶段，能够在真正进入社会之前有一段较长的时间，去体系化地阅读人文社科类的经典书籍，这对我来说就像是一种迟来的、不可或缺的补课。

正是参与其中，坐冷板凳度过了一段读不懂、读得慢的时光，它使得我更加熟悉与阅读相伴的生活，并逐渐将阅读的习惯内化。也是这段经历推动着我去正视早年因为主客观原因绕过的难题，开始去培养人最基础的能力。两年下来，在读书的足迹里，我也更加懂得对于绝大多数人来说，一段读不懂、读得慢的时光都是绕不过的，只是我们经历的时间早晚不同，而同时也正是许多个读不懂、读得慢的日夜，才让今后某一天阅读时的节奏自如、豁然开朗，显得分外惊喜和美妙，而之后自发的出于兴趣和求知欲的阅读体验才得以被自然而然地触发。在这个意义上，能拥有这次补课的机会，我感到很幸运。

（二）经典阅读作为一种对心灵的奖赏和慰藉

在一个浮躁、慌张、焦虑的时代，有一个能够去静心、沉淀、深度交流的环境，做一件无法立竿见影、急功近利的事情；在一个个体趋向原子化的现代社会，有一群人能够被联结在一起成为一个学习、生活以及情感共同体。于我而言，经典阅读的这段经历亦是一种对心灵的奖赏和慰藉。

一方面，现实中能够进行深度交流对话的环境是不多的，更多人会觉得很多困惑的提出是没有意义的，或者说无暇在意很多的疑问。而通过经典阅读，一来我们拥有了与思想大家们对话的机会，可以获取他们对于事件分析的观点，二来也结识了一群能够自如交流的同辈群体。在这些对话中，思想的碰撞会自然发生，心灵会自然得到启迪。而在豁然开朗的某一刻，我们就能感受到巨大的奖赏意义，也意识到沉淀的巨大力量。

另一方面，一群人有着共同的目标，共同做一件事的状态在高中结束以后，就几乎不存在了。上大学之后，个人不再全天候地受限于密密匝匝的教室，而是拥有了充分的自我支配的时间。这种赋予每个人相似的自由度，却因为个体之间先天存在的差异性，不自觉地把人导向了完全不同的道路。在这个过程中，人与人的联结很大程度上弱化了。在此基础上，读书会的集体建设之意义就充分彰显出来。一群人因为阅读经典的契机，过上了一段有共同生活节奏、有一致目标的日子。这种学习、生活和情感共同体的建设，会让人产生与他人共在、关联的感受，这无疑是对零落的个体的一种心灵慰藉。我处在其中，对这些都感受深刻。

知无涯

郭宇瑶[①]

回想起两年前我们一起读书的情景，瞬间百感交集。当下，两年的经典阅读确实是结束了。最开始，导师让我参加读书会，我并不知道读书会是什么样子的，只是觉得我应该完成老师布置的任务。对于我来讲，接触一个新的学科，并且一上来就阅读这么晦涩的经典书籍，确实十分困难。但是不知道为什么，我还是选择坚持了下来。在坚持下来之后，我便逐渐体会到何谓王国维先生所说的“无用之大用”。

无用之大用。参加读书会之前，我确实是在功利主义的支配下读书的。更多时候阅读的是课本，或者一些与完成学业任务有关的书籍。虽然我也曾在考试时默写下来了“无用之用”的名词解释，却少了一份切身感受。参加了读书会之后，开始阅读经典，读的内容虽然晦涩，读的过程虽然艰难，也不一定能够记住书上的所有知识，但是，一旦跟上了作者的思路，甚至偶尔产生了共鸣，那种豁然开朗的喜悦心情瞬间可以洗刷读书时的疲倦。在这种与大家对话以及自由思考的过程当中，思维在一点点地趋于理性，也逐渐懂得如何通过多个纬度更加深刻地分析问题。这种精神上的丰盈是只背诵课本无法带来的。或许读书无法直接成为我们通向未来之路的敲门砖，但是，会成为我们强大的后坐力。

独学而无友，则孤陋而寡闻。高中之后，“集体”二字距离我们越来越远，我非常幸运能够在两年的读书过程当中再次感受到集体的力量。一个人学

① 郭宇瑶，2017 级社会工作专业硕士研究生，2021 级陕西省选调生，现为咸阳市秦都区委组织部四级主任科员、人才科副科长。

习的时候，时常会感觉疲惫懈怠，甚至会有情绪不好的时候。然而读书会这个集体就如同一块压舱石，当个别人产生懈怠情绪的时候，马上就可以从集体中获得一种稳定的力量。有时候我在读书过程中有些倦怠，当我看到身边的伙伴依然还在读书的时候，我的心态瞬间就稳定了下来。遇到问题的时候与伙伴们讨论两句也受益匪浅，这种交流让我的思路更加开阔，能够多元化地思考问题。集体力量是我这两年坚持读书不可或缺的力量。

叹吾生之须臾，哀民生之多艰。疫情防控期间，我认识到了生命的脆弱和短暂，一时间关于人与自然的讨论也充斥着屏幕。与整个自然相比，人的生命如同蜉蝣一般，朝生暮亡。人们于固定的时间往返于固定的地点，如何突破一人、一时、一世？我想就是读书吧！读书可以拉长生命的长度，无论是古希腊还是后现代，只要我翻开书沉下心来，便能进入到那时的话语与情景，而不仅仅拘泥于此时此室；读书可以增加生命的深度，无论是社会学还是哲学，只要勇于阅读，就可以接触到伟大的思想家，读到人类最深刻的思想。不管有没有读懂，读懂多少，有没有偏差，最起码阅读过、思考过、仰望过，生命就是这样因为读书而越发有意义。通过这两年的阅读和在集体中的熏陶，我明白了经典阅读最终要走向经验训练，要关注实际，思考现实问题，从而构建有中国主体性的社会科学，即使由于我自身身体的原因可能无法继续走下去，我也深深被这种精神打动，如果有机会，我希望自己可以通过其他方式带着问题和理论去基层看看。

两年读书生活结束了，以后我们可能不会有这样的读书时间，但是我希望今后于闲暇时我依然可以保持读书的习惯，时常能够翻开书寻找一份思考和宁静。无论将来走哪一条路，我相信这两年的积累是我们一生的财富。我们也应当永远眼里有求知的光和前进的泪，毕竟，吾生也有涯，而知也无涯。

2021 年 3 月

2021 年 9 月，我成为一名选调生，到现在已经快两年时间。两年间，我参与了很多工作，逐渐从一名学生成长为了年轻干部。成长过程中，我遇到了很多困难，正是两年的读书经历，为我提供了解决问题的路径。

从读书中寻找解决问题的思路。工作期间，我遇到了很多突发工作，比如创文创卫、防汛抢收、疫情防控等。刚参加工作的时候，我就参与了村里的防汛工作，与村干部一起转移群众、拉警戒线、上报受灾情况，同时帮助村民抢收抢种。在疫情防控指挥部工作的时候，更是遇到了很多突发状况和复杂事件，需要迅速做出决策并处理问题，我从最初的不知所措到后来的果断决策，其中学习了老同志的工作经验，也将经典书籍中的知识与实践工作相贯通，确保了疫情防控工作顺利开展。

从读书中获取不断学习的劲头。作为一名组工干部，需要具备“提笔能写、张嘴能说”的能力，正是在读书会阅读经典书籍、每月汇报读书情况，为我打下了坚实的基础。参加工作以来，我在《陕西日报》《咸阳日报》《陕西党建网》等主流媒体发表宣传稿件共计几十篇，并且在“组工小课堂”分享读书感悟，不断提升自己的写作与表达能力。同时我坚持学习、持续创新，参与制定出台《关于加强人才队伍建设持续推进秦都高质量发展的若干措施（试行）》《“秦都英才”培育规划（试行）》《秦都区区管拔尖人才选拔管理办法》《秦都区“招才大使”选聘管理办法（试行）》等政策文件，围绕“引育用留”，持续探索人才工作创新路径。

从读书中提升组织协调的能力。参加读书会的两年间，我们多次开展了研讨、体育、团建等形式多样、内容丰富的活动，作为读书会会长，我既是组织者又是参与者，组织协调能力得到了极大提升。参加工作以来，我参与了两届咸阳市“人才兴咸”大会秦都分会场筹备工作、区委人才工作会议筹备工作等多次会议、活动筹备工作，撰写会议材料、沟通协调各类事宜，确保各类会议、活动顺利开展。

两年读书时光飞逝而过，而今工作也近两年。书生意气未脱，泥土芬芳浸染，我将坚持理论联系实际，继续投身广袤的基层大地。

读书·“会”·成长与蜕变

周思聪[①]

漫漫读书路，前路在何方？

这是我最初加入读书会的疑问，我们为什么要按照系统性与经典性进行大量的阅读？为什么不能按照自己的阅读兴趣与主题进行阅读？为什么要集体读书？为什么要做集体建设？这些疑问都是一开始我加入读书会所难以理解的。但是经历了这两年经典训练的磨炼，我逐渐明白了读书会培养方式的本质，谈不上顿悟，倒也理解了导师们的一片苦心。

回想起第一次和师兄师姐们一起交流时自卑的我，回想起第一次和同级一起交流时紧张的我，回想起第一次和师弟师妹们一起交流时逐渐有信心的我，在读书会的这两年，截止到目前，我写了整整 20 份读书报告，每一次的报告撰写都有收获，每一次的读书汇报都充满成长，从一开始的紧张、怕理解书本内容时有失偏颇，到现在的逐渐自信与不怕出错，这些点点滴滴的进步，都与读书会密切相关。

空间：个体与集体

我们每个人都知道读书是好事，也都知道要多读书、多学习，但是在现代比较浮躁的社会，有多少人可以真正静下心来坐在冷板凳上，踏实地读书、认真地成长呢？没有人不想成长，大家都希望看到不断进步的自己，

① 周思聪，2019 级社会学专业硕士研究生，现为陕西科技大学辅导员。

我的身边也有很多同学，他们羡慕我可以有这样的机会与平台踏踏实实地阅读与成长，所以当他们需要我推荐书单时，我会把自己读过的书单列给他们看，我也希望在成长自己的同时，能够帮助他人成长，实现双赢。但他们大部分都没有坚持读书，为什么呢？我觉得这个原因就和我们的团队与集体分不开了。我们一直强调集体读书，这是一种多对多的相互负责的关系，在这个原子化很强的现代，我们的团队是一群“逆社会化”的人，我们追求的是群体与集体的责任与关联，希望更多人真真正正地有所收获、有所成长。有了这个集体，有了这种关联，就有了这种责任意识与共存意识，这也是我一直敬佩读书会办理初衷的原因，我们的读书会，不只有导师组的学生，也有选择方向多样的同学，这种强大的包容性都融合在“精英化培养、学术型导向”的团队目标上，在这里，我真切地体会到了导师们为了学生的发展与自我成长所做出的奉献、所付出的心血。

集体的力量是强大，但在今年疫情防控期间的读书，让我们每个人都进行了一次空间中巨大的转变，不仅对学生，老师们也是如此。集体生活从实体的物理空间转变为虚拟的空间，“云读书会”是我想到的一个词，这种空间的转变也给我们带来了巨大的挑战，这种紧密的物理联系的脱域意味着我们的集体变为“云集体”。这种情况下，我们每个个体的自主性与能动性变得更为突出，在此之前，我们每个个体都在集体中，有集体力量的约束，个体的惰性、钻空子等消极情况会在集体这一“前台”有很大的收敛，相互负责、相互约束也很大程度上为更多同学的成长创造了有利环境，但疫情防控期间的我们更多只能依靠个体的力量。首先，个体相对集体来说，许多主客观因素都变得更加不可控，对我而言，在家阅读的前期，我对电子书阅读非常不习惯，这不仅会影响我的阅读量，也造成了质的下滑；其次，居家环境相对于学校的集体而言显得不安静。但我也一直相信，这次挑战也是一次机遇，是对自我的一次考验，你的书单、你的状态、你的进步就是疫情防控期间交给读书会最好的答卷，这个时候，我也更加意识到集体的力量有多么的强大，这些经历都让我格外珍惜成长自我与享受集体的时光。

时间：付出与收获

因为想要努力成长，所以格外珍惜每一次成长的时间与机会，抓紧一切时间读书，抓紧一切时间成长自我。一开始加入读书会的时候，我很清楚读书会的规则要求与培养方式，包括纪律性与严肃性，虽然我知道100本书是我的目标，但其实并没有真的想过自己会把这么多的书读下来，只是觉得做好当下、不负自己这就够了，回头看，才发现成长不是必须量化的东西，而是一种内在的进步，它很抽象，却又可以很具体，你只需要一直努力往前走，时间会告诉你一切。

“你们这一批保研的同学今年暑期可以进入经验训练了，这段时间就抓紧收尾经典训练”。听到这句话，我的心情很复杂，在读书会的这两年，磨炼，是真的，痛苦，是真的，成长，也是真的。回到研习室的座位上，我想了很多，虽然一直觉得或许结束读书就在眼前，但是从来没想到来得这么快，看着我给自己下个月已经列好的书单、找好的书，突然觉得心里空落落的，原来读书对我而言已经不是需要完成的一项任务，不舍，可能是占比最多的情绪，所以当再次听到继续可以读书的时候，我内心竟然是：“终于可以按照我的规划继续把这几个月读完了”。总觉得两年很久、很漫长，但一晃，就会发现，“哇，怎么这么快就两年了。”说实话，每天的读书生活真的不是那么有趣，于我而言，只有每个月的汇报结束我才会好好放松地告诉自己：“真好，又结束了一个月，坚持，坚持！”不知道从什么时候起，汇报结束后我没有这种感觉了，而是已经投入了紧张地寻找下个月的书籍，找不到就买的状态，我慢慢喜欢上了这种奋斗又忙碌的状态，因为我相信，这种付出的收获一定是成本最小、收益最高的成长。

我们要知道输出与输入同等重要，阅读经典是为了锻炼我们的思维逻辑，而撰写读书报告就是我们思维逻辑最好的体现，从最开始的零散汇报、不成体系的写作，逐渐到成体系的阅读与写作，其中的磨人与辛酸恐怕只有自己知道，但成长就是要“给自己找麻烦”，当看到自己的读书报告时，就会觉得所有的付出都是有收获的。第一次的尝试，很怕出错，也担心自己整理得不够好，会不会不成体系？整理的逻辑是不是失之偏颇？别人按照什么逻辑整理？这都是一开始的疑问，在同学们与导师们的鼓励中我也逐渐变得自信，这种“亲力亲为”的思考过程才最重要，结果的对错反而不那么重要了。从一开始的尝试，到逐渐有意识地系统性汇报与写作，每一次的进步与成长也与同学们的相互支持、导师们的鼓励分不开。

蜕变：读书与成长

读书，是一种态度，一种习惯，一种生活方式。

好读书。关于读书这件事，从无感到喜欢再到热爱，这样的心路历程的确比较痛苦，但成长从来没有捷径，也不可能一蹴而就，而是需要我们的付出，努力且认真，直到热爱。每月 5 本书，从一开始的压力型任务，到后来的赶得上大家的步伐，直至现在的不断超越自己，每一次的进步，每一步的成长，都是日积月累的结果。

读好书。经典书籍最是磨人，但也是最锻炼人的，它会磨炼你的耐性，当然也会锻炼我们的思维，在经典阅读中，收获的不仅是知识、思维的训练，更重要的是成长了自我。读经典需要一种冷板凳精神，也就是坐得住、静得下、耐得了，阅读投入的程度与学习效率有一定的关系，当你高度集中做一件事情，不仅可以高效地完成，也可以最大程度地吸收与理解，所以特别是经典的阅读，更需要用大片的、完整的时间认真地啃这根硬骨头。

时间，真的是很可怕的东西，习惯，也真的会让你震惊。长时间的日积月累，培养出了一种阅读的习惯，在很多时候都会起到正向的作用，不仅思维在不知不觉中得到了提升，看问题的视角、想问题的方法也会有很大的改变，许多方面的成长与进步都是我之前所不敢想的，难以想象阅读会给自己带来这么大的成长，这种长时期的阅读带来的蜕变，不仅是知识层面，也包括思维等各个方面，我相信，这种读书也会成为我的一种生活方式。

选择：有限与无限

这两年的读书生活让我真的意识到，我们和导师的关系不仅表现在教育层面，更多的还表现为真正意义上的责任，这种责任不同于血缘关系，却又超越了血缘关系，有太多的话想对自己说，也想对读书会说，凝结起来或许就是“感谢”，感谢这两年来努力成长的自己、感谢辛苦付出培养我们的导师们。加入读书会的时候，总觉得两年的时间太久了，但是开始写总结的时候，很多话删了又改，改了又删，想说的有很多，又觉得说不出口。两年，是一个不长不短的时间，我很庆幸自己可以在读书会度过。

人的一生，有不止一万种可能，但读书会带给我的成长，我不会忘记。不论我最后的方向在哪里，我都会铭记读书会的“四为”精神，同学们之间的相互鼓励、导师们的谆谆教诲与辛勤栽培都历历在目，我们一起努力过、一起拼搏过，有太多的记忆融在我的心里。感谢读书会中每位同学与老师的鼓励与支持，你们对我的成长都起着至关重要的作用，在这个集体中，我学会了很多，剩下的时间，我也会继续稳步前进，按照我的规划有条不紊地认真阅读，在有限的时间里努力地无限成长，将不可能变为可能。

“人生天地间，忽如远行客”，那段为梦想奋斗的日子，那段被一腔孤勇写满了的岁月，那些永不褪色的回忆，都会以最美好的样子，继续温暖我们前行的路。我会带着这份热情与纯真，继续前进。

漫漫读书路，就在正前方。

进学致和，行方思远

陈思蕾①

两年的时光，如驹光过隙般短暂，又似山河万里般漫长。专属于“四为”读书会经典训练的两年，是我生命中的一段宝贵经历，使我脱离了物质繁华，进入了精神世界的探索和挖掘。站在经典训练生活的尾声，回望过去两年，作出如下感悟与总结：

走出舒适区，迎接全新的我

我与读书会的邂逅，如同人生旅途中一场意外的相遇，并非有意为之，而是充满了神奇与惊喜。一个对读书会培养模式完全不了解的研一新生，在听了老师们的介绍之后内心涌起强烈的冲动，这不正是我向往的沉稳而扎实的研究生生活吗？不过当时的我只有一颗热切而跳动的心，尚未踏入实际的阅读经典之路。

正式开始阅读的初期，我遇到了每个新同学都可能会遇到的难题：读不懂。当时我与老师们尚未建立深入的联系，不敢提出问题，也害怕自己这种情况只是个别现象。在这个问题困扰我一周之后，我终于鼓足勇气向同组的师兄师姐寻求帮助。那时正值5月，我还未能亲身融入西农的环境，可虽未谋面，师兄师姐们也在电话那头给我传递出十足的温暖和力量。这股力量在接下来两年的读书生涯中时时刻刻支撑着我，这是我信心建立的最初时刻。他们让我坚信，我的困扰并不是个例，而阅读的困难，只是必经之路。

① 陈思蕾，2021级社会工作专业硕士研究生。

因为加入读书会，让我拥有了一个和其他人与众不同的暑假，第一次体验到“集体阅读、集体运动、集体吃饭”的集体性生活。提前来校后除了集体阅读，我还学会了一项新技能——打羽毛球！在此之前我做的运动多数是单人就能完成的健身、跑步，加上我从小对运动物体的感知很差，别人抛过来的物品我鲜少能够接住，导致我的初始热情并不高，对集体运动这个提议兴致平平。然而，我很快发现，我们的团队不仅接纳我的新手状态，而且愿意帮助我一起进步。这种共同成长的体验使我对羽毛球有了更深的喜爱和热情，由此我从一个羽毛球新手变成了现在的羽毛球健将。虽然我还无法挑战职业选手，但对于业余的对手，我已经足够应对了。集体运动逐渐成为我读书生活中最期待的一个环节，读书会帮我养成了热爱运动的良好习惯。

由于每组的同学专业不同、课时不同，集体吃饭这一环节我们落实得较为困难，但是这并没有阻碍我们彼此之间建立深厚的友情和分享交流的热情。没有专属的读书教室，我们就将集体读书的地点定在图书馆三楼东侧阅览室。每天按照“8107”规则完成集体阅读之后，我们会相约一起返回宿舍，这段每天都走的必经之路，也成为我们情感深化和思维碰撞的重要见证。

知识与自我成长的双重磨砺

在我的读书之旅中，老师的一句话深深烙在我的心中，那就是“多写、多记”。这两年来，我在书的世界里游走，走过文字的山水，每一页都留下了我的脚印，那就是我不断积累的读书笔记。初时，我的文字如同晨露中的嫩芽，羞涩而稚嫩，尚未经历过岁月的洗礼。然而，随着时间的流逝，这些嫩芽变成了茁壮的树，成为我精神世界的绿洲，这些笔记，也成为我最宝贵的财富。

刚开始阅读的时候，我很难产生完整的脉络式的想法，对经典的理解都是碎片化的，报告也只能选择自己最有感触的一点写，未能跳出那一点来全面观照。但是随着阅读慢慢深化，接触到的作者和书籍愈来愈多，大脑会奇妙地将碎片化的知识拼接起来，有一种打通了任督二脉、体会到读书高峰体验的感觉。最初我只会从一本书的内在进行理解，对一本书的内容发表想法，后期我尝试将我的视角拉远，总结了不同作者对于同一概念的理解，横向纵向比较了不同作者的观点和同一作者的写作变化，我的阅读体验变得丰富多彩。

每月一次的读书报告会是我的“充电补给站”，老师们总能及时发现我们在经典训练过程中产生的共性疑问，然后耐心地帮助我们解答疑惑，让我们少走了许多弯路。而同学们的读书报告则常常让我有新的启发，让我明白每个人都有自己独特的理解和观点。加入读书会的两年，是我自己不断试错、不断改正、不断进步的两年。

现在的我翻开一本经典书籍早已不像当初那样胆怯，我有了自己的独立思考和理解能力。曾经一直不敢尝试的最厚的三卷《资本论》也早已被我拿下。阅读不再唯作者观点马首是瞻，而是有自己的判断和看法。时代在不断进步，经典虽然永恒，但我们也要学会用辩证的思维和角度看待问题。我不再是被动地接受知识，而是主动地去思考、去探索、去发现，这就是我现在的阅读态度，也是我这两年来在读书会中得到的最大收获。阅读给我带来的不仅仅是知识的积累，更是思考的深度和广度的提升，是我对世界更深层次的理解和感知。

“物质的贫穷，能摧毁你一生的尊严，精神的贫穷，能耗尽你几世的轮回”，这句话常常在我的脑海里回响，像一座无形的灯塔，照亮我前行的道路。在读书的过程中，我渴望获取知识，渴望填充精神的贫穷，读书会就像是我生活里的“鲇鱼”，不断激励我前进，不仅教会我读经典，更教会我如何去磨炼自己的自律品质，如何培养优秀的习惯，如何告别拖延，如何让自己变得更加有温度、会思考。通过读书，我学会了不被他人的观点和舆论所裹挟，同时具备了明辨是非和独立思考的能力。这一切的一切，都源于读书会给我带来的无限力量。

虽然这两年的读书生涯并不是一帆风顺的，读书状态也不是始终如一。读书之外我也经历了挫折，这些挫折像是无情的锁链，绊住了我的手脚，让我不敢再大步向前。然而，读书会始终是我挣扎中的支点，每一次参加读书分享会都让我觉得，我并不是在孤军奋战，在这里，可以求助，可以分享自己的困惑和想法，可以获取新的力量；在这里，我感受到了爱和温暖，也感受到了成长的喜悦，让我明白，无论遇到多大的困难，我都不会孤单，因为读书会始终是一个有温度、有情义的集体。

最后还有两点经验想要分享，一是要珍惜时间。时间对每一个人都是公平的，能监督和检验自己是否认真读书的人其实只有自己。一次糊弄有可能还有挽救的机会，但是时间久了人就会形成惰性。我们不能光羡慕别人取得的成果，而忽略别人付出的时间和辛劳，要利用有限的时间努力耕耘，在时光的沃土中生长出属于自己的硕果。二是切忌学习过程中的"完美主义"。在生活中我总想把事情做到最好，可是学习不能抱持这种心态，我们要懂得完成比完美更重要，完美是终极目标，不是行动准则，学习中切忌完美主义者。施一公也曾经说过，"耗费时间的完美主义阻碍创新进取"。不要害怕不确定性，不要因为过程中出现一点瑕疵，就担心偏离预期，最后放弃之前的所有努力推倒重来，这会非常耗费时间精力，先产出结果更重要。每个细节在任务的最初阶段无须做到100%，合理分配时间和精力，不要让自己陷在一个当下无法完成的细节中踌躇不前。

驻足书海，筑梦未来

两年的时光，短暂又漫长。在这两年的经典训练中，读书会让我有机会独处，静下心来思考，同时也在论坛分享的过程中获得共鸣。不断地读书、写作和思考，使我有了成长和进步。

在未来的日子里，我会继续保持我的阅读习惯，不断充实自己的精神世界。我会用在经典训练中得到的知识和智慧去面对生活中的困难和挑战，用我从书籍中获得的理解和悟性去审视这个世界。虽然我暂时告别了读书会，但我永远都不会告别阅读。

日后虽然不再有规定的阅读书单，不再有读书会的每月一聚，但我知道，我在读书会得到的不仅仅是读书的技巧和方法，更是一种精神状态和生活态度。我学会了如何面对困难，如何应对挫折，如何在生活中寻找快乐和满足。

回想这两年在“四为”读书会的时光，每一个场景都历历在目，那些与老师和同学们一起讨论问题、一起分享读书体验、一起春游聚餐的日子，如同电影片段一般在我的脑海中播放。每一次疑惑的解答、每一次读书的启发、每一次思考的深度，都成为我人生中宝贵的财富。这些经历不仅让我在知识上有所积累，更重要的是，它们成为我精神世界中的一道道亮丽的风景，无法替代，也无法忘却。

前路虽然充满了未知和挑战，但我不再感到害怕和迷茫。因为我知道，无论何时何地，我都能从那些集体阅读的日子，和老师、同学们一起并肩前行的日子中找到力量。我会记住那份专注，记住那份执着，记住那份坚持，让它们在我心中永远熠熠生辉。这将是我一生无法替代的精神食粮，也将是我未来路上的坚强后盾。

书海泛舟行将至，回首两岸皆风景

高子畅[1]

一

去年寒假，我阅读了法国结构主义人类学大师克劳德·列维—施特劳斯的反思性学术著作兼回忆录——《忧郁的热带》。作者在书中描绘的这样一幅场景令我印象深刻：20世纪初，在新成立不久的巴西圣保罗大学的课堂上，学生们似乎更倾向于学习那些实用的知识，以便自身将来能够在这个生机勃勃的国家谋得一份好工作，而那时的巴西大学生们对教授们所讲授的“古典”内容丝毫不感兴趣——毕竟，在大洋彼岸是一个新生的社会，即使像施特劳斯这样经受过长达几十年学院式的、严格学术训练的学者，在面对学生们所提问的一些新锐问题时，也多少显得有些手足无措，而大学生们也对“学究式”的教授不屑一顾。面对当时圣保罗大学的学生们这种不愿意深入经典学术传统，只追求热门、实用知识的风气，施特劳斯在感到无奈的同时，亦从国家历史、社会风气等方面进行了归因。

看罢列氏在书中描绘的这幅场景，我感到欣喜，因为自己在老师的引领下，走了一条正确而稳健的道路——这两年的经典阅读，恰是一种难得的学院式学术训练经历，它并不追求“短平快”的知识体验，亦不以知识的增长作为这一训练的主要目的，其宝贵之处恰恰在于通过阅读，使得自己经历和体验过了学术先贤们探索和追求知识进步的

① 高子畅，2021级社会学专业硕士研究生。

过程。同时，宛如泛舟穿梭于知识的海洋，与风浪搏斗，我的思维和能力也得到训练。当下，还能在特定时间段内接受这种相对纯粹、学院式并且严格的经典阅读训练，我感到十分幸运。如今，书海泛舟两年有余，即将到达彼岸，在迎来一段全新的探索之旅前，我更愿意去回忆那些自己于书海中搏击巨浪，涉足险滩的经历，回首自己探索前进的历程。

二

泛舟于知识的海洋，哪能不经历些风风雨雨。伴随经典阅读的是时常的自我反思，我在实践中不断进行纠偏，在挫折之“礁石”的打磨下，航向越来越清晰明确。以下，则是我在经典阅读阶段的若干真实体验，我试图复原书海行舟遭遇“风浪”时自身的心境，这本身便是一段难得的成长经历。

2020年10月保研结束时，我的想法直接而朴素：尽管将来读不读博士、搞不搞学术还不确定，但是我觉得人文社科类的研究生不能不读书，但读什么、怎么读，我心里没底。尽管本科期间也加入了本科生读书会，当时我也知道团队以及西农的“两经一专”培养模式，但不可否认的是，在经典阅读训练阶段的初期，我还是抱着跟着走的心态去做这件事，这表现于我在阅读进程、数量、数目选择等方面多少显得中规中矩。老实说，我觉得自己在整个经典阅读期间并没有那种因为一个话题而感到十分激动，灵感迸发，或思维高潮出现，倒是一直保持着一种稳定持续的状态。当时，读书会的要求是每个月至少读五本经典著作，在“8107”规则的要求和迫力下，我也能达到这个要求。我阅读的第一本经典著作是涂尔干的《社会分工论》，当时读这本书我还做了比较详细的批注和笔记，而后，我又依次按照书单所提供的书目，读了涂尔干的其他经典著作。我的阅读习惯可以用一个比较人格化的词——“虎头虎脑”来形容，每阅读一位经典大家的著作，中间我总是会穿插阅读一些其他方面的著作，导致有时候知识的吸收跨度很大，但现在想来，“四为”读书会能够赋予我们每位同学最大程度的自主性，使我们能够在特定阶段在知识的海洋中“横冲直撞”，大胆试错，只要阅读过程是自己踏踏实实走过来的，哪怕路径不同，也都必然会有多样的收获。

回顾自己早期的读书汇报，我发现在进入经典阅读的早期阶段，困扰自己的是具体怎么阅读、如何做笔记等关涉技术层面、比较细致的问题，当时我总是纠结于一个方面：读完忘了怎么办？尽管当时在每月一次的读书检查汇报会上，导师组老师们反复强调读书重在状态和锻炼思维，我自己心中却始终迈不过这个坎儿，总是在想：要是读完一本书不能说出个一二来，又怎么能算是读过呢？这岂不是走马观花？现在想来，我觉得当时出现这种心理，原因可能在于：一方面，自己还是把知识的积累当作阅读的主要目的，思维没有打开，不够通透，心态还没有“大破大立”；另一方面，由于自己处于经典阅读早期阶段，阅读数量确实不多，不能体会到思维锻炼的真正含义。其实，对于学术经典，每一位学者的思想谱系都是完整、连贯的，学术思考具有很强的累积性，这意味着，在阅读数量达到一定程度的基础上，我们能够根据学者在不同著作中所呈现出的观点，形成一种对其思想脉络的整体把握，这种把握超越了知识层面的细枝末节。例如，读涂尔干的《自杀论》，若是聚焦于他所关注的主题、资料收集和分析方法等层面，则是把这本书作为一本研究自杀问题的专门著作。若联系涂尔干的其他著作，我们便可以形成对这本书的一种整体把握，即明白涂尔干在《自杀论》中是将自杀现象作为一种社会事实，进而进行研究的。这对如今进入经验研究阶段的我依然有很强的启发意义，即首先要将观察到的经验现象确立为一种社会事实，这是进一步分析的基础。而上述整体把握的确超脱了具体的知识层面，在信息技术高度发达的当下，具体的知识是可以被检索的，反倒是这种整体把握的能力难以被取代。

在研究生一年级的一次读书检查汇报会上，老师提到“知识越多，越有可能成为负担”，这点醒了我，也让我明白了自己之前心态上的症结——我们读书本来是为了让自己更加通透、自信，怎么能越读越保守，越读越束缚自己呢？任何知识都依赖于具体的情境，从这个角度，结合自己的经历，我不是很认同在经典阅读阶段“书读百遍，其义自见”的说法——尽管我自己也曾经这样做过。如果不对某位思想家形成一种整体把握，纠结于一些概念等，反复死抠，那真是会让自己思维越来越内卷、保守，违背了经典阅读的初衷。在一次田野调查过程中，我不自觉地想：从做学术的角度出发，经典阅读真不是一件容易的事。读进去，进入状态不容易，真正理解也需要功力，但读出来更难，否则就是不通透，就是书呆子。因此，我还是庆幸自身能有这样一段长时间、纯粹的阅读经历，最起码在经典阅读收官阶段，在我回忆阅读经历时，我认为这两年的训练让我越来越有主体性，越来越通透——自己才是探索的主体，书籍、知识都是为我服务的存在。

两年的读书生活宛如在一片大江大河中执掌一叶扁舟，自身作为掌舵者，需要在跟风浪搏斗的过程中积累经验，调整姿态，以更轻便地前行。上述波折，以及通过自身实践应对困惑这一过程本身也是经典阅读训练的一部分。

三

两年的经典阅读训练，除了学业上的长进外，还使我的生活充实、饱满、有意义，这段人生旅途经历真是不虚此行。读书嵌入我的日常生活和人际交往的过程之中，其中，有共同运动的美好回忆，有交流、探讨的酣畅淋漓。西农是个安静、美丽的地方，我很庆幸自己遇到的老师和同学们都是纯粹、朴实的。或许杨凌小镇的生活节奏很慢，在过去的六年多时光中，我没有很多刻骨铭心的经历，每一天都感到平淡如常，但勾连起我本科和硕士生活记忆的，是每次开完读书检查汇报会时内心的舒畅释然，是晚上熄灯后到操场夜跑时的坚定执着，是与伙伴们交流运动时的欢声笑语。这些美好的回忆片段都赋予我平淡如水的学习生活一种积极的意义，并成为激励我前行的精神动力。

现在，经典阅读训练阶段结束了。我感受到了自身在学术探索主体性方面的提升，亦能感受到自身的底气和自信，它来源于我接受了两年纯粹的、学院式但不学究的经典阅读洗礼。接下来，我要带着这份主体性，直面经验世界，学以致用。经典阅读到底带给我了什么呢？我想，可能是一种在学术探索方面永远保持开放、主体性和求知若渴的心态，以及进行表达的底气。

书香盈袖，思维之光

关金标[①]

一、不忘初心

昔日，心涌起一股渴求，渴望获知，期待能力拓展，盼望充实生活，志求卓越。而嘉言书籍，则成为成就之道中闪亮的法宝。“博览经典，学识东西”，一直不泯其心，吾之初衷；“经世致用，化成天下”，吾之最终目标。在人生旅途中，唯有审阅众说纷纭，方能真正培养社科思维；唯有踏实硬读书、读“硬”书，才可充分提高学科能力素养。然而在曲折艰辛之途上，不弃不离的读书会组织更是吾成长之后盾。曾在本科时加入“未鸣”读书会，对社会科学名著展开阅读。而于研究生时段，加入“四为”读书会，获得进一步的提升。回望此刻，吾叹曰：虽曾经历阻难，但颇有所获。二载“四为”读书会“8107”的训练，于学术道路中逐渐获益，磨砺出通晓之思维利器。从此对社会学家思想有了初步认识，并在此基础上创立自身思维楼宇。在读书会老师及众多同道的陪伴下，终于拥有了充实的读书生活，并成长茁壮。

赤雨随啸成巨浪，碧山倾心化作桥。饮书香满溢，回忆书道人生妙。愿同道共攀高峰，不断追求经典真谛。茶可醉人何须酒，书成灵药无需花。世间万物皆可读，经典人文炼心境。若是社科专业学生，读书提升思维能力，拓展知识宽度，厚积薄发，才能为人类进步做出贡献。思想巨擘陈寿有云：读书百遍，其义自见。马克思思维卓越，不居富贵知书达。他听黑

① 关金标，2021 级社会学专业硕士研究生。

格尔哲学，读英国经济学，深入社会主义思想，亲身实践，整日思考。他使得理论与实践高度结合，创造了社会科学新高峰；他批判验证完善，塑造了思想巨屋新前程。伟大思想源于读书创造，实践锤炼方能成就精英。唯有以正确方法、高尚品德、卓越思维和经典阅读为基础，方能真正服务人民、服务社会、服务世界。

高山流水共壮志，社科读书磨刀石。文科生的练场在图书馆，而阅读经典书籍是最重要的途径。读社科经典能最高效度地锻炼社会科学思维能力，提高理论素养。读书以修身养性，刻苦阅读更是拓宽视野、灵活思维的必经之路。阅读经典书籍对我的学业生涯起到了巨大助力作用。读到涂尔干和吉登斯时才开始，越读越是投入，越是有自己的理解。在读书会的引领下，我已经阅读了百余本社会科学经典著作，初步形成了一个社会科学思维体系。阅读经典书籍，深耕细作，不断磨炼思维之刃，才能积淀学科智慧，开启学术之路。于图书馆憩，修身养性积学科智。庖丁解社会，手中执书行。硕果累累思维，几经磨砺成钢。读书为良药，学问为厚土。读得经典著作，方展社科英姿。

二、伴我同行

“四为”读书会，恍若一方清源，沐浴着纯粹正能的读书之光。无论是平地抑或山尖，集体的力量总能促你向前。读书会的阅读模式是共同前行的桥梁，犹如随风潜入夜，润泽万物，悄无声息地渗透于每个同学的内心。我们有幸在教师的带领下，共同打造了优秀的读书会制度，而同学们的共同努力、互相激励更是在这个过程中铸就了良好的读书环境。每月的读书检查汇报会，同学们依次汇报自己的阅读成果、生活情况以及感悟体会。此外，我们的小组还进行集体阅读和集体活动，并每月举办读书论坛，以茶话会的形式探讨读书的思考。这样的集体交流与汇报机制，既有专家教授的指导，又有同学间的互助互促，自组织且高效，激发出每个同学的主体性。我们相信环境的影响力，也相信自己在这样一种优良的读书氛围下养成良好习惯的可能性将大大提升。在“8107”规则的要求下，我们进行连续不断地系统化经典阅读，通过饱和阅读提升我们的能力。在常态化的检查和汇报中，我们保持着劲头和正确方向，在集体阅读的环境中战胜了惰性。

“四为”读书会赋予了我们正确高效的读书方法。读书会强调读硬书、硬读书，这些“硬书”是思维的“磨刀石”，比课堂教学和教材学习更为高效，能够最大程度地锻炼学生的社会科学思维能力，提高学生的理论素养。它能让学生拥有更高的主动性，形成内在的学习动力，激发学生的潜力，实现真正的成长，摆脱了过度竞争的困境。在开学前，我们就在老师的指导下加入了“四为”读书会，秉持着为国家振兴、为人民立命、为古人传承学问、为世界带来和平的崇高信念，遵循“8107”集体阅读模式，更进一步跨入研究生经典阅读的领域。在加入“四为”读书会的两年中，我每月至少读五本社会科学经典著作，并完成一篇一万字以上的读书报告，专心致志地阅读，绞尽脑汁地思考。相较本科时期的阅读，我在读书会的带领下更加深入地研读了社会学古典四大家的著作，并按体系阅读了吉登斯、帕森斯、福柯、布迪厄等现代社会学家的作品，同时也初步尝试了哲学经典著作的阅读。经典阅读的系统性让我拓宽了知识的广度，我能感受到霍布斯、休谟的古典英国哲学，康德和黑格尔的德国古典哲学对社会学的深刻影响，也能看到社会科学思想和方法在时空条件下的变迁和发展。对于我们来说，经典阅读并非仅仅是一场对知识的“考古”，更是对于新知识的激活，在与大家对话的过程中，旧的知识随着思维的运转而焕发生机。

“四为”读书会承载着观照人文、化成天下的崇高精神。老师鼓励我们摒除私利，以“为中华之崛起而读书”为信念。在网络时代，我们可以接触到以往无法企及的科学知识和文化，然而，人们却正在用速食文化代替经典文化，用片面诱人的观点遮掩理性的逻辑分析，用琐碎的知识取代系统的培养，用点赞、表情和流行语代替判断、思考和想象。在经济理性主义盛行的时代，大学教育越来越强调利己，理想主义式微，古典浪漫逐渐消散。坐在冷板凳上苦读经典的人越来越少，追逐荣誉和奖章的功利之徒却越来越多，这种精致的喧嚣正是这个时代的写照。严格的学术训练意味着充实的经典阅读，坐冷板凳、硬读书，不带功利地读书，将读书视为一种训练、一种陶冶，用正确的方法读正确的书，这是我们社会学学生在这个时代坚守的使命。阅读已经成为一种风气，在这个特殊时期，读书会也呈现出高度的自主性，我们都表现出了高度的自律性。

自从踏入研究生的行列以来，我便在读书会引导下沉浸于大量阅读的海洋之中，领悟到了阅读经典的正确心态与方法，更是让我的初心更坚定，奋斗不止。当年，大一时的老师曾语重心长地对我说，读书切勿功利心，须得真正明白读书人所追求之道。如今，深入实践，方始感悟此道。阅读过程曾令我倍感压抑，硬书难啃难嚼，不免碰得头破血流，罔有所获。不过，今时今日，读书已深，满怀豁然。孤身独处之时，独具一份坚毅，然而读书之意义，乃是将这份坚毅，化为一种历程，竭力挣脱惰性，携手众人，共同迎接读书的盛宴，共享阅读的滋味。长此以往，被良好习惯所渲染，卓越成为常态，不可阻挡。

“昨夜西风凋碧树，独上高楼，望尽天涯路。”莫道衣带宽，莫怨人憔悴。艰苦卓绝，思维更轻盈，经典阅读不歇息，经验研究更饱满。“众里寻他千百度，蓦然回首，那人却在灯火阑珊处。”经典阅读和经验研究双管齐下，灵感必然会迸发，勇往直前，创造学术精彩，研究理论创新，初志不忘前行。“四为”读书会追求真知的道路，使得经典绝学继往开来，“为天地立心，为生民立命，为往圣继绝学，为万世开太平。”

三、方得始终

在经典阅读的过程中，我们被赋予了一种意义深重的时空感知，仿佛被压缩的空间和被拉长的时间效应存在于我们的身体与思维之中。就像相对论认为质量越高的物体引力越大、其对时空的形塑程度也越深。类似地，一个组织具有更高质量的作用力和向心力，其对组织成员时空感知的形塑就越强；一种生活方式具有更纯粹正能的意向，其时间单位的意义获取就更丰富。对于读书人来说，团队的支持、老师的引导以及经典阅读所提供的知识体系构成了一个高质量的作用力，促使我们对时空的感知得到深化。经典阅读所提供的纯粹正能的意向，也使我们比之前更能够体验到存在的充实感。

在读书过程中，身体的运动获得了相对的静止，思维的运动获得了加速和延长。在这种感觉中，我们开始将对身体空间的感知转化为字里行间的印象，逐渐形成内在的时间意识，从而延伸时空的边界。这种感觉是充实的，是读书人的状态。因此，对存在的体验也随之发生了变化。在这种自我活动中，我们获得了一个着力点、一根牵引的绳子和一种忘却焦虑的力量。经典阅读改变了我们常态的思维状态，使我们不再孤立无援，也不会被世俗的惯性所冲击。我们通过文字感知前人的智慧，将游离、无措的遐想牵引到某一时空向度下的社会实践历程，感受个体与社会、规律与概率、现象与本质等的交织。

在阅读的过程中，我们纯粹地获取知识，这本身就成为终极目的。经典阅读排除了一切异己的力量，由此为当下赋予真正的意义。我们通过对旧时空经验的理论逻辑的习知，深化了对一切现象总和的世界的构成性认知，对当下的知觉能力也得到了增强。因此，我们可以说，经典阅读不仅影响了我们个体的感知和思维方式，也涵盖了社会与历史的维度。

两年以来，老师和团队教会我们不要为了外在符号而丢失了真正的成长。读书会的集体读书是每个人都时刻保持着最佳状态。“8107”式的读书会里有着比以往更正能纯粹的读书环境。“不论平地与山尖”，读书会的集体阅读模式是共同进步的模式，读书会良好的风气潜移默化地影响了每位同学。老师们带领我们打造了优秀的读书会制度，各位优秀的同学们也共同努力，相互勉励，在“比学赶帮超”的氛围中铸造了良好的读书环境。集体层面的汇报与交流，使得读书会有着老师自外向内的指导和同学们内发的互助互促机制，既有着自组织的实际与高效，也有着专业的指导与促进，激发了每个同学的主体性。记得之前老师所说：“要相信自己，更要相信环境给予我们的影响，在优良的读书风气环境之下，保持好习惯的可能性会大大提升。”在“8107”规则之下进行连续不断的体系化经典阅读，通过这样的饱和阅读获得能力的实质性提升。我们在常态化检查汇报之下保持劲头和正确方向，在集体阅读的环境之下击败惰性。

增长于经典的内在阅读，即将迎来经验训练的激流，如同涌动的泉水翻卷着自身的灵动。岁月的积淀，丰盈了学识，也浓缩了无知的感知。追求知识的力量源泉，在于对思维的磨炼，那种本质的超越感，会带领我们走向远方。

在社会学家们的笔墨中，我们领略到了古典与现代的文化韵味，以及思维训练的魅力所在。在社会学领域，我们获得了实证逻辑的思考方法，在时间和实践之间建构起理性的结构；我们也领略到了自觉批判的条件反思，以及实践导向的认知方法和解放的价值目标；我们又在现象学传统中，感受到了行动者与社会现象之间的深层联系、原意和主体历史背景的重要性。

这些思维方式和方法，汇聚成了社会学的想象力与特有思维，而它们并无对错之分，重要的是与实践和现实的紧密结合，在社会福祉和研究过程的客观中立中延伸。现在，我们即将开始经验的探索，将思维训练与现实经验相结合，将先验范畴的抽象思考转化为对经验范畴的问题探究，从对理论的理性批判转换为对经验的归纳演绎。我们不会奢求能够准确预见未来，但我们肯定会追求自主姿态，积极探索未知，将时间的充实体验推向更为广阔的境地，用追求卓越的精神，迎接新的挑战。

曾经沉浸于安全的怀抱，亦曾被不安所困扰，个体的命运受到束缚与自由的相互纠葛而延续。然而，唯有主体性的力量，才能让我们在混沌的世界中找到前行的脉络。而团队则为我赋予了主体性和坚定的方向感。在主体性的引领下，学术不仅是一条职业的道路，更应是始终追求的伟大志业。

立学以读书为本

和夏妍[①]

回首过去，转眼间我已经在“四为”读书会完成了为期两年的经典阅读训练。日子过得很快也很慢，快到两年时光仿佛就在眨眼片刻之间，慢到必须靠一天又一天“8107”（指早上八点开始，晚上十点结束，一周七天坚持的学术态度）的沉浸式阅读来沉积知识。这两年时光里，我与“四为”读书会的书友们一同畅游在经典书海之中，既会一同感叹马克思的《资本论》难读懂，也会针对福柯的哲学思想分享自己的不同观点，还会对一些社会热点进行不同视角的激烈探讨。蓦然回首，经典阅读已经嵌入了我的生活中，变成一条纽带，把我两年多时光里的点点滴滴串在了一起，这是关于我读书生活的总结，也是我两年研究生时光的总结。想着该用什么样的框架把这两年的时光书写下来，写了又改，改了又写，总觉得无论是怎样的框架结构都不足以把我这两年的收获和成长包囊进去，于是决定放弃常规的框架，遵循自己内心最真实的感受，记录下自己人生道路上意义非凡的这两年。

1. 初遇团队

在写第一年的汇报总结时，我就曾描述过与团队初遇的情景，虽然一次次地回忆书写，但每次都不觉得是赘述。读书会在2022年的暑假“务虚”会议上提到：伟大的事业开端也是伟大的，经典训练阶段的圆满结束与一个良好的开端有着密切关系。回想我从开始坚持读书到现在，也有了两年多的光景，初次接触社会学书籍大概是在大三上学期的时候，当时的我对

① 和夏妍，2021级社会学专业硕士研究生。

社会学甚至都还没有做过系统的了解，本着从小到大对于“多读书是件好事”的认同感，在班主任的引导下翻开了第一本社会学类的书籍，很幸运遇到了她，老师贴心地给我分享了系统的经典书单，让我不至于在一个全新的领域里手足无措，也就此找到了一个让我的思想和思维从半睡眠状态开始苏醒的新世界。

社会学经典书籍中思维的强逻辑性又不脱离实践的特点让我深深着迷，那时的我虽不懂社会学的方法论，也还无法理出自己所看的每一本书的逻辑线，却乐此不疲地读着，每有一点自己的想法，都会开心地与老师分享、请教，这就是我踏足社会学领域的开头，显得有些误打误撞，却很纯粹，每天享受着翻开一本经典带给我的新想法，每天试着把这些想法整理成逻辑线，虽会遇到难懂的点，却也乐在其中，试着解释或是记录下来，在读了更多的书之后再来理解它。元珍老师与我分享过她的读书经验：读书本就是一个纯粹的过程，专心读书就好，让它变成你的热爱，做热爱的事，永远不会觉得累。现在回想起来，感谢老师那番醍醐灌顶的话语，让我从此沉下心来纯粹地读书，不考虑读书带给我的一时得失，用心感受读书过程中思维的成长和日益增长的思维活跃性。

2. 经典阅读嵌入生活

在过去两年的研究生生活中，可以很自豪地说，我专注地做好了一件事，那就是读书。读书是日常占据我每天最大块时间的事，每天将近八个小时的沉浸式阅读，潜移默化地打磨着我的知识体系和思维方式。但是让经典阅读真正全然嵌入生活的还是因为团队的存在，它是倦怠时支撑我继续前行的精神支柱。老师们的谆谆教诲，团队里师兄师姐的经验传授让我在学术培养道路上少踩了很多坑，也让我明白只有一步一个脚印踏实往前走，戒骄戒躁，才能沉下心来专注自己的成长。

除了学术性质的知识积累与思维锐化，团队式的阅读生活模式也深深嵌入到了我的日常生活中，使我的生活变得更加丰富规律。在一起读书生活的日子里，我与我的同伴们身体力行“文明其精神，野蛮其体魄”的宗旨，坚持在充盈头脑的同时不忘增强体魄，每周两次的五公里长跑已经成为我生活的一部分，“8107”的不断重复也促使我养成了良好的作息习惯。

阅读已经不单单是一个独立的行为，而是已经完全地与生活融为了一体，这已经成为一种新的生活模式：阅读生活，以读书会为中心，和书友们一起，以阅读为主线展开，兼顾运动，规律作息。这样的生活给我最大的感受就是很充实，时间在翻阅经典书籍中流过，在运动的汗水中流过，充实又丰盈，两年时间被渲染得丰富而又厚重。

3. 关于淡化符号与利益

外在符号和利益与个人成长应如何平衡这一问题是我在两年里遇到的最大问题，周围同学的这种快节奏、发文章、拿奖学金的状态是很容易影响到我们。当周围同年级的同学已经有论文在手的时候，最初尚不够坚定彻底的我其实也是会着急的，怕自己会落后于别人，怕自己相较于别人不具有竞争力。我曾经有段时间也非常迷惘与焦灼，当看到别人在为外在符号忙碌奔波，也急于为自己贴上各种标签，开始变得浮躁，不愿意花大段时间沉下心来阅读经典，更青睐于看几篇文献就匆匆下笔，追求数量而不追求质量。在追求上述外在符号的过程中，我开始重新思考这些身外之物的本质到底是什么？我阅读的本质又是什么？自己想要的到底是什么？这三个问题促使我放慢脚步，认识思考。

当时正好读到《资本论》，而这本书给我的疑惑提供了一个答案，让我对利益、符号等这些外在的“物”有了更深刻的理解和认识。《资本论》中提到的拜物教，是非宗教意义上的拜物教，喻指对某种物品的迷信或盲目崇拜，如在生产资料私有制为基础的商品经济中出现的商品拜物教和货币拜物教现象。商品拜物教是指在以私有制为基础的商品经济中，人与人的社会关系被物与物的关系所掩盖，从而使商品具有一种神秘的属性，似乎它具有决定商品生产者命运的神秘力量。资本拜物教则是指资本主义商品生产是以私有制为基础的商品生产的最高形式，商品拜物教和货币拜物教在这个阶段也发展到最普遍的地步。其实无论是商品拜物教、资本拜物教还是货币拜物教，其本质都是对剩余价值的过度追求形成的贪欲。联系到我们现在所处的场域，实际上对符号加身、利益金钱的追求都是这种拜物教的延续，以物为中心的观念已经蔓延渗透到了生活的各个角落，而实际上“物”只应该作为人在主动追求自身精神进步过程中的一个陪衬，而不该异化为以物为核心而人只作为被物所操控的被动行动者的行为方式。

回想起老师们一直强调的利益脱敏性，实际上就是要摆脱物对人的操控，沉浸于经典中锻造自身的思维方式，扩充自己的知识库，最终努力去驾驭物，坚持“人本主义”精神。社会应该是以人作为中心，围绕自己的思想主动开展行动，若是没人能够脱离物所掌控的场域去独立思考行动，那社会将会彻底异化。我就此明白了我的团队所肩负的伟大使命，不想被物所裹挟，首先要做到的就是对利益、对外在符号的脱敏，这是我作为一个拥有独立思考能力的人应该具备的能力。既然追求的是星辰大海，就必须放弃眼前的苟且与小利，必须完全地投身其中，把眼光放长远，把时间用在打地基上，对利益和外在符号脱敏；只管耕耘不问收获就好，因为伟大的事业不需要去担忧结果的好坏。

4. 我与团队成员共处的日子

两年读书时光，需要坐得住冷板凳，需要耐得住寂寞，守得住初心。能够坚持走完这一段非同寻常的路，离不开团队里家人们的一路支持和携手共进。首先是读书会的小伙伴们，在过去两年的时光中，他们作为与我一同经受锻造的战友，也成为我最亲密的伙伴，我们一同读书，一同讨论，一同吃饭，一同运动，互相监督，互相鼓励，最终坚持读书到现在的几个伙伴之间有着非同一般的情感关联和思想共鸣。有他们在，我从不会感到孤独和疑惑，疲乏了永远有人可以聊聊天、打打气，我们有着同样的标签和荣誉，也在为了同样的目标而努力，与他们在一起的时光是在之前的学习生涯里不曾有过的，弥足珍贵，永生难忘。

如果说读书会的伙伴们是黑暗中一起摸索前行的战友，那么读书会的老师和师兄师姐们更像是一束束光，照亮了我们前进的道路。个人之所以能成为纯粹彻底的个人，是因为有读书会精神的熏陶以及读书会这一坚实的靠山。前辈师兄师姐们对这些精神身体力行地贯彻，从而有了深刻的理解。

第一点是革命乐观主义精神。之前通过与前辈、师兄师姐、老师们的接触，对读书会的精神气质有了些许了解，之后更是通过前辈的内化品质对革命乐观主义精神有了深切体会。读书会时常强调，我们不要被网络的话语所带偏，坚定地站稳自己的立场，站在最乐观的角度来看待一切糟糕的问题；这种精神对我产生了很大影响，我也开始对团队产生了好奇，想要进一步了解是什么样的读书会能够提供如此强大的内聚力和如此乐观的心态。在此过程中，这种革命乐观主义精神帮助我走出了最初焦虑于别人在短时间追求到了大量的外在符号并作为未来生活的筹码，而我所积累和学习的东西需要长时间积淀，在短时间内不会有太明显的呈现的阶段，在这时我就需发挥革命乐观主义精神，埋头耕耘，野蛮生长，耐心等待那井喷式发展的瞬间。

第二点是理想主义精神。在我的理解里，要做到纯粹彻底必然离不开理想主义精神，做经典阅读训练如此，未来做科研工作也是如此；对于读书，我一直坚持着“生命的长度有限，但是只要坚持读书，就能拓宽生命宽度”这样的态度。在得知读书会“两经一专”培养模式的时候，我内心是非常兴奋的，更像是遇到了知己，有了一拍即合的默契，因为我个人一直觉得读书在做学问中占有非常重要的地位，只有通过读书打好基础，锻炼了思维逻辑之后才能够真正开始做学问，否则即是对做学问的亵渎。这完全符合了我想要接受的研究生培养模式，可以说从那个时候起，我和团队已经产生了一种双向选择的默契。团队的理想主义精神绝不是不切实际的幻想，而是一种把读书、调研融到生活中，成为生活必不可缺的一部分，纯粹投身于其中的一种彻底性的体现。

第三点是低年级的“比学赶帮超”和高年级的“传帮带管”的团结精神。在跨到社会学领域继续进行学习的这一整年的时间里，西农小团队的战友们互帮互助，互相监督，共同进步，彼此信任和关怀。另外，读书会里的师兄师姐和老师们不遗余力地帮我寻找书单，为我答疑解惑，给我一种持续的关怀和鼓励，并在我偶尔自我怀疑的时候严厉地纠正我的消极想法，这也使我对团队中高年级“传帮带管”无私奉献的精神有了深刻理解。我很幸运，能在本科就接触这样一种我觉得非常正确的培养模式并能够顺利在研究生时期接受这种模式的培养，也很幸运能够加入这样一个无条件互相信任的大家庭之中，无所畏惧，一往无前，沉下心来，野蛮生长。

5. 总结

从怯场的门外汉到能够自信地踏入社会学世界的这一过程中，两年的经典阅读功不可没。

首先，阅读过程中的视角培养让我学会了用社会学的眼光看待社会问题。社会学研究的是社会现象和社会结构，通过学习社会学，我开始了解到社会中各种复杂的现象，比如种族歧视、性别失衡、贫富差距等。我也学会了问问题、思考问题和找寻问题的答案，了解到问题的根源和背后的社会结构，这使我在现实生活中更加敏感，更有能力识别到社会问题和参与到解决社会问题的努力中。

其次，对经典社会学家们思想的学习与理解提高了批判性吸收阶段。社会学中常常涉及不同学派的理论，要求学生自主阅读、理解和整理，形成自己的批判性思维。通过学习社会学，我不仅了解到了社会科学背景下的理论和方法，也学会了如何对理论和研究进行分析、评估和批判。这种对批判性思维的训练也使我在生活中更加客观、理性和独立，更能够分析和判断现实生活中的各种信息。

最后，阅读汇报会与交流论坛锻炼了我的表达和发言能力。在经典阅读的过程中，我们经常会开论坛或是以月汇报总结的方式分享和交换自己的思想，通过这种输出与输入相结合的交流方式，我学会了如何更好地表达自己的想法，也学会了倾听与吸收别人的思想。读书会带给我的这份发言锻炼让我可以在公开场合下轻松地发表自己的见解，越发成为一个自信从容的人。

行则必至　做则必成

王帅朋[①]

岁月不居，时节如流。转眼间两年的经典训练已经步入尾声。2021年暑假提前来学校读书时的情景还历历在目，转眼间“两经一专”中的两年经典训练已经要结束了，回想起这两年的生活心中感慨万分。从听说读书会时的心驰神往，到加入之后的得偿所愿，到最后即将脱离经典训练的依依不舍。虽然两年的光阴在漫长的生命历程中不过是短暂的一瞬，如同在无边的时间海洋中绽放的一朵小小的浪花，在西农遇见读书会这两年里，却是我印象最深刻的两年，让我成为最好的自己。

踏入知识森林：期待与惶恐的交织

在这两年的经典训练中，起初，我如同站在宏大的社会学之林的边缘，既充满了对未知的期待，又充满了对未知的惶恐。我深深地吸了一口气，踏入这片广阔的知识森林，开始了我的经典阅读旅程。我在森林中不断前进，有时迅速，有时缓慢。读书时自己的状态也起伏不定，既有醍醐灌顶的高峰体验，也有读不懂书时的郁闷挫败。我在知识的山脉中走过，在疑惑的沼泽地中徘徊。读书过程中的曲曲折折、峰回路转，体系化阅读贯通后的酣畅淋漓，都在不停地吸引着我继续前行。正是在这个过程中，我开始理解到读经典书籍的真正意义。一路上，我与那些伟大的社会学家们进行对话，他们的智慧与远见使我瞠目结舌。他们对社会的深刻理解以及看待世界的

① 王帅朋，2021级农村发展专业硕士研究生。

独特视角，让我看到并认识了我过去无法理解的事物。我从他们的思考中得到了指导，从他们的疑惑中找到了疑问，从他们的解答中得到了启示。我开始明白，社会是复杂而矛盾的，它既有规律，又不断变动，既有秩序，又存在混乱。这一点，在涂尔干的社会分工理论和韦伯对社会支配形式的分析中有了深刻的体现。随着时间的推移，我在社会学之林中越来越深入地行进，我开始理解并接受社会现象的多元性和复杂性。我感受到了社会是如何影响我作为个体的行为，而我作为个体又是如何影响社会的，这一点在马克思的社会冲突理论和齐美尔对社会形式的研究中表现得淋漓尽致。阅读经典社会学著作，使我深刻理解到，社会科学并不仅仅是关于社会现象的描述，而是关于如何解释和理解这些现象的探索。这种探索需要深度和广度，需要批判性思维和创造性想象，也需要对理论和实践的紧密结合。吉登斯对现代社会理论的阐述，布迪厄对实践感的强调，福柯对知识权力关系的解析，以及哈贝马斯的交往行为理论，都让我看到了社会学的丰富性和复杂性。

读书会所推崇的两年经典训练之所以称之为经典训练，正是因为我们的“磨刀石”都是学科中的经典著作。经典著作是理论的精华和基石，它们不仅反映了作者所处时代的社会现实和历史变迁，也超越了时空限制，具有普遍性和时代性。经典著作是人类智慧的结晶，它们不仅展示了作者对社会现象和社会问题的深刻洞察和独到见解，也启发了后人对社会现象和社会问题的新的思考和探索。经典著作是理论的活力源泉，它们不仅构建了社会学的基本框架和范式，也不断地被批判和修正，推动了社会学的发展和创新。它们涵盖了社会学的各个领域和层次，从微观到宏观，从个体到群体，从结构到行动，从实证到批判，从功能到冲突，从共识到差异，从理性到情感，从规范到变革等。经典著作是社会学理论的对话和争鸣，它们相互影响和借鉴，相互批评和反驳，相互补充和完善，相互挑战和超越，形成了一幅丰富而复杂的社会学理论图景。读书会体系化的经典阅读训练让我受益匪浅。

在支持与鼓励中成长：读书会的温暖

除了知识的积累之外，更让我喜悦的是加入读书会之后自身所发生的变化，其中感觉进步最大的一点是我开始敢于表达，敢于说出自己的想法与看法。在加入读书会以前，我是一个不善于言谈的人，就像大部分的中国学生一样，深受儒家思想影响，并不是很擅于“出风头”，在学习交流的过程中也是如此。自己并不习惯在很多人面前发言或者表达自己的想法。一方面是因为自己一直“脸皮薄”，生怕自己的发言不恰当，或担心错误的发言会误导别人。另一方面源于对自己的不自信，害怕自己表现不好。即使很多时候心中有想法，也不好意思当众表达出来。加入读书会以后，每个月的读书汇报会，老师都积极鼓励大家脱稿进行 5 分钟的汇报，之后演变为 5~10 分钟关于读书内容的汇报。这对我来说是一个巨大的挑战，在人多的时候我很容易紧张，并且感到拘束。但是在老师不断的鼓励下，以及读书会同学之间热情、友好的氛围熏陶下，我越来越敢于自信地表达自己的想法，即使有的时候自己的想法有可能是错的。读书会里温馨、和谐的氛围，让在异乡的我感受到了家的温暖。导师组的每一位导师，读书会历届的师兄师姐、师弟师妹都让我感觉无比亲切。在这里我可以畅所欲言，分享自己的所有感受。经过这两年读书汇报会的训练，我逐渐变得自信起来。敢于开口是自己加入读书会以来的直接收获，敢于开口的背后是自己平时读书积累的结果。如何利用每个月读书汇报会的 5~10 分钟，将自己要汇报的东西讲得既生动有趣，又颇有深度，这是一个很有挑战的事情。每次汇报会的前几天，大家都会绞尽脑汁地想汇报的内容，甚至晚上睡觉的时候还在思考。讲一本书或者以某个线索为中心，脱稿展开汇报，这对同学们提出了很高的要求，也是一个绝佳的锻炼机会。这需要我们去厘清自己所讲的内容，并带有自己的思考，输出远比输入难很多。经过一次次的同学间的讨论和输出训练，可以反哺我们自身。

不仅如此，在读书会里我还收获了纯粹又深厚的友谊，并结识了一群志同道合的朋友。在我们这个小集体里，大家一起吃饭、一起锻炼、一起读书、一起团建，彼此间的关系和谐而紧密。这是一个团队，一个大家庭，让我感到在前进的道路上，我并非独自一人前行。大家如同一支长途跋涉的队伍，虽然每个人都有各自的步伐，但我们的方向始终一致，那就是追求知识和理解社会的勇气。老师们常说：“一个人走得快，一群人走得远”，现实也确实如此。集体读书不仅可以形成浓郁的读书氛围，还可以动员大家互相监督，避免部分同学的偷懒行为。大家在一个空间内一起读书，哪位同学在与不在大家一目了然。对于在场的同学，良好的读书氛围可以带动大家的学习热情，形成“比学赶帮超”的气氛，提高读书的效率。对于偶尔偷懒的同学来说，集体读书的氛围会让偷懒的同学感到不好意思。同学们热切的关心也会让“脱轨”的同学迅速回到轨道，跟随大部队一起前进。即使在读书的过程中会偶尔遇到晦涩难懂的部分，大家也可以通过开论坛、讨论的方式来各抒己见，每个人聊一聊彼此的看法，讨论热烈又融洽，晦涩的经典也会变得生动起来。大家一起看书，一起运动，彼此之间建立了深厚的友谊。这种友谊跨越了“搭子”的界限，大家都是亲密无间的好朋友，甚至是一生的挚友。真实的友谊好过无数无用的社交，尤其是在浮躁的社会里，能有这样一群好朋友，真的是一件非常幸运的事情。

奔向田野：全新的挑战和期待

回顾这两年的学习旅程，我感到非常幸运，同时也对陪我一路走来的人、事、物深怀感激，我感谢导师组老师们的悉心指导，感谢那些读过的书籍、学到的知识。现在我将从两年的经典训练中抬起头来，准备奔向田野的体验现场。我的心中充满了期待，但这份期待并非源自浪漫的想象，而是在理性的思考中孕育而出。书本上的知识，如同冷冰冰的数据，需要在生活中获得温度，才能真正地呼吸，才能真正地活着。我想亲眼见证社会的复杂性，感受社会中的酸甜苦辣，听人们对生活的诉说，只有在这个过程中，我才能真正理解我所学的知识，才能真正体验到做学问的价值。在田野调查中，我将有机会用自己的眼睛去看，用自己的耳朵去听，用自己的心去感受。人生的道路是曲折而漫长的，每一次的挑战，每一次的困难，都是对生命的磨砺，都是自我提升的机会。在未来的学习和生活中，我将继续保持读书时的好奇心和探索精神，去追寻知识的疆界，去理解和欣赏这个世界的美好。

“再社会化”的洗礼

张亦铮[①]

回首两年的读书时光，看着总结出来的书目，想到这些陪着自己度过研究生时光的学者、书本和他们背后那些闪耀的思想，甚至还能依稀记得一些曾经震撼过自己的文字，才终究发觉，原来读书还是有那么些用处的。

记得在两年多以前的第一次读书见面会上，我当时就认为读书会严格的要求、集体的氛围是对我本人一次“再社会化”的过程。现在看来，这个认知似乎不足以概括这段读书生活，或者说过于狭隘了。不能否认，“8107”的作息生活、集体读书的氛围、经典理论的思想还有对于运动的强调都让那个自由散漫的自己有所改变，从这个方向出发，其实“再社会化”的过程还是蛮成功的，对比本科时期无所事事，研究生期间的经历倒是可以自信地给上自己一个“A”的评价。

实际上，如果这种“再社会化”仅仅让我适应了这种新的作息、新的制度、新的社交方式，那反倒没有什么值得回忆的，毕竟在不断适应社会环境的过程中度过一生是社会人的基本技能。恰恰相反的是，读书会给我展示了一种理想主义的情怀与追求，在现今浮躁的社会中，这种真诚带给我一种如同钻石般珍贵的东西。可以看到，一群志趣相投的人，通过自己扎实的努力，互相鼓励，互相支持，坚定地走向自己的目标，整个过程实际上还颇具浪漫主义色彩。并且更加重要的是，我也勉强算是经受住了这个考验。

从学习规划上来看，无论是在读书会组织里，还是专业的大环境里，我都可以称得上是“异端”。因为我一直在追问一个问题：为什么要读书？

① 张亦铮，2021 级社会学专业硕士研究生。

这个问题回答的角度其实也有很多，或许是师生的承诺，或许是顺其势自然而为，又或者是形势所迫，但是我相信绝对不会是因为功利主义出发才会去读书的。那么接下来就要问了，读书究竟有没有用呢？

对于这个问题的回答，我觉得见仁见智。抛开专业的理论知识而言，实际上读书使我以一种更加冷静的态度去观察这个社会。简单的说法是以一种读书人的心态自居。更加深层的理由，我认为是从那些学者凝练出来的思想，前人们对社会的解答、分析，启发了我们的思路，让我们可以站在巨人的肩膀上去看待社会生活的问题，让我们能够更加全面地去思考，更加沉着地去面对。

而回到前人那些具体的理论知识对个人社会关系的解读以及对于我个人疑惑的解答其实也是相当有帮助的，现在回忆起来像是马克思的生产与分配的思路，社会学理论中不断讨论的现代化思考，还有各个学者关于社会结构的分析，这些具体知识以及大体思路其实很容易就转化成现场反思的过程，看书的时候读到前人分析他们的社会，很自然而然地就会看向自己，看向我面对的社会。古人说过“穷则独善其身，达则兼济天下”，后者可能要求太高了，但在现代纷繁复杂的社会中，能够通过这些知识为自己找到一处栖身之所，我觉得这也是读书给我带来相当重要的影响。

回答了这些有点苦恼又复杂的问题之后，再次回到两年间快乐的生活中，很多点滴还历历在目。无论是小组的集体运动、主持的论坛讨论，还是整个读书会的踏青以及其他各种活动，这些时光无疑是幸福快乐的，尤其是在我开始面对生涯规划，会无比怀念那段无忧无虑的时光，那是我人生求学尾声中一段余韵悠长的经历，我从中收获到的许许多多宝贵的经验，会陪着我在以后的生活中不断大放异彩。

最后还是要感谢身边的同学、朋友，还有很多不断引导、鼓励我的老师们。正是他们探索的经验，构建的平台，才给了我们能够踏实成长的环境，时至今日，当我一只脚开始迈出去，一窥社会之时，才猛然发现，这种环境竟是如此的难能可贵。也希望自己从中学习到的这些美好品质，能够通过自己的一言一行不断继承传递下去。

三更灯火五更鸡，正是男儿读书时

王海涛[①]

唐代禅宗行思在参禅悟道时提出人生有三重境界：第一重境界是看山是山，看水是水；第二重境界是看山不是山，看水不是水；第三重境界是看山还是山，看水还是水。对于这三重境界，意在告诫我们看待事物不能只是浮于表面，因而山还是山，水还是水；需要思考其背后的内在含义，这时候我们会去怀疑、求索，譬如“山为何是山，山为何不能是水，山水之后是什么？”只有善于思考和反省的人，最终才能达到“复行数十步，豁然开朗”般开悟的第三境界。读书，我认为亦是如此。从初识“四为”读书会到现在，我进行经典阅读训练已一年有余，读书时经历过混沌迷茫、上下求索，也经历过佛陀拈花、会心一笑。悉数过往，于“四为”读书会阅读经典的历程必将成为我人生中宝贵的成长经历。

不啻微茫，造炬成阳

读书会阅读的书籍以社会科学经典书籍为主，唯有经典才能广为流传，唯有经典才能细细品味，唯有经典才能启迪心智。然而，万事总是开头难，2022 年 4 月底，在孙新华老师的指导下，我开始接触经典著作，当看到书单的时候，着实令人头大。一方面，这些书都是近百年的经典，时代之久，怕自己读不懂、读不通；二是数量之巨，担心自己不能持之以恒。而我最近的阅读还停留在小学时期，那时的我周末经常去新华书店蹭书看，

① 王海涛，2022 级农村发展专业硕士研究生。

在那里看了许多譬如《钢铁是怎样炼成的》之类的世界名著。而后，从小学到中学，分数和成绩往往是优先的，除了课本教材和学校定期订阅的杂志期刊，其余统统被定义为“课外书”，因此我的阅读爱好被湮灭。是读书会让我重拾了阅读兴趣。经典阅读的目的在于对个人逻辑思维的锻炼，因而并不全是对理论知识的深思熟虑，不必深究每一个词汇的意义，而是在阅读的过程中，梳理作者的逻辑脉络，进行思考并尝试与作者及其时代对话，正如卡莱尔所说，“书中横卧着整个过去的灵魂。”我们以书为媒介，与过去的一切进行对话：在那个时代，基于当时的社会现象和社会事实，作者是如何提出问题的？为何会提出这样的问题？又是如何去解决的？通过这种读书方式，得到逻辑思维上的锻炼，过程可能枯燥无味，也可能百味陈杂，但需要沉住性子，不急功近利，耐心打磨。

好的身体是革命的本钱，拥有健康的身体才能更好地读书。在入学前，我的体重已达 86kg，减肥刻不容缓。我坚持运动与健康饮食，诸如集体暴走、集体爬山、集体打球、马拉松、健身房锻炼、游泳、按时吃三餐，自制减脂餐等，运动与健康饮食不仅可以为我的身体减负，还可磨炼我的耐心和毅力，使我有更充沛的活力去热爱生活与读书。坚持一段时间，我的体重由 86kg 减到了 77kg，减肥尚未成功，我仍需不懈努力。马克思主义哲学告诉我们，事物发展具有反复性和前进性，我的减肥历程总体不是呈线性发展，而是螺旋式上升，读书亦是如此。在这个过程中，我要感谢集体以及我的伙伴们，他们或陪伴我一起运动，或化身“啦啦队”为我加油打气，鼓励我不要放弃，让我坚持自律。我现在的“读书、运动、饮食”的自律其实也是在他律的影响之下慢慢形成的一种习惯，没有这个集体，我认为自律的习惯很难形成，除非是有超强的自控力。这个习惯是我的收获，也是我作为其他成员中“他律”的对象，从而带动更多的自律习惯的养成。

在现代化高速发展的中国社会大背景之下，快节奏的生活已成为时代潮流。人们更多地追求速度，而忽视了对高质量发展的重视。方法思维之于速成，行事风格之于速断，甚至食物也以速食果腹，殊不知，“欲速则不达”，浓汤需要煎熬才能清香，读书需要沉淀才能凝聚。而在这种快节奏的生活之下，我们能安隅一方沉下心来进行经典阅读，抛弃功利性的追逐，以此探索心中的桃花源，实属难能可贵。这得益于读书会导师组的尽心培养与支持，同时离不开风雨同舟、意气相投的集体氛围，在此对他们表示衷心的感谢。“冰冻三尺非一日之寒，”无论是读书还是运动，都不是速成的，需要不断地坚持、积累与沉淀，融汇吸收，微茫虽然渺小，万丈足以成炬。

生如芥子，心藏须弥

“为天地立心，为生民立命，为往圣继绝学，为万世开太平”是“四为”读书会的宗旨以及目的，我希望自己能够将此铭记于心，探寻社会进步之真理，修学储能，敢于担当。“两经一专”人才培养模式，强调以经典阅读训练培养拔尖创新人才的理论建构能力、以经验实践训练培养学生的田野感悟能力、以专题化项目研究训练培养学生的学术志趣。不功利地读书，沉寂于经典阅读，功崇惟志，业广惟勤。贺雪峰教授在《在野之学》中提到，对于社会科学来讲，绝大多数理论知识来自西方，社会科学知识是西方社会科学家对文艺复兴和工业革命对西方经济社会变迁产生重要影响的学理性分析和思路呈现，其本质也是一种地方性知识。这便给了我一种使命感，建立中国的社会科学体系。中国的社会科学需要建立在中国实际之上，前期我们需要通过大量阅读百年前学者的经典著作，即使高深，也要去一探究竟，当达到饱和后，逻辑就会析出，各方面逻辑也会串联。我看问题喜欢透过现象看本质，喜欢提问，喜欢分析，有时按图索骥，有时误打误撞，有时是连蒙带猜。

在历届学长学姐的感想中，我发现这些词句出现得很多，如“一个人走得更快，一群人走得更远”“集体”“宁静致远，厚积薄发”等，这些词句经历了前人的实践，是宝贵的经验。但我们时常也会被发问，你们读的这些老书，写的都不是现在的时代，对毕业论文帮助大吗？读这些书有什么用呀？诚然，在这个以“业绩考核”为标准的社会中，他们所说的都是现实的事实。在空余时间，我与导师交流过，与集体成员探讨过，请教过师兄师姐们，在夜深人静时，也会不经意之间想到这个问题，以至于使我产生怀疑，怀疑自己，甚至怀疑一切。这种焦虑的想法使我失眠了一段时间，那段日子过得很艰难，身心俱疲。在一次读书报告会上，王老师现身说法，以自己的经历让我知道了当下不需要想得太多，保持良好的心情过好每一天。诚然，即使是圣人千虑，也必有一失，如此，即便有种种问题和嘈杂的声音环绕在身边，也没有阻碍我每天固定线路的往返，即宿舍—教室—食堂—健身房。“不做消极分子，争当积极分子。”这是我对导师的承诺。贯彻争当积极分子的理念也一直驱使着我融入集体，我们是一个共同体，在平时读书与生活中，都可以同舟共济，形成“比学赶帮超”氛围，发挥“传帮带”作用，和集体一起快乐成长，集体活动自然也少不了我的身影。

所不同的是，我不再行色匆匆，不再纠结问题本身，也不再焦虑地辗转反侧。我最喜欢的一句话就是“慢慢来，比较快”，我放慢脚步，驻足绿荫，仰望深空，眺望秦岭，日子虽有些沉闷，但还好，动起来就会有风。马克思提出，人类不断发展，最后必将完成从必然王国到自由王国的飞跃。必然王国是人受物支配的社会状态，自由王国是人支配物的社会状态，从必然王国向自由王国是一个历史发展过程，而认识必然、争取自由，是人类认识世界和改造世界的根本目标。我知道我不是一个人在战斗，我是为了自由而读书。“为天地立心，为生民立命，为往圣继绝学，为万世开太平”依然指引着我前行。

和光同尘，与时舒卷

屈原于《离骚》中感慨道：“长太息以掩涕兮，哀民生之多艰。”屈原是楚国贵族，作为士大夫，他在流放期间深入接触社会民生，深深地感受到了人民的痛苦，并发出了感叹，然却无力拯救民生于水火之间。诚然，当下的社会经历了社会变迁，社会发展到了一定程度，人民的生活水平等得到了极大的提升，但依然有许多现实问题亟待解决。过去，人们以 GDP 作为社会经济发展的一项指标，社会发展以冰冷的数字呈现于人们面前，并把人们的幸福感也冷酷地隐藏于一项项数字当中，人们感受不到具有温度的幸福感。疫情三年，人们认识到人之生命于病毒面前皆弱蜉蝣，所有数字都是空头支票，转而注重社会民生及其保障。低生育率、劳动人口失业、老龄化程度加剧、城乡社会之间的差距等问题使大众幸福感下降。在百年发展之大变局的背景之下，在社会发展变迁时期，面对这些社会现象和社会事实，我们又能做些什么呢？

其实我也曾扪心自问，如果不读书我会怎么样？据此我脑海里幻化过无数的情景，最后我将其归结为我只会简单的作为某项指标的分母罢了，我会因此于社会的汪洋大海中漂流，等待着外部力量将分母缩小，从而使这项指标呈现增长的喜势。我也曾问，如果读了书我又会怎么样？从一开始，我认为未来三十年，是中国实现现代化的三十年，同时也是乡村实现现代化的三十年，受心系“三农”的情怀所驱，我立志要为农业、农村、农民的发展贡献自己的一份力量。我选择了跨考，希望能学习更多的理论知识为乡村振兴提供更多支撑。而后，经历了一年的经典阅读之后，我认为我的思维发生了变化，是朝着更大的目标发生了变化。从功利和实用主义的角度出发，读书可能是毫无意义的，因为阅读很难让人立竿见影地见到好处。但是不读书，真的能使社会疾病药到病除吗？读书从某种角度来说反而是无用之大用的存在，它唤醒了人的内生力量，萌发了自主性。因而我的志向是做学术，是为了自由王国，从而保持对学术的热爱。借用导师组老师们对我们的诫勉：在当今社会，可以把读书的人分为三类，一是为了职业而读书，二是为了生活而读书，三是为了国家而读书。这三个层次代表三种不断递进的境界，在社会中，大多数知识分子都被前两种“小我”的利益或生活束缚住了手脚，心中形成了牢笼，不能抵达人生的珠穆朗玛峰。

中国的社会科学体系亟待建立并完善，我们需要阅读大量经典，践行大量的经验训练，才能真正地了解中国，而不是以韦伯《中国的宗教：儒教与道教》来理解中国的宗教，不是以莫斯的《礼物》中民族志对中国的记录等来讲述中国，而是本土学者一步一个脚印丈量中国大地，展示本土化的社会科学。现代化并不是西方化，我们需要掌握话语权。我们现在正是在朝着这个方向努力，为此而读书，需要顺应时代的潮流，不断进取，不断学习，保持谦虚和坚定的心态。不执着于功名利禄和身份地位，以平和的心态与世相处。同时也要认知经典著作不是逆向回归，而是取其精华，弃其糟粕，借助历史的维度认知社会，坚守本心并不断认知与完善自我。当下，阅读经典的行动代号是“静谧”，或者是“蛰伏”，我们在沉淀，在思考，在等待着经验训练的枪声响起，然后迫不及待地奔向田野。宁静得以致远，厚积方能薄发。

所有将来，皆为可盼

朱熹曾言：“读书之法，在循序而渐进，熟读而精思。”坚持经典，坚持思考，坚持运动，这是我对这一年多生活的总结。这一年尝过了酸甜苦辣，经历了离别，昔日一起读书生活的伙伴为追寻心中的诗和远方，或为探索浩海星辰而离去。幸而，仍有集体可以相互搀扶一路同行。而后又有新鲜血液加入，血液的新陈代谢，使得这个组织得以生生不息，不断创造，去冲破社会科学的壁垒。一年的时间也让我明白了现实与幻想，人的一生，能大快朵颐地集体读书的时间又有多少呢？恐怕是寥若晨星，所以要好好珍惜接下来的读书时间，并做好科学合理的规划。人生不在于做了多少事，而在于把重要的事情做到极致。善于利用时间，不管是谁，只要用对了时间，生命就会像流星，像昙花那样，在有限的时间里呈现出无限的价值。

未来还有一年的读书时光，且行且珍惜。读书、运动与集体是我们的三大法宝，要好好地利用这三大法宝为我们的成长打下坚实敦厚的基础，并且合理安排好下一阶段的规划。读书会的培养模式对我们的成长而言是具有长远影响的，对我们的提升也是潜移默化的，“熟读唐诗三百首，不会作诗也会吟”所说的道理也是如此吧。阅读经典就是一种锻炼逻辑思维方式最直接而有效的方式。在此，感谢老师、集体，感谢为社会发展而读书的同道友人，也感谢自己这一年来的坚持，希望接下来能够继续努力，向优秀的老师和同学们学习，争取做到由一个懵懵懂懂的读书人蜕变成散发着逻辑思维魅力而又充满自信的人。

最后，以莎士比亚完成的最后一部剧作《暴风雨》作为自己这一年的结尾，以及作为自己下一年的开启。

——凡是过往，皆为序章。所有将来，皆为可盼。

默默耕耘，静待花开

方浩[①]

“种一棵树最好的时间是十年前，其次是现在。”

本科四年——悄然避世，不问炎凉

仅在读书这件事上，我自觉是个有心人，但本科四年实在不能令我满意。一进入大学，才得知社会学18年大类招生，大一一年在法学大类学习，而我当时报志愿时“不读法律，不读语言，不读经济”才选了中南大学的社会学，满怀愤懑之下无心学习，大一就宣告无缘保研。

退出了这条激烈的赛道，慢慢开始了我与阅读的不解之缘。大一的阅读幼稚而笨拙，在网上听说《梦的解析》、卡耐基之类的书立即找来读，期待自己能够看完这几本书后变得口若悬河、一鸣惊人。大二开始接触专业课，对挑书选书有了一些自己的理解，印象里大二上学期为了感受西方的形式逻辑读了《几何原本》，下学期恰逢新冠病毒肆虐，在家中上网课的时候手上正好有一本齐美尔的《货币哲学》，这本书动辄一句话写两页纸，实在难以读懂，我于是决定每天朗读10页，一本书“读”了半年才结束。就在这段时间里，其他方面的书占据了我大量时间，那时候有意识地想选一位古之大家作为自己终身学习的榜样，第一位是在湖南极负盛名的曾国藩，立即找来他的《挺经》《冰鉴》《曾国藩家书》来看，一个月下来觉得并不合心意，再加上自己作为一个安庆人，实在

① 方浩，2022级社会学专业硕士研究生。

忘不了湘军在安庆的屠杀，当即打算更换阅读对象。第二位是提出“无善无恶心之体，有善有恶意之动，知善知恶是良知，为善去恶是格物”的王阳明，王阳明七岁格竹，家学深厚并兼修佛学，未及弱冠单骑入草原，坚守正义得罪大太监刘瑾，龙场悟道，剿匪，平息宁王叛乱，在学问和事功上都做到了极致，他的一生简直就是古往今来知识分子的典范。于是抱着对王阳明的崇敬与向往，我开始阅读《传习录》《王阳明传》以及一些辅助类书籍，在看《传习录》的过程中，又深感要以四书五经来做基础，也把《大学》《中庸》《论语》《孟子》及《诗经》《尚书》《礼记》《易经》《春秋》大都通读过一遍，但时间也拖得很久了，四书应当是在大三读完的，五经中《尚书》《礼记》22 年的寒假才读完。可以想象的是，学习王阳明我是坚持不下去的，他的心学要以大量传统儒学教育做基础，然后借助“开悟”来完善，而我连基本的常识都很欠缺。但这也养成了我看中国古籍的爱好，并不断向其靠拢。第三位也是最终的一位，就是毛泽东。从王阳明到毛泽东的过渡是非常顺滑的，好像他们就是一脉相承：学问上开辟新学说，事功同样光耀千古。王阳明在岳麓书院讲学成就岳麓书院“实事求是”的精神，毛泽东把这种湖湘学派的精神发扬为全党全国的精神，现在中央党校的校训就是毛泽东题写的“实事求是”，也是最大的党性原则。两位先贤竟然隔着数百年依然心意相通，莫非这就是中国知识分子最该走的道路？于是我又开始阅读毛泽东的作品，观看相关的影视，已经完成了《毛泽东选集》《毛泽东诗词》《毛泽东传》（金冲及版）等作品的阅读，他的形象在我心中愈发鲜活而富有魅力。

当我用“悄然避世，不问炎凉”来总结我的本科四年，难免有些消极，但也确实是真实写照：学业马马虎虎，最高的荣誉就是每年 800 块钱的三等奖学金，没有任何实习经历，游离于班级、学生会、社团等集体组织之外，面对师长亲友的时时责问：大学都干了些什么？总会感到难堪，尤其是在考南京大学失败后，一时间不知道人生该何去何从。但我始终认为这四年是我人生的重要阶段，在一个 17~21 岁的关键节点，我精挑细选地确定了自己的人生楷模，培养了终身的阅读习惯。种子已经种下，能开出什么样的花朵，这是我余生要回答的问题。

读书会——道德生活的新篇章

刚加入读书会的时候，我对读书会规则非常陌生，那时候本科还没毕业，导师组老师们要求每周五线上汇报一周的阅读情况。阅读书目我汇报过《六祖坛经》，经过老师提醒才知道要看社会学专业书籍，体育锻炼我汇报过“电子竞技”，开学后还成为同学们的一大笑柄。2022 年的暑假是一切的转折点，6 月 17 日完成毕业仪式，6 月 20 日我就来到了杨凌，开始了暑期读书计划。

暑假自然是从涂尔干开始阅读，当看到《教育思想的演进》中关于学校的论述“中世纪是全新文明的孕育期，而非常人口中的过渡期：古时的学校与中世纪的不是一回事，成了一个道德场所，而非仅是教师教学场所。这是理论与实践上的创新。”我在旁边做下笔记“过一种道德生活”，那时候我在想，我们这个读书会能不能建设成为一个道德场所。在《自杀论》中涂尔干痛心于社会变迁导致的社会秩序的丧失，总结了利己主义 / 利他主义 / 宿命型 / 失范型自杀的模式，字里行间都表现出对恢复社会秩序的渴望，为此背负了保守主义的骂名。在《社会分工论》中，社会形态因分工从机械团结转化为有机团结，按照他的预想，分工能让社会竞争减小，人与人之间的关系更加紧密。但实际情况却并不相符，于是他认为这是不合理的分工造成的。这仍然是涂尔干站在社会进化的视角忧心当时的社会秩序，最后到了《宗教生活的基本形式》之中。帕森斯认为，此时的涂尔干，在研究宗教之后，就意味着与实证主义决裂。

涂尔干不仅指出社会的形成以及失范的原因，还试图探索一条解决路径：成立法团或职业群体。这个概念正式提出是在《社会分工论》中，这是涂尔干在 1893 年写作的博士论文，是其开山之作。之后在《职业伦理与公民道德》《自杀论》《教育思想的演进》中，涂尔干总是把法团作为解决问题的方式。为何涂尔干如此重视“法团”呢？法团是职业团体在国家政治和民主层面上的别称，涂尔干提出了这样一种构想：“每个法团的上层都有一个委员会，负责指导法团并管理内部事务。法团及其机构始终在发挥作用，所以通过他们构成的政府会议决不会失去与社会的各种委员会之间的联系——他们绝不会冒自身分裂的风险而会迅速地、主动地感受人民在深层发生的变化。我们既可以保证它们的独立性，又不必打断其中的沟通关系。”从法团的历史来说，它起源于商人及手工业者，有自己的神灵和仪式，也就有了道德约束。在这里我就懂得了道德在涂尔干理论体系中的中心地位，难怪涂尔干在《教育思想的演进》中把“会所”这样一个寄宿学校当作古时学校与中世纪的断代线，因为会所“成了一个道德场所，而非仅是教师教学场所”。过一种道德生活，这是涂尔干的核心关切。这种道德生活是一种集体的道德生活，而非那种“君子不欺暗室”的君子慎独，个人的道德追求当然要有，但这种集体道德更讲求纪律，于是，在遵守读书会纪律的同时加上自身道德追求的主体性，这就是我理想中的道德生活。

《易经》中说“取法乎上，仅得其中；取法乎中，仅得其下”，又有“知易行难”的戒语，端正思想是第一步，如何行动才是重中之重。读书一年以来，把书单里经典和现代的书基本读完，现在在读吉登斯的一些著作。说到这里，不得不由衷地感叹导师组对学生阅读过程的关注，除了每月的读书检查汇报会，当学生路过办公室或老师在路上遇到学生，都会对学生最近的阅读状态进行了解，并且关心我们的运动情况，督促我们组织集体活动。在读书会氛围里形成的亲密的师生关系应该是独一无二的，本科自不必说，与老师们几乎难以见面，高中班主任陪伴我们三年，带领我们迎战高考，改变命运，但总是以批评者的角色出现，千方百计地压抑学生的个性，导师们则是以鼓励的姿态，鼓励表达，鼓励犯错，让每一位学生都充分绽放自己的个性，在这熙熙攘攘的名利场中开辟出一片能安放书桌的净土，并帮我们排除掉学校、社会的各种干扰，作为学生，作为最大的受益者，我们还有什么不满足的呢？只有踏踏实实地读书以作回报！

一年时光悄然而逝，原本安宁的心突然翻涌出些许急切，有了时不我待的感慨。最忙碌的研一生活已经度过了，终于可以用完全的时间来攻克接下来的后现代大家，西农 2022 级读书会也经过了改组，经过了一年的磨合，大家相互之间已经有了很大的默契，希望我们接下来的一年在阅读、锻炼、集体活动各个方面都表现出更强的战斗力，享受难得的道德生活。

阅读体悟　感触摘编

王山珊[①]

以前常听人说时间教会人成长，成长需要时间，而当自己有了这样一段经历的时候才恍然发现，真正教会我们成长的不是时间，而是内含于时间的那一段又一段的刻骨铭心的经历。

读书不仅给我带来了能力上的提升，还让我有了知识的积累，思维的锻炼，对于我来说，读书，更像是一种修行，读的是书，修的是心，磨炼的是性格，培养的是习惯。这场为期两年的读书修行，让我学会沉下身来，静下心来去看待生活，面对生活中的琐事，解决生活中的问题；让我养成坐得下来，专注于一件事的习惯。

两年的读书生活，让我有了这样一段刻骨铭心的经历，那些柳暗花明、豁然开朗的喜悦，那些不断尝试、不断探索的执着，那些求而不得，辗转反侧的郁闷，那些稍稍获得的快感，那些沉淀下来的淡定等，如今想来，往事就好像在眼前，这些丰富生动的体验只要经历过，就会在生命中留下烙印，不会轻易消失，它们在不知不觉间改变着我，塑造着我。我想，不管我今后选择什么样的道路，这一段经历都会让我受益终生，我也感谢老师给我这样一个成长的机会，让我在阅读中收获成长。

封皓宇[②]

读书带给我的收获和成长，体现在我身上更多的并不是具体的或单纯

① 王山珊，2017级社会学专业硕士研究生，现为西安市新城区太华路街道办事处主任科员。

② 封皓宇，2018级社会工作专业硕士研究生，现为廊坊市归国华侨联合会四级主任科员。

的某方面的知识积累，而是一种能力和一种精神。选择了读书就意味着要放弃轻松懒散的生活，读书生活无疑是枯燥的，当付出努力、历经专业知识的“折磨”之后，仍然感受不到自身进步，这也会让人备受打击。然而，正是在这种折磨、痛苦、自我怀疑的不断循环中，反而让我经受了一种训练，在潜移默化中内化了很多东西。这种能力和精神，就是沉得下气、静得住心、坐得住人，面对困难有着一股不低头、肯钻进去的劲。这些听起来微不足道的小事，在如今浮躁的繁华世界里，又有几个人能够真正做到呢？

王煊[①]

读书是为了什么？读书为了成长。这个答案很纯粹，很简单，但是很让人感动。这个答案正是我想要的，有种青春鲜活的生命力，符合网络上最近很流行的一个词语——“少年感”。你为什么西游？因为路在那里；我来过，我读过，我读进去了，我有所获。青春不再时，我也不后悔曾这样做过。我们终将不再青春，终将踏入人生下一个阶段，但是读书使人成长、使人心中恒有一个人文情怀的少年。花店也许不开了，花仍然开着；青春不再时，心中的青春仍在。怎能忘了西游呢？

在集体中，收获的不仅仅是同伴的支持，在你迷茫的时候拉你一把，在你坚持不下去的时候让你不要轻易放弃，它还给了我一种无与伦比的勇气，可以让我敢于突破自我，不断地接受挑战。

韩赵芳[②]

每一次现场的汇报，都是一次总结提升的过程，有大家的反思，有老师的经验，也有各种思想的碰撞，正是伙伴和老师一次次耐心地引导，还有自己的坚持，我慢慢找到了适合自己的节奏和方法，读书已不再是一件让人犯愁的事，不再是机械地阅读，而是和书中的人物有交流，在交流的过程中不断思考。

① 王煊，2019级农村发展专业硕士研究生，现工作地点为山东省济宁市兖州区社会治理服务中心。

② 韩赵芳，2020级农村发展专业硕士研究生，目前就业待定。

但是我与那个满是霉味的阅览室共同度过了两年中的大半时间，我见过清晨安静的它，阳光洒在大厅中间的桌子上，也见过夜晚略显昏黄的灯光下，大家依次离开后落寞的它，我知道哪个书架总是干干净净，也清楚哪个插座永远没有电。这个空间见证了我的成长，也目睹了我们小组日益深厚的情谊。

林倩[①]

人为什么要读书？“物质的贫穷能摧毁你一生的尊严，精神的贫穷能耗尽你几世的轮回。人生没有白走的路，也没有白读的书，你读过的书，走过的路，会在不知不觉中改变你的认知，悄悄帮你擦去脸上的无知和肤浅。”这句话就是这个问题最好的回答。可以说，读书是成本最低的自我投资了。读书会的理念恰恰与此相吻合。系统化和体系化的经典阅读，不仅有利于我们打下扎实的理论基础，同时也能提高我们的综合素养，开拓视野，以多学科、多元化的视角去看待社会问题。

读书带来的收益是显而易见的，除了理论知识的积累，更重要的是思维模式的培养。自媒体时代信息发达，但也鱼龙混杂，很多乍一听很有道理的观点其实只是一种伪逻辑，是站不住脚的。而读书不仅可以让我们在浮躁的时代静心修身，更能够帮助我们明辨是非，形成自己的认识和思维逻辑，而不被部分自媒体带偏，读书更能够帮助我们透过现象看本质，从社会结构、社会制度等宏观角度来思考社会问题，分析社会病症，而不至于仅停留在表面看问题。

孙倩[②]

通过读书会的集体建设，我收获了一群志同道合的朋友和真挚的友情。在未加入读书会之前，我所认为的研究生生活更多的是一个人的修行，我很感激，也很庆幸自己在读书会中遇到了很多伙伴，我们一起读书、吃饭、运动、游玩，相互监督、共同进步，“一个人可以走得很快，但一群人才

① 林倩，2020 级社会学专业硕士研究生，现为扬州市引进人才。
② 孙倩，2021 级社会学专业硕士研究生。

能走得更远。”我也亲身感受到了集体的魅力，在产生压力时，有人和你共同分担；在产生惰性时，有人推动你不断前行，相互做伴，快乐加倍。也很感谢因为读书会收获的无话不谈的密友们，能够一起聊聊学业的困惑，一起发表对社会热点的看法，一起畅谈对未来的规划。集体读书、集体吃饭、集体运动，这些集体活动把每个独立的个体联结起来，使得我们的研究生生活变得更加充实。

书海有道

新文科建设与社科人才培养的西农叙事

媒体篇

MEITI PIAN

仵永杰：一个农林类大学的社科教育试验

群众新闻 2022-05-14 17：16　浏览量：9.75 万

作者：仵永杰

渭水两岸、关中平原，处处藏着文脉。自隋泰陵所在的杨陵区西行约二十公里，便是一代大儒张载的家乡眉县横渠镇。

在眉县横渠镇张载祠内，一通石碑上镌刻着于右任先生手书的“横渠四句”，笔法苍劲、豪气冲天。传闻，先生一生最为喜爱、书写最多的就是“横渠四句”中的“为万世开太平”。

于右任先生也是“横渠四句”的践行者。20 世纪 30 年代，于右任先生等人筹建国立西北农林专科学校（今西北农林科技大学），为“开发西北 建设西北”作出卓越贡献。

“高山仰止，景行行止。”

近年来，西北农林科技大学秉承“经国本、解民生、尚科学”办学理念，依托人文社会发展学院“四为”读书会有效训练学生思维能力，全面促进学生人格塑造，以经典阅读、经验训练、专业化研究构建“两经一专”社科人才培养新模式。

“横渠四句”与“四为”读书会

4 月 27 日，西北农林科技大学人文社会发展学院 2022 级读书会启动，读书会 11 位指导老师到场与学生交流读书心得。“从大儒张载到于右任先生，‘为天地立心，为生民立命，为往圣继绝学，为万世开太平’堪称知识分子最高的人生信仰。青年学生肩负重任、心怀理想，必须从先贤楷模处得经验，自经典著作中获真知。”读书会导师组负责人、西北农林科技大学人文社会发展学院院长赵晓峰在启动会上讲道。

2014 年，西北农林科技大学人文社会发展学院在赵晓峰教授牵头下成立研究生读书会。2018 年，读书会以“横渠四句”定名为“四为”读书会，实行“导师组”负责制、统分结合教学、系统化阅读培养模式，旨在实现精英化培养、学术化导向、多元化成才的研究生培养目标。

“读书会成员选择社会学、政治学、人类学、哲学、法学等学科最为经典、基础的著作阅读。一方面，学生能够系统体悟学科知识；同时，由于经典著作体系庞大、逻辑严密，学生在阅读中能有效提高思维能力。”读书会指导老师、西北农林科技大学人文社会发展学院副教授张世勇说。

读书会的系统阅读被称为经典训练，研究生在入学前的暑假就跟随导师组进入持续 2 年的经典训练阶段。“8107”是读书会成员必须遵守的规则，在课余时间，读书会成员每天上午 8 点到晚上 10 点集中在图书馆阅读，一周 7 天如此。每个学生一月最少阅读 5 本经典著作，2 年能读到 100 至 150 本。大量阅读之后，读书会成员定期撰写读书报告、读书感想、回乡记，参加各类论坛，在联系现实和相互讨论中加深对经典著作的理解。

“在读书中，学生不断完善知识体系，有效形成思维能力，全面促进人格塑造，为学生进入工作或从事科研等多元化成才提供基础能力支撑，为个人的人生选择和理想实现提供方法论指导。我们希望读书会学生志存高远、修学储能，勤于学思、乐于实践，有担当、有能力、有关怀，而不是精致的利己主义者。”赵晓峰说。

珍贵的“灵光乍现”

2018 年 10 月，西北农林科技大学人文社会发展学院大四学生冷芳保研后加入读书会开始系统化读书。第一次接触社会学经典著作，她读得非常吃力，甚至有些痛苦。“给家人打电话交流学业时，我会非常怀疑自己的能力。”冷芳说。

读书会成员之间是一种“比学赶帮超”的状态，冷芳只能逼着自己读书。两三个月后，读书数量、读书笔记和汇报表达让她有了成就感和自信心。

渐渐地，冷芳“灵光乍现”的思考越来越多。比如，鲍曼在《现代性与大屠杀》中指出，大屠杀发生的主要原因是每一步能被精细、合理地设计并有效施行，人类成为只会服从命令的“机器”。无独有偶，韦伯也指出人类将陷入“理性的牢笼”。

“社科理论之间是相互联系、彼此支撑的。将多位作者的论述联系思考，寻找观点之间的‘对话’，就是‘灵光乍现’的珍贵时刻。读书成为有意思的事情，自己坚持的劲头和动力会更充足。”冷芳坦言。

从痛苦到享受是读书会学生都要经历的成长过程。经过2年的经典训练，读书会学生在思维能力、表达能力、社会关怀等方面得到有效提升。

经典训练之后，读书会成员进入“两经一专”中的经验训练——调研实践。在下乡入村调研中，农民婚姻稳定性、土地经营主体、农民养老保障、基层社会治理等成为学生的主要关注方向。学生将经典理论运用到实践中，并通过经验训练检验、反思甚至推进相关理论。

读书会尽可能保留每一个学生多元发展的可能性。2021年，读书会成员郭宇瑶毕业后考取陕西省选调生，进入咸阳市秦都区委组织部工作。“读书不一定会有立竿见影的效果，更多是一种潜移默化的改变。工作后，我更觉得在读书会学习思考、写作讨论的经历确实是一笔财富。”郭宇瑶说。

无限热爱学术和学生

“无限热爱学术，无限热爱学生”是读书会导师组的口号。读书会导师组认为，对于高校老师来说，科研因与切身利益相关而显得非常重要，但人才培养却是首要任务。责任和意义不仅来自科研，也来自学生的成长。短期内，科研与教学看似矛盾，但从长期来看，两者并不矛盾。培养学生共同致力于研究，在交流中相互学习、共同成长，学术研究道路才会走得更加宽广长远。

指导老师在读书会建设上投入了大量时间和精力。每一级读书会组建，每学期开学、期末以及每月读书检查汇报时，指导老师都要和读书会学生交流读书情况。更为重要的是，指导老师要定期与每位读书会成员一对一谈心。读书会指导老师、西北农林科技大学人文社会发展学院副教授孙新华的工作日志上记录着，从2020年8月至2021年6月，他和读书会成员谈话89次，用时84小时，加上开会等时间共计有300多个小时。

“用少部分时间了解学生的求学想法、未来定位，最大可能地将学生个人特点与读书会整体要求契合起来，这样就有可能改变学生的人生选择和前进方向。这是一件低投入、高回报的事情。同时，学生成长带给老师的成就感和喜悦感是其他事情无法替代的。”读书会指导老师、西北农林科技大学人文社会发展学院教授陈辉说。

读书会指导老师、西北农林科技大学人文社会发展学院讲师陈靖认为，读书会指导老师只是起到授业解惑、加油鼓劲和营造氛围的作用，主要解决学生在读书过程中遇到的方向问题、方法问题和动力问题。每个学生的潜力都是无限的，只要适当引导就会有意想不到的收获。

读书会强调阅读经典、重视学术基础的治学方法源自指导老师的求学经历，引导学生走的路其实就是他们自己走过并被证明行之有效的路。在指导老师的影响下，“两经一专”的教育方法也在传承。2021年，读书会第一届成员赵祥云博士毕业后进入西北农林科技大学人文社会发展学院任教，并成为读书会导师组的一员。更有学生对读书会指导老师讲，自己以后也要当像他们这样的老师，无限热爱学术和学生。

读书会不只是读书

在获取知识、训练思维之外，学生在读书会这个学习共同体、生活共同体、情感共同体中反观内心世界、汲取生活智慧，找寻归属和信赖。

读书会2020级成员汪子策没有想到，来到西北农林科技大学读研并加入读书会，对自己的改变会如此之大。结束一年的读书生活后，他在读书感想中写道：“过去的经历使我对融入群体心怀隔阂。在读书会老师、同学的帮助下，我意识到与他人建立友善、坦诚的人际关系的重要性。只有成为身心健康、善于共情的人，才能在社科研究中走得更远。”

2021 年，汪子策的父亲过生日时，读书会成员一起录制了祝福视频。从那时起，汪子策将读书会当作自己第二个“家”。“集体为我的成长提供港湾，我内心的坚冰已渐渐融化。现在，我对未来充满希望，对学术充满热情。我有信心克服一切困难，实现自我价值。”汪子策说。

对冷芳来说，读书会是一个友爱的大家庭。2021 年 10 月，冷芳开始申请博士，有时会比较焦虑。读书会中已经直博的成员时常给她介绍面试技巧，还有应对提问、联系导师等细节。今年 4 月，冷芳顺利申请到中国政法大学政治学博士。“一路走来，我非常幸运。非常感谢身边志同道合的朋友和读书会提供的集体空间。”冷芳说。

读书会师生认为，当代社会在从共同体走向个体化的过程中，个人获得自由和独立，但也失去共同体的庇护和依靠。怎样在个体化的时代重建共同体，是全社会面临的一个重要命题。集体不仅是手段，更是一种目的。读书会既是学习共同体，也是生活共同体和情感共同体，更是学生心灵的归宿和信赖的港湾。

如今，越来越多的学生在“四为”读书会中塑造人格、磨砺心性，以踏实的步伐走上科研道路和工作岗位，以积极乐观的心态和自信包容的品质开启人生旅程。一批批学生奔赴全国各地挥洒青春汗水，一届届学生又来到邰国故地求取真知，西北农林科技大学社科教育走出了一条创新务实、科学有效的新路子。

一场别开生面的读书交流现场观摩会①

西北农林科技大学新闻网 2022-04-22

作者：王曼　刘向　李艳丽／文　付佳玮／图

4月19日，研究生院、党委研究生工作部和学院联合举办“四为”读书会研究生培养改革现场观摩会。相关学院研究生主管院长、相关导师及研究生代表参会，会议由副校长陈玉林主持。

学院院长赵晓峰首先结合新文科建设的时代要求，简要阐述了学院“精英化培养、学术型导向、多元化成才”的培养理念，强调一方面要在研究生培养中坚持“知农爱农，服务“三农”，精英担当”的价值引领，通过多种方式使农情教育能够入眼入耳、入脑入心，为行业发展培养一批精英人才；其次，以“学术型导向”全面培养学生的创新能力，使学生具备独立开展专题研究的科研能力，既满足为农业农村社会发展培养拔尖创新人

① https://news.nwafu.edu.cn/xnxw/fe66bf83c5d746afaef0ab1517cc6b0e.htm

才的需要，又满足有着不同职业发展规划诉求学生的多元化成才需要。其次，介绍了社会学学科在本硕博人才培养中坚持“四个贯通”的创新举措，包括贯通的专业课程体系、贯通的经典阅读训练体系、贯通的实践技能训练体系和贯通的表达能力体系等。最后，介绍了学院培养研究生的特色做法，如创办“四为”读书会、开展研究生学术论文交流、举办学术沙龙和“树帜”讲坛、设立“凤岗培优”科研支持项目、推进“项目制”研究生改革等。

指导老师孙新华介绍“四为”读书会情况

指导教师孙新华副教授系统介绍了“四为”读书会自2014年创办以来的发展历程、主要做法、建设效果及其对创新社会科学类研究生培养机制的启示。他介绍道，“四为”取自宋代理学大师张载的“横渠四句”——“为天地立心，为生民立命，为往圣继绝学，为万世开太平”。“四为”读书会的主要做法包括体系阅读、系统写作、广泛交流、集体建设、检查动员等内容，系统地阅读训练能够磨炼学生的逻辑思维能力、完善知识体系、提高写作能力、提升表达能力、锤炼坚强毅力、增强协作能力，锻炼强健体魄、涵养社会关怀，取得了良好的育人效果。

紧接着，高子畅、汪子策、史凯、刘子扬、周佩萱、赵祥云等六名不同年级的硕士、博士读书会成员代表分享了他们的读书体会和学习成长经历。参会的经管学院、马克思主义学院、语言文化学院、农学院、水建学院、动科学院、理学院、国际学院和研究生院管理人员和老师围绕“四为”读书会的模式和研究生创新能力培养的举措进行了研讨，并与读书会的师生进行了深入交流。

陈玉林副校长指出我校研究生培养进入规模扩张和质量提升统筹发展

参加“四为”读书会同学分享读书体会和学习经历

参会学院领导与师生交流

的新时期，创新研究生培养体制具有重要的意义。他从四个方面肯定了“四为”读书会的价值：一是读书会坚持立德树人的价值导向，真正做到了以学生为本，注重激发学生学习的主动性和积极性。二是人文社会发展学院不断完善顶层设计，将读书会建设作为本研贯通研究生培养模式改革的重要组成部分，变导师培养为导师组共同培养，打造导师和学生一体的学习共同体。三是凸显了社会学类研究生培养的学科特色，能够为各学科发展提供有益借鉴。四是要继续坚持、持续推进。经过两年的读书生活，学生已经将读书作为一种工作和生活的态度、方式、习惯，使终身学习成为学生的一种秉性，达到了良好的育人效果。同时，他还提出了两点建议：一是建议人文社会发展学院可以为全校学生提供一份人文社科类的经典著作阅读书单，促进学生跨学科学习能力培养，为“五育并举”教育服务；二是建议进一步总结读书会的建设经验，征集更多学院的典型案例，进行推广，提升研究生培养质量。

四为读书会微信公众号，欢迎扫码关注